東アジア経済史研究　第一集

～中国・韓国・日本・琉球の交流～

大阪経済大学日本経済史研究所　編

大阪経済大学日本経済史研究所研究叢書　第17冊

思文閣出版

The Economic History of Early Modern and Modern Ages in East Asia:
The Interaction of China, Korea, Japan and Ryukyu

Institute for Research in Economic History of Japan
Osaka University of Economics

SHIBUNKAKU PUBLISHING Co., Ltd, 2010
ISBN 978-4-7842-1498-3

序

本書は、二〇〇七年一二月、大阪経済大学日本経済史研究所が主催しました、第一回東アジア経済史研究会「近世・近代東アジア経済史〜中国・韓国・日本・琉球の交流〜」における報告をもとに編んだものであります。

研究会では、韓国の高麗大学校亜細亜問題研究所、江南大学校、落星台経済研究所、中国の東北財経大学、ハルピン商業大学から参加していただき、五名の方に報告していただきました。また大阪経済大学が旧高商三大学交流をさせていただいています東京経済大学と松山大学から三名、日本経済史研究所と大阪経済大学から七名が報告し、総計一五名、一四本の報告となりました。このうち一一名の方たちに、一〇本の報告に手を加えていただき、編集したものであります。

日本経済史研究所は、二〇〇三年度より二〇〇七年度までの五年間、「国際的な経済史・経営史研究の文献解題のデータベース化による世界発信」をテーマに文部科学省のオープン・リサーチ・センターに採択されました。

本研究所は一九三三年の開所以来、大正期に本庄栄治郎が始めた経済史文献解題という研究活動を引継ぎ、取り組んできました。この事業を、二〇〇三年、開所七〇周年を機会に、国際的な研究情報の発信・交換をめざすデータベースへと飛躍させることを決め、オープン・リサーチ・センターとして採択されました。

まず新しく編集する『経済史文献解題二〇〇四年版』よりデータベース化に取り組み、二〇〇五年より本研究所ホームページWeb上に公開することを始めました。

この作業と同時に、過去に編集出版した書籍版『経済史文献解題』をデータベース化する遡及作業も進めました。現在、戦後復刊第一冊『経済史年鑑』（一九五一〜五三年公刊分）までWeb上で見ていただくことができます。

つまりいまではWeb上で戦後日本における経済史・経営史研究、歴史研究の流れの大半をたどることができます。

私たちがおこなってきた戦後の文献解題のデータベース化については、本庄たちがおこなった戦後間もない時期の『日本経済史第三文献』（一九四一～五〇年公刊分）に採録されたものを残すのみとなっています。戦後直後と戦前の文献解題のデータベース化は今後の課題と考えています。

私たちの事業のもう一つの柱は国際版データベースを作ることであります。まず新しく編集する二〇〇四年版より、日本語の著書や論文で、タイトル、著者名や雑誌名等で欧文情報が明記されているばあい、それらの欧文情報も同時に採録し、欧文情報に限った国際版データベースを別途作成することに取り掛かりました。つまり、日本における経済史・経営史、歴史研究を世界に発信することです。二〇〇八年よりこれも同じくWeb上に公開することを始めています。

国際版データベースのもう一つの課題は、世界、とりわけ東アジア地域（韓国・中国・台湾等）における経済史・経営史、歴史研究の情報を入手し、データベースに取り込むことです。もっとも、韓国語や中国語文献のばあい、日本語文献と同じく、著書・論文タイトル、著者名・雑誌名等の英語表記に限り国際版データベースに採録することにしています。

日本における研究を世界に発信するだけでなく、世界における、とりわけアジアにおける研究情報を系統的に取り込みデータベース化し、もって国際的な研究の発展と交流に貢献することを目的としています。そのために、お互いの研究情報を交換することを柱にした、海外の研究情報の収集、および、実際の研究交流を進める必要があります。

そこでまずは、東アジアにおける研究交流を私たちも進めることにしました。この間私たちが訪問し意見交換した研究機関は一〇指以上にのぼります。韓国の成均舘大学校東亜学術院、高麗大学校亜細亜問題研究所、落星台経済研究所、韓国の経済史学会、中国の東北財経大学富虹経済学院、ハルピン商業大学経済学院・中国経済史研究所、吉林大学東北亜研究院、吉林省檔案館、北京大学歴史学部、中国社会科学院（世界歴史研究所、日本研究所等）、中国第一歴史檔案館、上海社会科学院歴史研究所、沖縄県教育委員会史料編集室、沖縄国際大学南島文化研究所、これらの研究機関と雑誌交換をはじめとする研究交流について話し合いました。

この取り組みのなかから実現したのが、先に述べました第一回東アジア経済史研究会であります。本書の最後に置かれた梁報告は、購買力平価で計算した経済規模では、すでに中国が日本を越していること、生産性においていくつかの部門では韓国が日本を凌駕していることを明らかにしています。

今では、二〇〇七年夏以降の世界金融危機・世界同時不況に見舞われているなかではなおさら、世界経済に占める東アジアのウエートはきわめて大きく、しかも、日本だけが突出するのではなく、中国が、韓国が大きな位置を占めています。

東アジアの歴史を、また、それを構成する各国・各地域の歴史を、近世から近代へ、近代から現代への流れのなかで、しかも東アジアという大きな世界のなかに位置づけて、相互批判を活発にしながら研究できる環境が今整いつつあります。

本書『東アジア経済史研究・第一集　中国・韓国・日本・琉球の交流』は、私たちの経済史文献解題の国際化という事業の一環として実を結んだものであるとともに、東アジア史（経済史）研究の新しいうねりのなかで促され、さらなる発展の芽を宿すものとして生まれたものであります。第二集、第三集と重ねられていくことを期待しています。

二〇〇九年九月

日本経済史研究所前所長　本多三郎

東アジア経済史研究　第1集～中国・韓国・日本・琉球の交流～　目次

東アジア経済史研究　第一集～中国・韓国・日本・琉球の交流～

漢代財政監督に関する研究

——朱　德貴（蕭　文嫻　訳）——

はじめに

財政管理は主に財政収支制度およびそれにかかわる会計制度によって行われる。財政に対する監督は財政制度を順調に行う役割を果たしている。文献史料から見れば財政監督制度は中国において悠久の歴史を有し、遅くとも春秋戦国期には存在し、地方官僚が管轄下の区域の人口、耕地、賦税収入などを歳末に中央へ申告（上計）するという慣習が見られた[1]。上計制度は財政監督のあり方と密接に関連し、春秋戦国期には「上計」による財政監督の事例が見られる。例えば『晏子春秋』「外篇下」では、次のように書いている。

晏子治東阿、三年、景公召而數之曰、「吾以子為可、而使子治東阿、今子治而亂、子退而自察也、寡人將加大誅於子。」晏子對曰、「臣請改道易行而治東阿、三年不治、臣請死之。」景公許之。於是明年上計、景公迎而賀之曰、「甚善矣！子之治東阿也。」晏子對曰、「前臣之治東阿也、屬托不行、貨賂不至、陂池之魚、以利貧民。當此之時、民無饑者、君反以罪臣。今臣後之治東阿也、屬托行、貨賂至、並重賦斂、倉庫少内、便事左右、陂池之魚、入於權家。当此之時、饑者過半矣、君乃反迎而賀臣、臣愚、不能復東阿、願乞骸骨、避賢者之路。」再拜、便辟。景公乃下席而謝之曰、「子強復治東阿、東阿者、子之東阿也、寡人無復与焉。」

「上計」は、上申された各種の会計帳簿のことを指しているようである。ここでは晏子が「治東阿(東阿を治める)」さいにあらわれた現象を中心に述べているが、上計についても触れており、当時の上計には「貨賂」「賦歛」「倉庫」などの様子も含まれるもようである。晏子の対処方法が適切であったため、上計のさいには景公から褒美を受けた。これに関して『管子・幼官』では、次のように記している。

計凡付終、務本飭末則富、明法審數、立常備能則治、同異分官則安。

ここでの「凡」は国家財政の収支総額をさし、「付」は監査、監督のことであり、「付終」とは、ある時期の会計収支およびそれに関連する帳簿を監査することである。ここで抄録された一節の意味は、年末に上申された財政収支の書類を監査して報告することである。[2] さらに『韓非子』「外儲説右下」では次のように記している。

終歳之計、王不一以數日之間自聽之、則無以知吏之奸邪得失也。

このように、上計制度は春秋戦国期にすでに広範囲にわたって運用されていたことがわかる。上計制度の出現により、財政に対する監督が存在し、またその制度がすでに形成し始めていたと考えられる。[3]

雲夢秦簡律文によると、秦律が賦税の徴収、財政の支出、官僚の考査ないし会計管理などの諸方面において明確な規定をもっており、秦の財政監督体制が一定の規定の下で行われた。前漢・後漢時代の財政監督制度はまさにこのような基礎の上に立って発展を遂げたといえる。[4] 漢代の財政監督体制は国家官僚制度の確立にともなって完備されていく。その役割は当然ながら国家の政治、経済、軍事などの諸分野とかかわりを持つ。史料に見られるように、秦漢時代には財政監督職能を担う体制が次第に形成された。また漢代財政収支に関する専門的な研究もすでにいくつか発表されている。例えば、馬大英『漢代財政史』、陳明光『漢唐財政史論』、黄今言『秦漢賦役制度研究』、加藤繁「漢代的国家財政与帝室財政的区別及帝室財政一斑(漢代に於ける国家財政と帝室財政との区別並に帝室財政一斑)」などである。[5] しかしながら、諸研究のうち、漢代の財政監督制度を考察対象とするものはごくわずかであり、現在では陳世材『両漢監察制度研究』だけがこの点に多少触れている。陳世材氏の研究によれば、漢代監察機構には主に、丞相、御史大夫、御史中丞、侍御史、部刺史などがある。[6] 同研究は監督機構の問題を行政の角度のみから考察したので、漢代の財政収支に対する監督ならびに財政監督の立法問題に関しては系統的、全面的な研究を行っていない。従って本論文では最近出版あるいは公開された考古の出土資料や古典文献史料などを利用して、初歩的な考察を行いたいと考えている。

一　財政監察体制——陳世材の観点に対する補論——

国家官僚制度の確立に従い、監察体制も完備してくる。監察の役割はむろん国家政治、経済、軍事などの諸分野において行われている。それに対して、財政監督は財政分野の監察を意味する。史料から見れば、秦漢時代において財政の監督システムも次第に形成された。[7] 陳世材の研究[8]によると、漢代の監察機構は、主に丞相、御史大夫、御史中丞、侍御史、部刺史などによって構成される。しかしながら陳は「司隷校尉」「刺史」及び「督郵」の財政監督の職務、財政収支の監督及び監督効果などの諸問題について十分な検討を行ってこなかった。本節では古典文献及び考古資料を利用してこうした問題を初歩的に考察し、筆者の仮説を提出したい。

(1)丞相・御史大夫及びその下級官僚の監督機能

西漢時期には、御史大夫が丞相を補佐していた。丞相と御史が共同して職務を執行することも少なくなかった。武帝元狩五年、司直(丞相直轄)が設置され、違法の官僚を検挙する専門部署が成立した。それにより丞相の監察機能が大幅に強化された。成帝の時、丞相の権力を弱めるための措置として、三公制が作られた。大司空と呼ばれる御史大夫は、大司馬、丞相とともに「三公」となった。哀帝の時、丞相は大司徒という呼び方に改められた。

行政監督の角度から丞相司直、尚書令などの監察における作用について考証する論文もある(9)。中央政府内の監督機構では主に丞相、御史大夫がある(10)。例えば、『張家山漢墓竹簡』では、

氣鞫者各辭在所県道、県道官令、長、丞謹聽、書其氣鞫、上獄属所二千石官、二千石官令都吏覆之。都吏所覆治、廷及郡各移旁近郡、御史、丞相所覆治移廷。（簡一一七、一四九頁）

□□□□発及闘殺人而不得、官嗇夫、士吏、吏部主者、罰金各二両、尉、尉史各一両、而斬、捕、得、不得、所殺傷及臧物數属所二千石官、二千石官上丞相、御史。（簡一四七、一五三頁）

丞相、御史及諸二千石官使人、若遣吏、新為官及属尉、佐以上徴若遷徙者、及軍吏、県道有尤急言變事、皆得為伝食。（簡二三二、一六四頁）

官為作務、市及受租、質錢、皆為銗、封以令、丞印而入、与參辨券之、輒入錢銗中、上中辨其廷。質者勿与券。租、質、戸賦、園池入錢、県道官勿敢擅用、三月壹上見金、錢數二千石官、二千石官上丞相、御史。（簡四二九、一九〇頁）

御史大夫、廷尉、内史、典客、中尉、車騎尉、大僕、長信詹事、少府令、備塞都尉、郡守、尉、（衛）將軍、（衛）尉、漢中大夫令、漢郎中、奉常、秩各二千石。御史、丞相、相国長史、秩各千石。（簡四四〇、一九二頁）

丞相長史正、監、衛將軍長史、秩各八百石。二千石□丞六百石。４４４（Ｆ52）中発弩、枸指発弩、中司空、輕車、郡発弩、司空、輕車、秩各八百石、有丞者三百石。（簡四四四、一九三頁）

相国上、長沙丞相書言、長沙地卑濕、不宜馬、置缺不備一駟、未有伝馬、請得買馬中、給置伝、以為恒。相国、御史以聞、請、許給買馬。制曰、可。（簡五一六、二〇九頁）

ここで示されるように、丞相、御史が「氣鞫」(11)の管理や、盗品などの状況を理解している。また官吏の転居、「租、質、戸賦、園池入錢〔賃貸、質に入れること、家ごとに割り当てて出させる税金、庭園租税〕」の管理権等々

権限を行使するさいには一定の規定に基づいている。さらに「御史、丞相、相国長史、秩各千石（御史、丞相、相国長史の俸禄はそれぞれ一〇〇〇石である）」に見られるように、丞相及び御史の部下である「長史」の秩禄に関しても詳細な規定が竹簡文に書かれている。では、封国の丞相に関してはいかがであっただろうか。竹簡五一六では長沙丞相の事例を紹介した。その記述によって御史大夫が封国の丞相まで管轄でき、馬の購入といった具体的な点までその管轄権がおよんでいたことがわかる。また、漢代初期に御史大夫が単独で皇帝に進言する職権を持っていた。

御史言、越塞闌関、論未有□、請闌出入塞之津関、黥為城旦舂、越塞、斬左止為城旦、吏卒主者弗得、贖耐、令、丞、令史罰金四両。知其情而出入之、及假予人符伝、令以闌出入者、与同罪。非其所□為□而擅為伝出入津関、以伝令闌令論、及所為伝者。県邑伝塞、及備塞都尉、関吏官属、軍吏卒乗塞者□其□□□□日□□牧□□塞郵、門亭行書者得以符出入。制曰、可。（簡四九一）

この竹簡文によれば、御史は津関の違反にかかわる法律条文を制定する権力を持っており、また同法律が皇帝の支持を獲得していたようである。さらにいくつかの例をあげよう。

相国、丞相、……高帝即位、置一丞相、十一年更名相国、緑綬。孝惠、高后置左右丞相、文帝二年復置一丞相。有両長史、秩千石。哀帝元壽二年更名大司徒。武帝元狩五年初置司直、秩比二千石、掌佐丞相挙不法。（『漢書』巻一九「百官公卿表」七二四～二五頁）

御史大夫、……有両丞、秩千石。一曰中丞、在殿中蘭臺、掌図籍秘書、外督部刺史、内領侍御史員十五人、受公卿奏事、挙劾按章。成帝綏和元年更名大司空、金印紫綬、禄比丞相、置長史如中丞、官職如故。哀帝建平二年復為御史大夫、元寿二年復為大司空、御史中丞更名御史長史。侍御史有綉衣直指、出討奸猾、治大獄、武帝所制、不常置。（同前七二五～二六頁）

衡位三公、輔国政、領計簿、知郡実、正国界、計簿已定而背法制、専地盗土以自益、及賜、明阿承衡意、猥挙郡計、乱減県界。（『漢書』巻八一「匡衡伝」三三四六頁）

御史察計簿、疑非実者、按之、使真偽毋相乱。（『漢書』巻八「宣帝紀」二七三頁）

漢代初期、丞相は相国と呼ばれたことがある。孝恵、高后の時には左右両丞相が設置された。文帝二年になると、丞相は再び一名だけとなった。哀帝元寿二年、丞相の名称は大司徒に改められた。武帝元狩五年、初めて司直を設置し、「挙不法（不法者を検挙）」した。「金印紫綬、禄比丞相（その官位や俸給は丞相に匹敵する）」の御史大夫の名称は、成帝綏和元年に大司空へ改められ、哀帝建平二年に再び御史大夫へ、さらに元寿二年には再度大司空となった。御史中丞もその間に御史長史へと名称変更した。武帝の時、御史という職位は「不常置（常に設置しない）」であった。『漢書』巻八一「匡衡伝」に示されるように、漢代三公は具体的に「国政」「計簿」「郡実」「法制」などのことを担っていた。そのうち、「御史察計簿」はその財政監察の主な職務といえる。漢代の上計（上申）、監督などの管理機構は依然として丞相の管轄下にある。丞相に属する官吏が多く、彼らは主に財政収支、検挙及び考課の仕事を担っていた。一方、御史は財政・経済諸制度の法規に違反した官僚に対して、厳しい打撃を与えた。したがって、「察計簿」は重要な職責であった[12]。

陳世材『両漢監察制度研究』の中では、残念なことに御史大夫の部下やそれに関連する下級官吏の監督状況について論証されていない。御史大夫に関する記載は随分前からあった。例えば、陳夢家『殷虚卜辞綜述』では当時の御史大夫が法令や図書典籍などの議定、皇帝の詔書の伝達に従事することを考証した[13]。また前述の『張家山漢墓竹簡』によれば、漢代の御史大夫の主な職務は国家財政にかかわる法律及び政策を制定し、その行政管理を行うこと、百官を監察し違法者を弾劾すること、簿籍を考課し功労者を品評すること、裁判に参加し刑事案を審議することなどである。しかしながら御史大夫の管轄下の官吏について、詳しく論証する研究はなかった。漢代において、監察の職務を執行する諸官僚は、御史大夫以外に御史大夫の部下である主簿、御史属、丞相少史[14]、御史中丞従事などがある。例えば、

御史大夫張忠辟宝為属、欲令授子經、更為除舍、宝自劾去、忠固還之、心内不平。後署宝主簿、宝徙入舍……。

（『漢書』巻七七「孫宝伝」三二五七頁）

故御史属徐宮家在東萊、言往年加海租、魚不出。長老皆言武帝時県官嘗自漁、海魚不出、後復予民、魚乃出。

（『漢書』巻二四「食貨志」一一四一頁）

丞相征事任宮手捕斬桀、丞相少史王寿誘將安入府門、皆已伏誅、吏民得以安。封延年、倉、宮、寿皆為列侯[15]。

（『漢書』巻七「昭帝紀」二二七頁）

定国少学法於父、父死、後定国亦為獄史、郡決曹、補廷尉史、以選与御史中丞従事治反者獄、以材高挙侍御史、遷御史中丞。（『漢書』巻七一「於定国伝」三〇四二頁）

御史大夫の張忠が孫宝を主簿に任命して御史大夫の日常業務を手伝わせるようにした。また『漢書』巻二四「食貨志」の注釈では李奇の「御史大夫属」という言葉を引用し、御史属とは御史大夫の部下であり、具体的に業務を実行する職位であると説明した。こうした吏員は必要に応じて派遣され、必要性がなくなると罷免されることになり、巡察の任務も一時的なものである。とはいえ彼らは官吏の仕事ぶりを監察したり、財政犯罪を含む違法犯罪の状況を調査するという役割を果したといえる。

（2）司隷校尉、刺史及び督郵（都吏）の財政監督

司隷校尉は、武帝征和四年に設けられた官職であり、最初の職務は「捕巫蠱（巫女や、まじない師を捕まえること）」である。例えば、『漢書』巻一九「百官公卿表」（七三七頁）には次のように書かれている。

司隷校尉、周官、武帝征和四年初置。持節、従中都官徒千二百人、捕巫蠱、督大奸猾。後罷其兵。察三輔、三河、弘農。元帝初元四年去節。成帝元延四年省。綏和二年、哀帝復置、但為司隷、冠進賢冠、属大司空、比司直。

武帝時代に設置された司隷校尉は権力が大きかった。「後罷其兵（その後軍隊の指揮権をとりあげた）」が、強力な監察権力を掌握したため、依然として威信が厚かった。例えば、貢禹が御史大夫であった時期、貢禹は諸葛豊を侍御史に任命した。その後、元帝は諸葛豊を司隷校尉に抜擢した。というのは諸葛豊が「刺挙無所避（何があろうと忌避することなく検挙する）」からである。京師（都）では「間何闊、逢諸葛（このところしばらく会わなかったが、諸葛とでも会っていたのか）」[16]という言葉があいさつがわりになった。さらに、次にあげる『続漢書』「百官志四」を通じて、司隷校尉の部下の官吏による財政経済面の法律執行状況を理解することができる。

司隷校尉一人、比二千石。……従事史十二人。本註曰、都官従事、主察挙百官犯法者。功曹従事、主州選署及衆事。別駕従事、校尉行部則奉引、録衆事。簿曹従事、主財穀簿書。其有軍事、則置兵曹従事、主兵事。其余部郡国従事、毎郡国各一人、主督促文書、察挙非法、皆州自辟除、故通為百石雲。假佐二十五人。本註曰、主簿録合下事、省文書。

ここから見られるように、司隷校尉の部下である「簿曹従事、主財穀簿書（財や穀物を記録する仕事を主に担っている簿曹従事）」は、財政に直接かかわっていた。前述したように、漢代の官吏が従事する職務は広範囲にわたっていたが、財政・経済における犯罪を監督することが諸職務の中で最も重要なものであった。司隷校尉の監察機能が極めて大きかったことが次の碑文の中でも示されている。

君諱峻、字仲嚴、山陽昌邑人。其先周文公之碩冑、□□伯禽之懿緒、以載於祖考之」銘也。君則監營謁者之孫、修武令之子。體純龢之」徳、秉仁義之操、治《魯詩》、兼通《顏氏春秋》、博覽群書、高物不□。學為儒宗（儒、現在の字）、行為士表（士、現在の字）。漢□始仕、佐職牧守。敬恪恭儉、州里」歸稱。挙孝廉、除郎中、謁者、河内大守丞。喪父、如禮。辟司徒府、挙高第、侍御史。東郡頓」丘令。視事四年、比縱豹、産、化行如流、遷九江太守、□残酷之刑、行循吏之道。統政□」載、穆若清風。有黄霸、召信臣在穎南之歌。以公事去官、休神家衖、未能一朞、為司空」圭□所挙、征拜議郎、大尉長史、御史中丞。延熹七年二月丁卯、拜司隷校尉、董督京」輦、掌察群僚、蠲細挙大（蠲、現在の字）、権然疏発。不為小威、以濟其仁、弸中独断、以效其節案奏□」公、彈紺五卿、華夏祗肅、佞穢者遠。遭母憂、自気、拜議郎。服竟、還拜屯騎校尉。以病遜」位、守疏廣止足之計、樂於陵灌園之絜（絜、現在の字）、閉門靜居、琴書自娯。年六十二、熹平元年□」月癸酉卒。明年四月庚子葬。於是門生汝南幹□、沛国丁直、魏郡馬萌、勃海呂圖、任」城呉盛、陳留誠屯、東郡夏侯宏等三百廿人、追惟在昔、遊夏之徒、作謚宣尼。君事帝」則忠、臨民則惠、乃昭告神明、謚君曰忠惠父。息不才、弱冠而孤、承堂弗構、析薪弗」何（析、現在の字）、悲《蓼□》之不報、痛昊天之靡嘉、俯企有紀、能不號嗟（嗟、現在の字）、刊石敘哀。(17)

（『漢碑集釋・魯峻碑』）

「掌察群僚、蠲細挙大（官僚を監査し、大小にかかわらず、あらゆる不正を除去したり、検挙したりする）」司隷校尉は、皇帝の直接な管轄下にあり、皇帝によって賜われる符節を持ち、皇帝に代わって不法を検察する。それは、たとえ地位の高い三公である丞相が法に触れた場合でも司隷校尉は丞相を検挙することができる。例えば、司隷校尉は丞相の匡衡に対して「専地盜土、衡竟坐免（土地を占有したり、盜んだりしたのに、匡衡がなぜ有罪を免れたか）(18)」と弾劾したことがその証拠である。

秦代には諸郡を監督する監御史という官職があるが、漢代になるとその官職が廃止され、丞相を命じて、「分刺諸州、無常官（諸州に刺史という官僚を派遣し、常任の官僚を設置しない）(19)」ということとなり、漢武帝の時、「初置刺史十三人、秩六百石（初めのころに刺史一三名を設置し、一人当たりの俸給は六〇〇石）(20)」であった。成帝の時にはその官職を「秩二千石（俸給二〇〇〇石）」の「牧」という名称に変更したが、建武一八年には再び刺史という名称に改められた。一二名の刺史はそれぞれ一つの州を監査することに務めた。諸州は司隷校尉の監督下に置かれている。『後漢書』巻一一八「百官五」の記載によれば、「諸州常以八月巡行所部郡国、考殿最。初歳盡詣京都奏事、中興但因計吏。豫州部郡国六、冀州部九、兗州部八、徐州部五、青州部六、荊州部七、揚州部六、益州部十二、涼州部十二、並州部九、幽州部十一、交州部七、凡九十八。其二十七王国相、其七十一郡太守。其属国都尉。属国、分郡離遠県置之、如郡差小、置本郡名。世祖並省郡県四百余所、後世稍復増之」。「掌奉詔條察州（皇帝の命を受けて諸州を監察すること）」を主な職務とする刺史により、刺史監察制度が正式に形成された(21)。刺史の地方に対する監察の例証を、『漢書』巻八三「朱博伝」を通して見てみよう。

博本武吏、不更文法、及為刺史行部、吏民数百人遮道自言、官寺盡滿。従事白請且留此県録見諸自言者、事畢乃発、欲以觀試博。博心知之、告外趣駕。既白駕辦、博出就車見自言者、使従事明敕告吏民、「欲言県丞尉者、刺史不察黄綬、各自詣郡。欲言二千石墨綬長吏者、使者行部還、詣治所。其民為吏所冤、及言盜賊辭訟事、各使属其部従事。」

「刺史行部」の朱博によって発布された命令から見れば、「刺史不察黄綬（刺史は黄綬階位の官僚を監査しない）」であるように、監督、糾察の範囲に関して規定があったと考えられる。これまでの古典文献には刺史の財政監察に関しての記録が不十分である。また時代的な制約もあり、陳世材『両漢監察制度研究』でも刺史に関する簡牘はまったく利用されていなかった。従って刺史の財政監察問題を論証するために、筆者は刺史の役割に関する簡牘を可能な限り収集し、その一部を以下に紹介する。

建平三年五月庚戌朔己未、治書侍御史聴天侍御史望使移部刺史、郡大守、諸侯相〼男子欣相賜茂陵女子紀姣、皆有罪、疑殊死以上与家属倶亡章所及奸能當窮竟〼。（E・P・T四三・三一）

九月乙亥、涼州刺史柳使下部郡大守、属国農都尉、承書從事下當用者、明察吏有若能者勿用嚴教官属謹以文
理遇百姓務称明詔厚恩、如詔書／從事史賀音。（E・P・T五四：五）
陽朔五年正月盡十二月、府移丞相、御史、刺史條。（E・P・T五六：七七A）
▨□掾史治▨刺史治所將□伝舍以郵行行其伝舍以郵行。（二四・三）
坐從良家子自給車馬為私事論疑也□□書到相二千石
　以下從吏毋過品刺史禁督且察毋状者如
　律令。（四〇・六）
積為刺史大守君借侍毋省河西□▨。（一七八・三）
▨□刺史杜君　候長一人錢三百
　　　　　　　候史隧長九人錢九百●凡千二百。（二一四・三七）
州刺史捕吏卬卬移大守。（四五五・一二）
▨刺史治所追斷冬獄▨。（四八二・一九）
▨漢律刺史。（E・P・T五八：九七）
[※以來刺史書。（E・P・T五〇：一八二B）
[※九月刺史奏事簿録。（E・P・T五一：四一八B）
下中二千石部刺史郡大守諸侯相承書從事下當用者□督□。（疏勒八八九）
下中二千石部刺史郡大守諸侯相承書從事下當用者□督□▨。（敦二三七六）
出雞一只以食刺史從事吏一人凡二人一食東。（I　九〇DXT〇一一二③：一一九）
張掖千二百七十五一、冥安二百一七、武威千七百二、安定高平三千一百五十一里……（A）金城允吾二千八百

八十里、東南。天水平襄二千八百卅、東南。東南去刺史□三□……一八十里……長安四千八十……（B）（Ⅴ一六一一（三）：三九）

ここには、「刺史、郡大守」が刑務所を督察したり、涼州刺史が官吏の政治的業績を考査したり、刺史が「簿録」を「奏事」し、財務あるいはそれに関連する帳簿の審査を担当したりすることが見られる。（Ⅰ 九〇DXT〇一一二（三）：一一九）に示されるように、「刺史従事」の階位が比較的に高かったのである。いわゆる「漢律刺史」は「六条問事」という法律規定を指しているかもしれない。地方監察官吏では、督郵という階位の上に部刺史があり、部刺史の名称及びその制度の確立は西漢武帝時期から始められた。『漢書』巻一九「百官公卿表」の中では、「在殿中蘭台、掌図籍秘書、外督部刺史、内領侍御史員十五人、受公卿奏事、挙劾按章。外督部刺史」と書かれているが、刺史の職務に関しては詳細な説明をしていない。余行邁氏は、部刺史という呼び方が、「部都尉」「部督郵」と同様に、特定の行政単位である部での職務担当を命じられたということからきていると主張している。[22]だが、漢代にはさらに「四域」が存在しており、閻歩克氏によれば、「四部が王畿と周辺の少数民族の間にあり、一つの部が二から三の州を管轄し、合計して九つの州がある。「四域」の管理は「五威将」によって担われ、東西南北及び中部には「監」の設置によって管轄されている[23]」。

督郵は主に社会の基層において監察の仕事を行う。漢代の史籍の中で、督郵は「都吏」と呼ばれることがあり、[24]「督郵」に関する記述は枚挙に暇がない。そのうち、「郡督郵[25]」や、王を監察する「督郵舎[26]」「五部督郵[27]」などが主である。また三輔にも、「京兆督郵[28]」のような官職を設置した。督郵による社会基層底部での検挙、審査の仕事は効用が極めて大きかったので、督郵は政府に重視され、地位がとりわけ高かったのである。史書では「督郵、功曹、郡之極位〔督郵の功績は郡内の官庁の中で最も高い〕」と書いてある。[29]監察に関する官僚システムの問題に対して、陳世材は、郡督郵及びその属吏の職能を見落とした。地方長官である郡守は、行政全般のことを行ったが、下から上層部へ上申する財務帳簿などを審査、評定する仕事は、間違いなく郡守の部下である督郵によって行われていた[30]。これまでの研究によれば、県邑の監察は一般的に郡守によって派遣される督郵によって行われていた。前に述べたように、県を監査する郡には五つの部があり、それぞれの部に諸県を監察する督郵掾がある。さらに『三国志・蜀書』巻三二「先主伝」には次のように書かれている。

督郵以公事到県、先主求謁、不通、直入縛督郵、杖二百、解綬系其頸着馬柳、棄官亡命。《典略》曰、其後州郡被詔書、其有軍功為長吏者、當沙汰之、備疑在遣中。督郵至県、當遣備、備素知之。聞督郵在伝舎、備欲求見督郵、督郵稱疾不肯見備、備恨之、因還治、將吏卒更詣伝舎、突入門、言「我被府君密教收督郵。」遂就床縛之、將出到界、自解其綬以系督郵頸、縛之著樹、鞭杖百余下、欲殺之。督郵求哀、乃釈去之。

一般的にいうと、督郵が諸用で管轄下の県に監察に行った際に泊まる場所は「伝舎」という。督郵が管轄下の県を巡回する制度は西漢中期に形成されたと思われる[31]。督郵の巡回がスムーズに行われるために漢代には監査する地区をいくつかの部に分けていた[32]。督郵のことについては、漢代の簡牘資料の中でも触れられている。以下いくつかの例をあげよう。「十一月丙戌、宣徳將軍、張掖大守苞、長史丞旗、告督郵掾□□□□□、都尉官□、寫移書到、扁書郷亭市里顯見處令民盡知之商□起察有毋四時言如治所書律令」（一六・四A）、「建平二年六月辛酉、県（懸）泉置嗇夫敞敢言之、督郵京掾治所檄曰、県（懸）泉置後所受……」（『敦煌懸泉漢簡釈粋』、Ⅱ　○二一四（一）：二九）、「長史夫子印、詣使者雍州牧治所。□□一封、敦煌大守章、詣使者雍牧治所。……□檄一、督郵印、詣淵泉。二月乙巳日食時、佐永受御羌歸実時歸行」（同、Ⅰ　○一一四（一）：一一）。また、「建昭二年二月甲子朔辛卯、敦煌太守強、守部候修仁行丞事、告督郵史衆欣、主羌史江曾、主水史衆遷、謂県、聞往者府掾史書佐往來案事、公与賓客所知善飲酒、伝舎請寄長丞食或数……」（同、Ⅱ　○二一六（二）：二四六）[33]がある。こうした資料からわかるように、郡主の属吏である督郵が彼の管轄する所に「治所」を立て、「督郵の印」を持って県レベルの刑事訴訟を処理していた。

(3)司隷校尉、刺史及び督郵(都吏)等の監察のあり方の問題

『続漢書』「百官志五」の注釈では大臣昭の次の言葉を引用している。「……孝武之末、始置刺史、監糾非法、不過六條、伝車周流、匪有定鎮、秩裁數百、威望輕寡、得有察挙之勤、未生陵犯之舋(孝武帝後期において、初めて刺史という官職を設置し、違法者を検挙することとなった。その時の法規は六条に過ぎず、刺史は一箇所に定住せず旅して仕事を行う。その俸給はたった数百石で権威も低かった。監察や検挙を勤めても十分にその力を生かせなかった)」。監察するさい、「伝車周流(宿継ぎの馬車で旅すること)」が主なやり方であった。そのほかには県に治所を設置し、随時に検査及び検挙を行うというやり方が見られた[34]。監察の官吏が郡や県に巡行するさいには大変仰々しいものであった。例えば、督郵の張倹が「行歩至平陵、逢覽母乗軒、道從盈衢。儉官屬呵、不避路。……(儉)使吏卒收覽母、殺之(官僚一行が巡行したさい、車に乗っている当時権勢を振るっていた宦官侯覧の母親に会い、張倹の随行者が大いに恐れた。張倹が官吏に大声で侯覧の母親のことを叱らせたが、それでも彼女が道路を譲らなかったので、張倹は官吏に彼女を差し押さえさせて殺した)[35]」のであった。公開的な巡行は、皇帝の至上的な権威をひろく発揚し、各級の汚職官吏を震わせ、民衆に違法者への上告を促した[36]。

検察の官吏が行う「羸服間行(傷んでいる服を着て静かに行動する)」や「微服単行(人目に付かない粗末な服を着て単独で行動する)」など、水面下での監察も有効なやり方の一つであった。例えば、『後漢書』では次のように記している。

和帝即位、分遣使者、皆微服単行、各至州県、観采風謡。使者二人當到益部、投郃候舍。時夏夕露坐、郃因仰觀、問曰、「二君発京師時、寧知朝廷遣二使邪?」二人默然、驚相視曰、「不聞也。」問何以知之。郃指星

示雲、「有二使星向益州分野、故知之耳。」(『後漢書』巻八二「李合伝」二七一七頁)

中平三年、江夏兵趙慈反叛、殺南陽太守秦頡、攻没六県、拜続為南陽太守。當入郡界、乃羸服間行、侍童子一人、観歴県邑、采問風謠、然後乃進。其令長貪絜、吏民良猾、悉逆知其狀、郡内驚竦、莫不震懾。乃発兵与荊州刺史王敏共擊慈、斬之、獲首五千余級。属県余賊並詣続降、続為上言、宥其枝附。賊既清平、乃班宣政令、候民病利、損於人曰病、益於人曰利。百姓歡服。時權豪之家多尚奢麗、続深疾之、常敝衣薄食、車馬羸敗。府丞嘗獻其生魚、続受而懸於庭。丞後又進之、続乃出前所懸者以杜其意。(『後漢書』巻三一「羊続伝」、一一一〇頁)

和帝によって派遣された「使者」はみな「微服単行」である。派遣先の下級官吏はその行動をまったく「聞かされていなかった」のである。「微服単行」の目的は「観采風謡(風俗を観察する)」であり、本当の社会状況を全面的に理解するためには、当然ながら汚職の官吏の検挙などの財政監察業務が含まれる。中平三年、羊続が「羸服間行」により、諸県邑を訪問し、「其令長貪絜、吏民良猾(そこの長官が貪欲な者か清廉な者か、官吏及び民衆が善良な者か、狡猾な者か)」という実態を調査した。羊続が私服の格好で訪ねた理由は、彼が「敝衣薄食(質素な生活)」に配慮があったからかもしれない。

こうして監察者が公的に巡行したり、質素な私服で訪ねたりすることの主な目的は次の二例にみられるように、官僚の経済犯罪などの違法行為を検挙することであった。「帝舅紅陽侯立使客因南郡太守李尚占墾草田百數頃、頗有民所假少府陂澤、略皆開発、上書願以入県官。有詔郡平田予直、銭有貴一万万以上。宝聞之、遣丞相史按験、発其奸、劾奏立、尚懷奸罔上、狡猾不道。尚下獄死。」(『漢書』巻七七「孫宝伝」、三二五八〜九頁)。「楊州刺史歐陽參奏太守成公浮臧罪、遣部従事薛安案倉庫簿領、収就於銭唐県獄。」(『後漢書』巻八一「戴就伝」、二六九一頁)。

監察者のもう一つの仕事は、中央に提出された帳簿を審査するさいの重要な参考材料としての耕作地面積、収穫の豊凶、農業の災害などの情報を収集することであった。宣帝の時に何武が刺史を務めることがあったが、巡回したさいには常に「試其誦論、問以得失、然後入伝舎、出記問墾田頃畝、五穀美悪、已乃見二千石、以為常（当地の学生に地域の状況についての意見を聞いてから伝舎に入る。出かけるさいには開墾された田んぼの面積、五穀の収穫の善し悪しについて質問し、それから太守に会うようにする）」[37]のであった。また、「相勅掾史案事郡国及休告従家還至府、輒白四方異聞、或有逆賊風雨災変、郡不上、相輒奏言之」[38]に見られるように、魏相が丞相の時には常に掾史を派遣して諸郡を巡察させた。

監察による考査結果が地方官吏の昇降格を決めるので、帳簿が虚偽に編集・制作され、汚職が頻発していたのでは、財政制度が名存実亡となってしまうのである。[39]したがって、ある官吏が国家の災害援助金を横領したり、あるいは災害救援に力を尽さなかったりした場合、漢代の法律に基づいて懲罰を受けなければならないのであった。たとえば、『漢書』巻八六「何武伝」には次のように書いている。

何武為刺史五歳、入為丞相司直、丞相薛宣敬重之。出為清河太守、数歳、坐郡中被災害什四以上免。久之、大司馬曲陽侯王根薦武、證為諫大夫。遷兗州刺史、入為司隷校尉、徙京兆尹。二歳、坐挙方正所挙者召見盤辟雅拜、有司以為詭衆虚偽。武坐左遷楚内史、遷沛郡太守、復入為廷尉。綏和元年、御史大夫孔光左遷廷尉、武為御史大夫。（三四八四頁）

刺史何武は丞相薛宣に重用され、清河太守になってから数年後に「坐郡中被災害什四以上免（郡内で十分の四以上の人が災害を受けたことにより、何武は罷免された）」という。のち何武は依然としてしばしば誤りを犯したにもかかわらず、御史大夫をつとめ、官吏の不法を監察する立場となった。

さらに災害の実状を報告しなかった場合も、処罰されることになっていた。たとえば、曹褒が河内太守のさい、「後坐上災害不実免（災害を正確に報告しなかったことが原因で罷免されることとなった）」[40]。しかし財政監督者は、各地域から上申された帳簿などの書類が実際と異なったとしても見出せない場合があるため、司隷校尉、刺史及び督郵による巡行監察がきわめて重要となる。(41)

財政監督の管理活動の実態を全面的に把握するために、監督部門は定期的に財務支出入の帳簿を直接に審査するほか、専門の官吏を派遣して財務活動の監察を「巡行」していった。したがって、漢代における監察の執行は、司隷校尉、刺史などの官吏によって担われていた。

二　財政収入の監督

財政収支に対する監督は、国家財政経済運営の安定性に直接関係しているため、その監督は国家にとってきわめて重要であった。漢代には税収に対する管理がすでに大きく発展し、財政収入の管理がしばしば地方官吏の政治業績を評価するさいの基準となる。(42)秦代・漢代において財政収入への監督は主に税収と密接に関係する耕作面積と戸籍状況に対するものであった。

(1)税収監査と耕作面積

漢代の耕作地の地租徴収は税率の規定に基づいて行われている。『秦漢賦役制度研究』の中で、黄今言氏は秦代・漢代において耕作地面積と生産高の両方を結びつける方式で地租を徴収していたと主張している。(43)それゆえに、耕作面積が政府にとって特に重要であった。地方官僚が実際の耕作面積を隠蔽するようなことが起きないように、国家は地方政府が中央政府に耕作面積を正確に申告するように法律を制定した。例えば、秦代は土地税収に対して厳格な法律規定がある。法規では土地租税の隠蔽や申告金額の偽わり、申告漏れなど租税の支払い規定に違反した者に処罰を与えると書かれている。『龍崗秦簡』では、次のように記している。(44)

□□□不到所租□直（値）、虚租而失之如□。（簡一四三）

坐其所匿税臧（贓）、与灋（法）没入其匿田之稼。□（簡一四七）

一番目の簡書では土地租税を隠す者は隠される土地税の金額に従い罪を定め、税金を追加的に徴収すると書いている。次の簡書では土地税の申告漏れを行った者は、法的な処罰を受けると説明している。

西漢時代の耕作面積監査制度はさらに厳密になったようである。例えば、尹湾簡では、「提封五十一万二千九十二頃八十五畝二□……人。如前」[45]と書かれており、東海郡内の諸地区の総面積が記録されている。[46]また史籍の中には耕作地の確実な面積についての記述が多い。これは国家が税収を確保するように耕作面積を把握しようとしているといえる。東漢の順帝劉保、冲帝劉炳、質帝劉纘の時期において耕作面積に関する記載がかなり精確となったようである。[47]例えば、『続漢書・郡国志』の注記の中では応劭の言葉を引用して次のように書いている。

……順帝建康元年、戸九百九十四万六千九百一十九、口四千九百七十三万五百五十、墾田六百八十九万六千二百七十一頃五十六畝一百九十四歩。冲帝永嘉元年、戸九百九十三万七千六百八十、口四千九百五十二万四千一百八十三、墾田六百九十五万七千六百七十六頃二十畝百八歩。質帝本初元年、戸九百三十四万八千二百二十七、口四千七百五十六万六千七百七十二、墾田六百九十三万一百二十三頃三十八畝。

さらに東漢政府は厳格な「度田」制度を実施した。例えば、建武一五年には「詔下州郡檢核墾田頃畝（州や郡の地方官僚に耕作面積を確認するように指示した）」[48]。明帝の時、「禁民二業、又以郡国牛疫、通使區種增耕、而吏下檢結、多失其実、百姓患之（民衆に対して二つの仕事の兼業を禁止し、また郡内で牛の流行病により、農耕地を増やすような政策を行った。だが地方官吏の農耕地面積に対する調査結果が事実と相違することが多く、人民はそれによって苦しめられた）」[49]。財政監査の成果により、多くの官吏や当地の権力者が処罰された。例えば、「河南尹張伋及諸郡守十余人、坐度田不実、皆下獄死（河南尹長官の張伋をはじめとする郡の長官十数人が耕地面積を不正に申告したことによって投獄され、そこで亡くなった[50]」ことや、また元字恵孟が「初拝上蔡令、遷東平相、坐墾田不実、下獄死〔初め蔡に赴任するよう任命され、その後東平相という官位に栄転したが、耕地面積の虚偽の申告により投獄され、そこで亡くなった〕[51]」という例もあった。耕作面積の監査強化によって、地方官僚による虚偽の申告を減らし、国家の財政収入を増やすことを可能にした。

(2)賦税収入の確保と戸籍審査の強化[52]

丁口の賦税は国家歳入に占める比重が大きく、丁口の賦税は人口、戸数に基づいて徴収されている。

では、まず秦代の戸籍監査について見てみよう。始皇帝一六年九月、「初令男子書年〔男性に年齢を記入するように命令を初めて発した〕[53]」とあり、また睡虎地秦簡では、次のように書いている。「匿敖童、及占（癃）不審、典、老贖耐。●百姓不當老、至老時不用請、敢為酢（詐）偽者、貲二甲、典、老弗告、貲各一甲、伍人、戸一盾……[54]」。その中での「匿敖童〔児童を匿う〕」によって戸籍登録に関する法律規定があったことがわかった。さらに秦簡『效律』の規定では、

計脱実及出実多於律程、及不當出而出之、直（値）其賈（価）、不盈廿二錢、除、廿二錢以到六百六十錢、貲官嗇夫一盾、過六百六十錢以上、貲官嗇夫一甲、而復責其出殹（也）。人戸、牛馬一以上為大誤。罪一等[55]。

以上の引用によれば、会計記録が実際の数字と比べて誤差が少ない場合には罪を問わないが、しかしながらたった一戸の人数あるいは馬一匹の誤差でも「大誤〔重大な誤り〕」となり、罪が問われる。これは本来会計記録に関する記述であるが、人口調査に関する法律の厳しさをうかがうことができる。

西漢時代にも一般の人口調査を厳格に実行している。例えば、居延漢簡[56]には戸籍を明確に記述する簡文がいくつかある。

永始五年三月戊辰朔己巳、⧄博与長倶送都尉謹案戸籍⧄。（一一九・四九）

建平三年二月壬子朔丙辰、都郷嗇夫長敢言之、⧄同均戸籍臧郷名籍、如牒、毋官獄征事當得⧄。（八一・一〇）

⧄□充光謹案戸籍在官者弟、年五十九、毋官獄征事願以令取伝乘所佔用馬、八月癸酉、居延丞奉光移過所河津金関、毋苛留止、如律令／掾承⧄。（二一八・二）

以上の簡文は、西漢の（成帝劉驁）永始五年や、漢代の（哀帝劉欣）建平三年の戸籍文書管理の存在を示している。西漢後期の地方の戸籍文書には、詳細な記載が見られる。例えば、尹湾漢簡では、次のように記している。「口百卌九万七千三百卌三其四万二千七百五十二獲流。戸廿六万六千二百九十、多前二千六百廿九、其戸万一千六百六十二獲流。男子七十万六千六十四人、女子六十八万八千一百卌二人、女子多前七千九百廿六。年八十以上三万三千八百七十一、六歳以下廿六万二千五百八十八、凡廿九万六千四百五十九。年九十以上万一千六百七十人、年七十以上受杖二千八百廿三人、凡万四千四百九十三、多前七百一十八」[57]。ここでは、西漢東海郡の人口、戸籍数、年間増加数及び獲流戸数に関する記録を記している。漢代の丁口に対する賦税の徴収が戸数、年齢、人数等に基づくため、これに関する文書に詳細な記録があった。

では、東漢時代の戸籍に対する監督管理はいかなるものであっただろうか。『長沙東牌楼東漢簡牘』の中には「戸籍帳簿」に関して詳細な記載がある[58]。

（一）建寧四年益成里戸人公乘某戸籍、1建寧四年[益]成里戸人公乘某卅九筭篤夅子[公][乘][石]……。2□□[卅][七][算]夅。（七九）

（二）区益子朱戸籍：[区][益] [子][公][乘] [朱]年卅□ [算]卒九十復。（八〇）

（三）残戸籍一：⧄[年]卅筭卒。（八一）

（四）残戸籍二：1凡□五事⧄。2中筭三事訾五十⧄。3甲卒一人⧄。（八二）

東牌楼から出土した文物の中で戸籍に関するものは多くないが、出土した簡文は漢代戸籍制度を研究する上で、計り知れない価値と意味を持っている。ここでいう「戸籍文書」は概括的な呼び方である。[59] 簡文によって示されるように、東漢時代の戸籍には資産や賦税の計算及び控除などに詳細な記録がある。その目的は賦税徴収にある。

さらに、政府は「首匿之法」という厳しい法律を制定した。例えば『漢書』巻四四「淮南厲王劉長伝」（二一三九～四〇頁）に書かれたように、「亡之諸侯、遊宦事人、及舎匿者、論皆有法（国をなくした諸侯、官吏になって他郷に行った人、罪人をかくまうものには、みなそれぞれ規定がある）」。同注記は「舎匿、謂容止而藏隱也（舎匿とは、かくまうことである）」という師古の言葉を引用し、人数を隠すことが違法であると説明した。さらに『奏讞書』では次のようにある。

……八年十月己未安陸丞忠刻（劾）獄史平舎匿無名數大男子種一月、平曰、誠智（知）種（名）數、舎匿之、罪、它如刻（劾）。種言如平。問、平爵五大夫、居安陸和衆里、屬安陸相、它如辭。鞫、平智（知）種無名數、舎匿之、審。當、平當耐為隷臣、錮、毋得以爵、當賞免。・令曰、諸無名數者、皆令自占書名數、令到県道官、盈卅（三十）日、不自占書名數、皆耐為隷臣妾、錮、勿令以爵、賞免、舎匿者与同罪。以此當平。南郡守強、守丞吉、卒史建舎治、八年四月甲辰朔乙巳、南郡守強敢言之、上奏七牒謁以聞、種県論、敢言之。[60]

当時の法律に見られるように、漢代初期には、戸口数、人口を隠す行為に対する処罰は極めて厳格である。[61]

耕作面積および戸口数が財政収入の監督において重要な地位を占めていたが、実際の税金徴収の過程の中で、自分で税の項目を立て税金を横領する官吏もいた。例えば、『漢書』巻七二「貢禹伝」では、宣帝の時に農民が「……又出槀税、郷部私求、不可勝供（田租付加税の槀税を徴収され、そのうえ官吏による私的な税金の取り立てをされるなど、供出に応じられないほど要求が多かった）」と書かれている。和帝の時、「大将軍竇憲西屯武威、棱多奉軍費、侵賦百姓、憲誅、坐抵罪（大将軍竇憲が中国西部にある武威に駐屯したさい、多くの軍費を人民から徴収した。憲はこの罪により死罪を受けた[62]のであった。霊帝の時、「譲、忠等説帝令斂天下田畝税十錢、以修宮室（譲、忠は皇帝の命を受けて王宮を修繕するために、農民から土地税十銭を徴収すると説いた）」、「刺史、太守復增私調、百姓呼嗟（中央から地方へ派遣された官僚や郡の長官が再び勝手に税金徴収を頻繁に行ったので、民間の人々が嘆いていた）[63]」のであった。これは国家の賦税政策にとっては破壊的であり、国家財政収入及び国家経済の正常な運営に影響を与えている。当然ながら監査官吏から調査を受けたものも少なくなかったのである。例えば、次のことがある。

（祚陽侯仁）初元五年、坐擅興繇賦、削爵一級、為関内侯、九百一十戸。（『漢書』巻一五「王子侯表」四九六頁）

（質帝時南陽太守韓昭）強賦一億五千万、檻車征下獄。（『東観漢記』巻二〇「列伝」）

それゆえに、漢代政府は財政収入への監督を相当に重視しており、中央政府に上申するさいに正確な数字を報告するよう、地方官僚に要請した。『尹湾漢墓簡牘』の中には、西漢時代の東海郡の銭穀収入合計額に関する明確な記述がある。例えば、「一歳諸錢入三万六千六百六十四万二千五百六錢」「一歳諸穀入五十五万六千六百卅七石二斗二升少口升、出卅一万二千五百八十一石四斗□□升」などがある[64]。また、『続漢書』「百官志五」には、「……秋冬集課、上計於所属郡国（年末に徴収された税収入は所属の郡国に申告する）」という言葉がある。同書の注記では「秋冬歳盡、各計県戸口墾田、錢穀入出、盗賊多少、上其集簿（年末になると、県にある人口と耕作地の面積、銭や穀物の収入・支出、盗賊の人数などを記録して上申する）」という胡広の言葉を引用した。こうした簡文によって説明されるように、中央が財政収入の監督にかなり厳格性を要求している。すなわち、耕作面積、戸口数などを含めた上申のデータが正確でなければならないということである。

三　財政支出の監督

漢代財政支出に対する監督もかなり厳格であった。これまでの研究によれば、漢代における財政支出には、軍事費や、官吏の俸禄、基礎建設費、祭祀の費用、皇室の費用および教育費などが含まれていた[65]。政府の財政支出に対する監督により支出の不合理性を無くすことができる。特に官吏の汚職や腐敗などをある程度防止でき、国家財政支出が順調に行うことを可能にする。加藤繁「漢代に於ける国家財政と帝室財政との区別並に帝室財政一斑」によれば、漢代の財政支出において軍事費が占める割合は極めて大きかった。例えば、「自羌叛十余年間、兵連師老、不暫寧息。軍旅之費、転運委輸、用二百四十余億、府帑空竭。延及内郡、邊民死者不可勝數、並涼二州遂至虚耗（中国西方に住んでいる胡人が反乱して十数年が経った。それ以来戦闘が続いた。その軍費は二四〇余億銭に上り、国庫は空になってしまった。国内の他の郡が戦乱に巻き込まれ、国境地域の住民の死者数は数え切れないほど多く、それと同時に涼州もついに財政的に弱くなってきた）[66]」。ここに示されるように、財政支出が「二百四十余億余り」という金額に上った。制度に抜け道があるようになれば、大胆に悪事をする人たちは国家の資産を盗み取ることになる。したがって、政府が軍事費や俸禄及び災害救援物資の配給などに対し、監督・審査の業務を重点化させた。

軍事費支出における監督の強化は、国防の点においても財政均衡の点においても重要な意味を持っている。前漢・後漢時代において、軍事費を審査する官吏は北辺防衛時の軍事物資に対する監督も大変厳格に行った。例えば、「校候三月盡六月折傷兵簿、出六石弩弓廿四付庫、庫受嗇夫久廿三、而空出一弓、解何?」（一七九・六、二八六頁）。この簡文は、肩水候官の所在地であるＡ三三地湾から出土したものである。簡文の中の「候」は肩水候を指し、簡文は肩水都尉府の者によって書かれたと思われる。すなわち、都尉府は、肩水候より提出された三月から六月までの怪我を負った兵士に関する帳簿を審査するさい、帳簿に書かれた配付弩数と、実際にそこで受け取った弩数とが一致しないことが発覚したため、この追及に関する簡文を書いたのである。また次のような例もある。

神爵二年三月丙午朔甲戌、敦煌太守快、長史布施、丞徳、謂県、郡庫、太守行県道、伝車被具多敝、坐為論、易□□□□到、遣吏迎受輸敝被具、郡庫相与校計、如律令。（A）掾望來、守属敞、給事令史廣意、佐実昌。（B）（I　○三○九③：二三六）

效谷移建昭二年十月伝馬薄（簿）、出県（懸）泉馬五匹、病死、売骨肉、直銭二千七百卌、校銭薄（簿）不入、解……（○一一六②：六九）

最初の簡文は西漢宣帝時期の敦煌太守が「県、郡庫」宛に書いた車両の監督に関する文書である。その中では、各種の車両の監査に当たって、「律令」のように「校計〔監査〕」しなければならないと書いてある。その次の簡文は西漢元帝時期において地方の検査員による駅馬の監査状況に関する文書である。そこには亡くなった馬の売却による収入に関しても具体的に述べている[67]。

漢代においては、官僚俸禄の支出に対する監督も法律に依拠しており、監督の力も強かった。

秦代・漢代には官僚の人数が多く、「成帝陽朔二年除八百石、五百石秩。綏和元年、長、相皆黒綬。哀帝建平二年、復黄綬。吏員自佐史至丞相、十二万二百八十五人〔成帝陽朔二年、俸禄八〇〇石、五〇〇石の官位を廃止した。綏和元年には長官級の官僚は皆黒綬が賜与された。哀帝建平二年には長官級の官僚は再び黄綬が賜与された。佐史から丞相に至るまでの官吏の人数は一二万二八五人に上る〕[68]」という規模であった。前漢・後漢の四〇〇年余りの間に、官吏の人数が時期により異なるものの、官吏に対する俸禄の支出はどの時期においても相当な金額に上ったことに違いない。これに関して、ある史書では次のように述べている。「漢宣以来、百姓賦斂一歳為四十余万万、吏俸用其半（漢代の宣帝期以来、百姓から徴収された歳入は四〇億余りであるが、官吏の俸給がその半分を占めている）[69]」。では、漢代の財政部門は官吏の俸給をどのように監督していたであろうか。官吏の俸禄の発給高は官吏の人数と禄秩の高さに基づくが、その発給に関して国家は具体的な規定を持っていた。『尹湾漢墓簡牘』の中では東海郡の官吏に関する人数や禄秩などの記述がある。これは当時の監査官吏が俸給支出を監査するさい、それに関連する記録を注意深く検討したことを示している[70]。

秦代には、既に俸給管理監督制度に関する厳格な法律規定があった。例えば、秦代の簡文によれば、「不当稟軍中而稟者、皆貲二甲、法（廃）、非吏殹（也）、戍二歳、徒食、敦（屯）長、僕射弗告、貲戍一歳[71]」。これは軍隊の俸禄の米発給に関する規定である。軍隊から米を受け取るべきでない人が受け取った場合、盗み取った者は罰金（貲）や、免職され今後も採用されないこと（廃）、及び辺僻地へ送ること（戍）などの罰を受けることになる。盗み取った者だけでなく、軍の米を一緒に食べた人たちも（徒食）、軍隊の長官（屯長、僕射）及び軍の食料を発給する県令や、県尉、士吏なども相応の懲罰を受けることとなる。

居延から出土した漢代の簡文の中でも、漢代の俸禄の発給において厳格な審査が行われていたことを見出すことができる。俸禄を受け取る前に、各候の官僚は受取者の名簿、場合によっては官吏の俸禄の一覧表まで作成しなければならなかった。例えば、「甘露二年四月庚申朔辛巳、甲渠鄣候漢強敢言之、謹移四月行塞臨賦吏三月奉秩別用錢簿一編敢言之。書即日餔時起候官」（E・P・T五六・六A）。この簡文は西漢宣帝の時の俸禄に関する文書の作成状況を描いたものである。監督過程の中で、官僚の俸給支出に存在する問題がしばしば見出される。再発あるいは俸給の過剰支払いがあれば、それを取り戻さなければならない。例えば、次の漢代の簡文がある。「……従庫令史鄭忠取二月奉。不重得正月奉、今庫掾嚴復留鳳九月奉錢、不當留庫、證所言」（一七八・三〇）。また「不侵候長柏詡所還重取奉錢千六百☐」（五〇七・一一）。これに示されているように、漢代の俸禄支出に対する監査は規定に基づいているのである[72]。

さらに、災害救援資金や物資に対する財政監察の仕事が重要である。前漢・後漢の時代において災害救援に対する支出は驚くほど大きかった[73]。そこで地方官吏が国家の災害に対する援助資金や物資を横領することがしばしば起きる。例えば、

（王莽時）流民入関者数十万人、乃置養贍官稟食之。使者監領、与小吏共盗其稟、饑死者十七八。先是、莽使中黄門王業領長安市買、賤取於民、民甚患之。業以省費為功、賜爵附城。（『漢書』巻九九「王莽伝」四一七七頁）

（献帝時）三輔大旱、自四月至於是月。帝避正殿請雨、遣使者洗囚徒、原輕系。是時穀一斛五十万、豆麥一斛二十万、人相食啖、白骨委積。帝使侍御史侯汶出太倉米豆、為饑人作糜粥、經日而死者無降。帝疑賦恤有虚、乃親於御坐前量試作糜、乃知非実、使侍中劉艾出讓有司。（『後漢書』巻九「孝献帝紀」三七六頁）

政府が避難民に配給する災害の救援食料に対し、「使者監領、与小吏共盗其稟（難民の救援物資の受取りを監督する使者がその下部官僚と一緒にその救援の穀物を盗み）」、それにより災害を受けた人たちが「死者十七八」となった。献帝の時に三輔に旱魃が起き、餓える人が増え、白骨が堆積するような悲惨な状況が生じた。政府は太倉の米を放出して救済していたが、汚職するひどい官僚がいたため、皇帝が「於御坐前量試作糜、乃知非実（御座の前で米を計っておかゆを作らせ不正を見抜いた）」と、述べている。このような汚職行為は国庫の流出だけでなく、階級間の矛盾を深め、国家政権の基底を危うくするので、統治者である皇帝も自ら監察や審査を行う。したがって、前漢・後漢時代の政府が災害救援及びその管理に厳格な制度を導入し、その救援に力を入れていた。

四　財政監督の立法

財政監督の立法は国家財政の運営過程の中間的な部分であり、国内外では今だに専門的な検討は行われておら

ず、以下はその空白を埋める試みである。

まず、秦代の国家財政監督の立法状況を見てみよう。秦簡『倉律』の規定では次のようになっている。

入禾倉、万石一積而比黎之為戸。県嗇夫若丞及倉、郷相雑以印之、而遺倉嗇夫及離邑倉佐主稟者各一戸以氣(餼)、自封印、皆輒出、余之索而更為発戸……。(『睡虎地秦墓竹簡』三五～六頁)

ここでは、穀物を倉に入れるさいには必ず県の嗇夫・丞及び倉、郷の管理者と共同で行わなければならないと規定されている。このように国家財産の管理における法律の規定は厳しいものであった。また、『金布律』にあるように「官府受銭者、千銭一畚、以丞、令印印。不盈千者、亦封印之。銭善不善、雑実之。出銭、献封丞、令。乃発用之。百姓市用銭、美悪雑之、勿敢異(74)」、すなわち、「官府受銭者、千銭一畚(官庁がお金を受取ったさい、一〇〇〇銭ごとにふごに入れ)」、令丞は必ず封印して確定する。支出の必要があった時、印封を先に令丞に献呈して検査しておかなければならないと法的に定めている。秦代の法律の中で官有の財物を管理する人員は「至計而上廥籍内史(75)」である。すなわち毎年上申するさいには倉庫にある物資に関する帳簿を提出して審査を受けなければならない。「嗇夫免、效者発、見雑封者、以隄(題)效之、而復雑封之、勿度県、唯倉所自封印是度県(76)」。すなわち国家財物の紛失を防止するために、財物を管理する官吏が離任するさいには専門的な監査を受けなければならないという規定である。秦代の簡文『效律』の規定によれば、「……及不当出而出之、直(値)其賈(価)、不盈廿二銭、除、廿二銭以到六百六十銭、貲官嗇夫一盾、過六百六十銭以上、貲官嗇夫一甲、而復責其出殹(也)。人戸、馬牛一以上為大誤。誤自重殹(也)、減罪一等(77)」。つまり、財物を管理するにあたって、財の支給が基準を上回る場合、あるいは不当である場合には、厳しい処罰を受けることとなる。

漢代になると、国家財産が盗まれたという事態に関する記述が史書に大量に記載された。こうした行為の処罰に関する律令の規定は極めて厳しいものであった。例えば、漢代の簡文では、次のように記している。

□所盗取粟小石三百六十六石六斗六升。（E・P・T五九：六六二）

趙臨開傰臧内戸、盗取卒閣錢二千四百、謹已劾傰職事無状。（E・P・T五〇：一五四）

▨□盗取□□▨。（E・P・T五九：九〇〇）

盗一錢到廿、罰金一両、過廿到百、罰金二両、過百到二百、為白徒、過二百到千、完為倡。（『張家山漢墓竹簡・奏讞書』）

最初の簡文では食料「小石三百六十六石六斗六升」が盗まれた点が明確に記録されている。第二の簡文は「閣銭」を盗むことに関するものであり、第三の簡文は文字の欠落で盗品の内容は不明である。さらに『奏讞書』では盗みの処罰規定が詳細に記録されている。また、東漢明帝の時代、県庁の窃盗事件について次の記述がある。「先是河南県亡失官銭、典負者、坐死及罪徙者甚衆、遂委責於人、以償其秏。郷部吏司因此為奸、儵常疾之（その前に河南県で官金が無くなり、責任者の多くは死刑などの処罰を受けたので、官銭の減損を補うために責任を他人に押し付けたりすることが常である。郷の官僚は相互に癒着し、儵は常にこのことに悩まされていた）」(78)。この事件に見られるように、「坐死及罪徙者甚衆（死刑などの処罰を受ける者が多く）」、法律の規定が相当厳しいと思われる。

さらに財政管理の過程において、官吏による公金横領あるいは規定外公金使用の問題も出ている。いくつかの例をとりあげよう。

敬聲以皇后姊子、驕奢不奉法、征和中擅用北軍錢千九百万、発覚、下獄。（『漢書』巻六六「公孫賀伝附子敬聲伝」二八七八頁）

延壽代蕭望之為左馮翊、而望之遷御史大夫。侍謁者福為望之道延壽在東郡時放散官錢千余万。望之与丞相丙吉議、吉以為更大赦、不須考。（『漢書』巻七六「韓延壽伝」三二一四頁）

……尋永平、章和中、州郡以走卒銭給貸貧人、司空劾案、州及郡県皆坐免黜。今宜遵前典、蠲除權制。（『後漢書』巻五八「虞詡伝」一八七二頁）

以上の引用を見てもわかるように、敬聲という官僚が「擅用北軍銭千九百万」の結果、入獄の罪となった。一方、「州郡以走卒銭給貸貧（州郡の長官が部下への給料をかってに貧しい人達に貸すこと）」も認められることではなかった。

さらに『奏讞書』（二一九頁）の次の一節からも見られるように、官有物の管理及び監査制度も構築されていた。

七年八月己未江陵丞言、醴陽令恢盗県官米二百六十三石八斗。恢秩六百石、爵左庶長□□□□従史石盗醴陽己郷県官米二百六十三石八斗、令舍人士五（伍）興、義与石売、得金六斤三両、錢万五千五十、罪、它如書。興、義言皆如恢。問、恢盗臧（贓）過六百六十錢、石亡不訊、它如辤（辞）。鞫、恢、吏、盗過六百六十錢、審。當、恢當黥為城旦、毋得以爵減、免、贖。律、盗臧（贓）直（値）過六百六十錢、黥為城旦、令、吏盗、當刑者刑、毋得以爵減、免、贖、以此當恢。恢居酈邑建成里、属南郡守。南郡守強、守丞吉、卒史建舍治。

この史料によると、左庶長の恢は、部下の石に自分が管轄している醴陽県にある政府所有の米を盗み取ることを指示し、家来の伍興、義、石の三人とともに盗んだ米を売り出した。王子今氏の研究ではこれについて詳細に説明している[79]。王氏の見解によると、恢及び部下である石たちの罪は、「官米二百六十三石八斗」を盗むことにあり、「盗んだ米を分け合う」ことにあるのではなかったようである。これは石が逃亡しているからか、もしくは恢が確かに指示を出したからなのか確かなことはわからない。『奏讞書』は『律』からこの例を引用したようである。「盗臧（贓）直（値）過六百六十錢、黥為城旦（盗まれた物品が六六〇銭以上であれば顔に墨を入れ、四、五年辺境での労働刑罰を受けることとなる）」という記述は『二年律令』の中の「盗臧（贓）直（値）過六百六十錢、黥為城旦舂」と同じく、ただ「舂」という文字を省略しただけであった。『奏讞書』はさらに『令』から「吏盗、當刑者刑、毋得以爵減、免、贖（物品を盗んだ官吏は、適切な刑罰を受けなければならない。官位をもって罪を減免したり、免除させたり、物品で軽減させたりすることをしてはいけない）」を引用した。『二年律令』にはこれについては書かれていない。この『令』はおそらく律文の実施方法に対する補記であると思われる。「石亡不訊（石が失踪して音信不通）」であり、「當、恢當黥為城旦、毋得以爵減、免、贖」という簡文に書かれる恢に対する処置は、『律』と『令』の内容と食い違わなかった。王氏のこのような分析はきわめて合理的であった。ここに示されているように、漢代において、官有財産の管理に関する法律が相当厳格なものであった。さらに漢代の簡文に次のような記述が見られる。

□□寅士吏兼行候事敢言之、爰書戍卒潁川郡長社臨利里楽徳、同県安平里家横告曰、所為官牧橐他、戍夜僵草中、以□行。謹案、徳横□到橐他、尉辟推謹毋刀刃木索、徳、横皆證所言、它如爰書。（E・P・T五七：八五、三四三頁）

神爵二年十一月癸卯朔乙丑、県泉嗇夫□□敢言之、爰書御千乗里畸利課告曰、所葆養伝馬一匹、騅牡□□□□□□□二□為六尺一寸□□□□送□匹五乗至安病死、即与御張乃始治定藥期馬死□定毋病□□索□病死、審澄之、它如爰書、敢言之。（敦一三〇一）

これは橐他に放牧された政府の伝信用の馬が病死した後に、政府上層部へなされた報告（爰書）である。ここで言及したいのは、二つの簡文とも政府が死亡した家畜を検査した後に、上層部へ報告するという内容であった。地方官吏はこうした家畜の死亡原因を特定する検査を行い、法律制裁の対応を決めるのである。

以上に紹介した多くの史実からわかるように、秦代・漢代の財政監督に関する立法は、広範囲にわたっており、財政運営メカニズムの諸過程を含んだものであった。それにより、公的財物の流失が有効に防止され、財政をスムーズに運営することが保障された。

五　漢代財政監督に対する評価

第一、財政監督の立法はかなり厳格である。『二年律令』は財政監督及び財政・経済犯罪について詳細に規定している。例えば、律文の規定によれば、「擅賦斂者、罰金四両、責所賦斂償主」[80]。官吏が勝手に人民から税を徴収した場合、罰金四両の処罰を受けることとなる。さらに徴収された税を元の持ち主に返さなければならない。このことからは、漢の法律において管理者に対する要求が一般人より厳しかったことがわかる。また、先に引用した『奏讞書』の「鞫、恢、吏、盗過六百六十錢、審。當、恢當黥為城旦、毋得以爵減、免、贖。律、盗臧（贓）値過六百六十錢、黥為城旦。令、吏盗當刑者刑、毋得以爵減、免、贖、以此當恢」から見れば、主任の官吏が窃盗罪を起こした場合は窃盗罪を犯した普通の人と同じ処罰を受けることとなり、その官爵の地位や金銭で罪を減免することができない。「令」は当時の重要な法律形式の一つであり、極めて高い効力を備えていた。

第二、財政監督における執行の強化は、主に財務腐敗の監査において体現することとなる。『二年律令』「盗律」の規定によれば、「受賕以枉法、及行賕者、皆坐其臧（贓）為盗。罪重於盗者、以重者論之」。この律令の整理者によれば、「受賕」は賄賂を受け取ることを意味し、「行賕」は賄賂を与えることを意味する[81]。したがって、官吏の「受賕」は統治の腐敗に対する表現である。賄賂を受け取るほうであれ、与えるほうであれ、その賄賂の金額に従い、盗窃罪と同様に処罰される。さらに、『奏讞書』でも、賄賂を渡した官僚及び受け取った官僚が法律の制裁を受けたことを記録している。「受、行賕枉法也〔賄賂を受け取るのは違法なことである〕」。

また『具律』（一四七～九頁）には、法を執行する監察官僚の腐敗に対して次のような規定がある。当時の統治者が監察官僚の腐敗問題をかなり重視していたことがわかる。

鞫（鞫）獄故縱、不直、及診、報、辟故弗窮審者、死罪、斬左止（趾）為城旦、它各以其罪論之。

譯訊人為詐（詐）偽、以出入罪人、死罪、黥為城旦舂、它各以其所出入罪反罪之。劾人不審、為失、其輕罪也而故以重罪劾之、為不直。

さらに『雑律』（一五七頁）には次のように記している。

吏六百石以上及宦皇帝、而敢字貸錢財者、免之。

すなわち、俸給が六〇〇石以上の地方官僚及び中央官僚が高利貸によって利益を獲得するならば、免職処分を受けることとなる。これは財政経済分野の官吏の腐敗を防止する措置であろう。さらに『雑律』には「擅賦斂者、罰金四両、責所賦斂償主」（一五八頁）という規定もある。すなわち、官吏が勝手に百姓から税金・物品を徴収した場合、罰金四両のうえに、徴収した金銭・物品を元の所有者に返すという処罰を受けることとなる。

第三に、秦代・漢代の時期に、財政・経済の法律を犯した場合の懲罰が極めて重かった。『漢書』巻一五「王子侯表」では、「侯德天嗣、鴻嘉二年、坐恐猲国人、受財臧五百以上、免」（四九八頁）。『漢書』巻五〇「鄭當時伝」では、「任人賓客僦、入多逋負。司馬安為淮陽太守、発其事、當時以此陷罪、贖為庶人」（二三二五頁）。『後漢書』巻三九「劉般伝附子愷伝」では、「清河相叔孫光坐臧抵罪、遂增錮二世、釁及其子〔清河相である叔孫光が賄賂を受け取ったという罪を犯し、一般の犯罪者より刑を重くし、息子まで牢屋に入れられた〕」（一三〇八頁）。このように、考古学の資料及び典籍史料の中では、法に触れた官僚のことを大量に記載しており、これは前漢と後漢の財政監督体制が比較的に完成した状態であったことを示している。

しかしながら、秦代・漢代の財政監督体制には依然として不十分な面も存在した。財政監督のいろいろな問題点に関しては新たな簡牘史料による考証を俟たねばならない。ともかく、前漢・後漢の財政監督制度は官吏の法律違反・風紀破壊をある程度抑えることを可能にさせ、国家財政管理の順調な運営を促進し、財政面での専制主義的な中央集権体制を強化することとなった。

(1) 楊寛『戦国史』(上海人民出版社、一九九八年)二一七～八頁を参照。

(2) この一節の解釈については、郭守正『管子註譯』上(広西人民出版社、一九八七年)七二頁、李金華主編『中国審計史』(中国時代経済出版社、二〇〇四年)六〇～一頁を参照。

(3) さらにいくつかの例証がある。例えば、「李兌治中山、苦陘令上計而入多」(『韓非子・難二』)、「文侯不忍而復与之、豹因重斂百姓、急事左右、期年、上計、文侯迎而拜之」(『韓非子・外儲説左下』)、「趙襄子之時、以任登為中牟令、上計、言於襄子曰、中牟有士曰膽、胥己、請見之」(『呂氏春秋・審分覧』)、「執而戮之、逸、奔郈。郈魴假使為賈正焉。計於季氏、……執諸季氏中門之外」(『左伝』「昭公二十五年」)、「昭王召王稽、拜為河東守、三歳不上計」(『史記』巻七九「範睢蔡澤列伝」二四一五頁)などがある。上計制度は官吏の業績を考査するために作られた制度であるが、財政監督の内容を含んでおり、実際には当時の財政監督制度と相当かかわっていた。

(4) 葉青は、財政監督制度が特殊な制度であり、同制度が財政及び会計に対して支配及び保障の作用を持つと主張している(『財政与会計関係史比較研究』、中国財政経済出版社、二〇〇〇年、二四九頁)。それに関連する研究は、楊寛「戦国秦漢的監察和視察地方制度」(『社會科學戦線』一九八二年第二期)、李小樹『秦漢魏晋北朝監察史綱』(社会科学文献出版社、二〇〇〇年)がある。

(5) 馬大英『漢代財政史』(中国財政経済出版社、一九八三年)、陳明光『漢唐財政史論』(岳麓書社、二〇〇三年)、黄今言『秦漢賦役制度研究』(江西教育出版社、一九八八年)、加藤繁「漢代的国家財政与帝室財政的区別及帝室財政一斑(漢代に於ける国家財政と帝室財政との区別並に帝室財政一斑)」(劉俊文主編『日本學者研究中国史論著選訳』巻三「上古秦漢」、中華書局、一九九三年)を参照。

(6) 陳世材『両漢監察制度研究』(商務印書館、一九四四年)一一～二三頁。「司隷校尉」「刺史」及び「督郵」の財政監督における役割の諸問題についての議論は、拙著『漢簡与財政管理新証』(中国財政経済出版社、二〇〇六年)を参照。

(7) 地方監察体制に関して、刺史や司隷校尉が漢代に設置されることは、漢代がわが国の古代行政監察体制の形成期および確立期であり、全体の発展において重要であることを示している。四〇〇年余りの長期間にわたる監察体制の実施、運営過程は、封建国家のメカニズムを正常に働かせ、国家の統一及び中央集権を守るなどの役割を果たした(「漢唐明三代行政監察体制比較」、『復旦学報』一九九四年第四期)。

(8) 陳世材、前掲注(6)、一一～二三頁。

(9) 邵伯岐等『中国監察史』(中国審計出版社、一九九一年)二〇一頁を参照。

(10) 方宝璋は、宋代の財政経済監督に三つの特徴があると指摘した。その中の一つは、同監督が集権と分権との間で対立と統一に位置されたことである（方宝璋『宋代財経監督研究』、中国審計出版社、二〇〇一年、二八七頁）。しかし秦代・漢代の史料からもわかるように、このような特徴は漢代にも見られる。すなわち、皇帝が監督の権限を集中させようとしたのに対して、下部の官吏・管理官僚はできるだけ分権を進め、国家の資産の横領や、汚職を行ったりする。例えば、『二年律令』の中には六〇〇石の官吏たちが権力を利用して、一緒に国家の財産を盗み取るという記述がある。これについての詳しい議論は後述する。したがって、方がこの点を宋代財政の特徴にするのは適切ではないように思われる。

(11) 「気鞫」は裁判案件の再審要求のことを指している。

(12) 西漢末期以来、上計及び考課の実権が次第に尚書によって握られるようになった。例えば、尚書には「典天下歳尽集課事」（『続漢書・百官志三』の注釈における蔡質の言葉を引用）とある。祝総斌氏が漢代に「中都官書」が存在しないということを論じた際も尚書の部下が「歳尽集課州郡事」に言及した（祝総斌『両漢魏晋南北朝宰相制度研究』、中国社会科学出版社、一九九八年、一二五頁）。丞相及び御史大夫が上計の検査を担っており、同機構に所属する多くの官吏は帳簿の審査など具体的な仕事に従事する。例えば、『漢書』巻七八「蕭望之伝」では、「知御史有令不得擅使、望之多使守史自給車馬、之杜陵護視家事」。注記では如淳の言葉を引用した。すなわち、「『漢儀注』御史大夫史員四十五人、皆六百石、其十五人給事殿中、其余三十人留守治百事、皆冠法冠」と書かれている。

(13) 陳夢家『殷虚卜辞綜述』（中華書局、一九八八年）。

(14) 『漢書』巻七「昭帝紀」二二七頁。

(15) 『漢書』巻七「昭帝紀」の注記では如淳の次の言葉を引用した。「『漢儀注』丞相、太尉、大将軍史秩四百石。武帝又置丞相少史、秩四百石。」

(16) 『漢書』巻七七「諸葛豊伝」三二四八頁。

(17) 司隷校尉のことを記録した碑文もある。例えば、『漢代石刻集成　本文篇　楊淮表記摩崖』では、「故司隷校尉楊君、厥諱淮、字伯邳、舉孝廉、尚書侍郎、上蔡、雒陽令、將軍長史、任城、金城、河東、山陽太守、御史中丞、三為尚書、尚書令、司隷校尉、將作大匠、河南尹、伯邳従弟諱弼字穎伯、舉孝廉、西鄂長、伯母憂去官、復舉孝廉、尚書侍郎、遷左丞、冀州刺史、大醫令、下邳相、元弟功徳牟盛、當究三事、不幸早隕、国喪名臣、州里失覆、二君清□、約身自守、俱大司隷孟文之元孫也。黄門同郡玉、字子珪、以熹平二年二月廿二日、謁帰過此、追述勒銘、故財表紀」と記している。ここでは司隷校尉楊君が歴任した官職及びその他の史実が刻まれている。

(18)『漢書』巻八一「匡衡伝」三三四五頁。漢代国家の司隷校尉に対する支配手段は主に、厳しく懲罰すること、抜き打ち検査を行うこと、権力を牽制することと及び回避制度を設置することの四つである。これは漢代の統治者における警戒意識をあらわしたと同時に、皇帝の支配下で司隷校尉が能力を最大限に生かすことを可能にした（王爾春「漢代国家対司隷校尉的防範和控制」、『社會科學戦線』二〇〇四年第四期）。

(19)『後漢書』巻一一八「百官五」。さらに「監御史、秦官、掌監郡」（『漢書』巻一九「百官公卿表」七四一頁）もそれに言及している。

(20)『後漢書』巻一一八「百官五」三六一七頁。

(21)『漢書』巻一九「百官公卿表」七四一頁。「六条」に関して、師古の注釈では次のように説明している。「一条、強宗豪右田宅踰制、以強淩弱、以衆暴寡。二条、二千石不奉詔書遵承典制、倍公向私、旁詔守利、侵漁百姓、聚歛為奸。三条、二千石不恤疑獄、風厲殺人、怒則任刑、喜則淫賞、煩擾刻暴、剝截黎元、為百姓所疾、山崩石裂、祅祥訛言。四条、二千石選署不平、苟阿所愛、蔽賢寵頑。五条、二千石子弟恃怙榮勢、請托所監。六条、二千石違公下比、阿附豪強、通行貨賂、割損正令也」（七四二頁）。

(22)余行邁「漢代以「部」為稱諸官概説――多部位的地方監察、警察制度」（秦漢史研究會編『秦漢史論叢』第五輯、法律出版社、一九九二年、二二一～二二頁）。

(23)閻歩克「文窮図見：王莽保災令所見十二卿及州、部辨疑」（『中国史研究』二〇〇四年第四期）を参照。

(24)『漢書』巻四「文帝紀」一一四頁の注釈では、如淳の次の言葉を引用した。「律説、都吏今督郵是也。閑惠曉事、即為文無害都吏」。

(25)ここではとりあえず、『後漢書』巻二四「馬援伝」「馬援伝附兄子嚴伝」などを例としてあげる。

(26)「乃使部従事専住王国、又徙督郵舍王宮外、動静失得、即時騎驛言上奏王罪及劾傅相、於是藩国畏懼、並為遵節」（『後漢書』巻二九「郅惲伝附子壽伝」）。同書の註釈では「近王宮置督郵舍、以察王得失」と書いてある。

(27)「其監属県、有五部督郵、曹掾一人」（『後漢書』巻一一八「百官五」）。しかしながら、『後漢書』巻八二「高獲伝」では次のように書いている。「監属県有三部、毎部督郵書掾一人」。実際の意味が不明であり、さらなる考察が必要となる。

(28)例えば、『後漢書』巻四〇「班彪伝附子固伝」では、次のように記している。「京兆督郵郭基、孝行着於州里、経學稱於師門、政務之績、有絶異之效。如得及明時、秉事下僚、進有羽翮奮翔之用、退有杞梁一介之死」。ここでの督郵は鄭県・杜県を監察したと考えられる。というのは上記の二県が京兆の管轄下にあるからである（『史記』巻五「秦本紀」一八二頁）。

（29）『後漢書』巻四五「張酺伝」の注釈における『漢官儀』の言葉を引用。

（30）安作璋・熊鉄基『秦漢官制史稿（下）』（斉魯書社、一九八五年）一一九頁を参照。郡守は部下の官吏である分曹に、監察に関する具体的なことを委託する。例えば、『漢書』巻七八「蕭望之伝」の注釈における如淳の次の言葉である「伝召茂陵令詣後曹、當以職事対」はその証拠の一つとなる。

（31）嚴耕望『中国地方行政制度史　上編　巻上　秦漢地方行政制度』（中央研究院歴史語言研究所専刊之四五、一九六九年）一〇九頁。

（32）『後漢書』巻四五「張酺伝」（一五三〇頁）では、次のように書かれている。「前郡守以青身有金夷、竟不能挙。酺見之、嘆息曰、「豈有一門忠義而爵賞不及乎?」遂擢用極右曹」。余行邁は、督郵の呼び方は西漢中葉以降にみられるようになったと主張している。余によれば、その正式な名称は督郵書掾あるいは督郵曹掾であり、督郵掾あるいは督郵はその略称である。督郵は功曹とともに郡府にある諸曹のトップを占め、郡府の諸官吏の中で最も地位が高かったので、右職・右曹・極右曹・上曹・綱紀・郡の極位などと呼ばれた。督郵は郡都尉と同様に、官職名の前に「部」という字を付け加え、「部督郵」と呼ばれる者もある。ある部督郵の「部」は、亭長によって管轄する「亭部」と同様に、その管轄の区域を指す。その治所は都尉と同様に、守相と分かれており、管轄下の「部」の内で設置されている。督郵の仕事は、「部」内諸県の県長や官吏、権力者を監察することが主である。督郵は「明善悪於外」である。守相は督郵を「耳目」として、督郵に法に触れた官吏の懲罰を頼っている（余行邁、前掲注22論文、一二〇頁）。

（33）「都吏（督郵）」に関する主な漢簡資料は次の通りである。「乙巳晨時都吏葛卿従西方来出謁巳歸舍旦葛卿去出送巳坐倉校銭食時歸舍日下餔時軍到出謁已帰舍」（『羅布淖爾漢簡釈文』L1、または『疏勒河流域出土漢簡』一八を参照）。「出粟十八石、騎馬六十匹、烏孫客。都吏王卿所送。元延四年六月戊寅、県（懸）泉嗇夫欣付敦煌尉史馬」（『敦煌懸泉漢簡釈粋』、Ⅱ　〇一一四（三）：四五四）。また、「出米八升、四月甲午以食護羌都吏李卿従吏……」（同前、Ⅱ　〇二一五（二）：一九二）。また、「出粟三石、馬十匹、送大昆彌使者、都吏張掾。陽朔四年二月戊申、県（懸）泉嗇夫定付遮要廄佐常」（同前、Ⅴ　一八一二（二）：五八）。さらに、「▨事敢言之乃四月甲子、▨一所以□二間□第二□書▨所▨衣都吏与関令以下為部吏卒発□▨」（居延漢簡、五八五・一）。「会壬申旦、府対状毋得以它為解各署記到、起時令可課告肩水候官候、官所移卒責不与都吏□卿所擧籍不相應解何?記到、遣吏抵校及將軍未知不將白之」（同前、一八三・一五B）。「第二隧長景褒不在署、謹驗問褒辭溱適隧卒周賢伐大司農茭郭東病不任作官記遣褒迎取、十月廿六日、褒之居延郭東取卒周賢廿九日還到後都吏鄭卿」（同前、一九四・一七）。「各遣都吏督賦課蓄積少不〼、七月丙申、張掖肩水司馬章以〼」（同前、二一三・四三）。

(34) 具体的な状況は、牟元珪「漢代地方監察制度的幾個問題」（『復旦学報』一九九〇年第一期）を参照。

(35) 『後漢書』巻七八「宦者列伝」（二五二三頁）によれば、督郵張倹は監督として顕著な成果をあげた。すなわち、「建寧二年、喪母還家、大起塋冢。督郵張儉因舉奏覽貪侈奢縱、前後請奪人宅三百八十一所、田百一十八頃。起立第宅十有六區、皆有高樓池苑、堂閣相望、飾以綺畫丹漆之屬、制度重深、僭類宮省。又豫作壽冢、石槨雙闕、高廡百尺、破人居室、發掘墳墓」である。しかし、公開巡行が地方官吏の迎合による癒着関係を生み出し、政治の気風を悪化させることがある。例えば、『漢官旧儀(上巻)』では、「刺史常以秋分行部……到所部郡国各遣吏一人迎界上」と書かれている。

(36) 「博本武吏、不更文法、及為刺史行部、吏民数百人遮道自言、官寺尽満。従事白請且留此県録見諸自言者、事畢乃発、欲以観試博」（『漢書』巻八三「朱博伝」三三九九頁）。

(37) 『漢書』巻八六「何武伝」三四八三頁。

(38) 『漢書』巻七四「魏相伝」三一四一頁。

(39) 例えば、「会壬申旦府對状、毋得以它為解、各署記到起時令可課。告肩水候官、候官所移、卒責不与都吏□卿所舉籍不相応、解何?記到、遣吏抵校、及将軍未知、不将白之」（一八三・一五B）。ここでは主に上層部へ報告された数字と食い違い、主要担当者の官吏が再び審査を行うことを指摘した。

(40) 『後漢書』巻三五「曹褒伝」一二〇五頁。

(41) 帳簿を監督する部門が巡行によって得られた情報を重視し、これを諸郡国によって報告された資料と照らし合わせてその信頼度を測る。梅鼎祚によって書かれた『西漢文紀』巻四の中で、御史大夫が会計官吏に会計のことを尋ねたのはよい例である。

(42) 『史記』巻一二二「酷吏列伝」三一四五頁。

(43) 黄今言『秦漢賦役制度研究』（江西教育出版社、一九八八年）八一頁。

(44) 中国文物研究所、湖北省文物考古研究所編『龍崗秦簡』（中華書局、二〇〇一年）一二〇～一頁。

(45) 連雲港市博物館等編『尹湾漢墓簡牘』（中華書局、一九九七年）七七頁。

(46) 「提封」の意味について、合計数（＝「共」）の説もあれば、「管轄の土地」という説もある。謝桂華「尹湾漢墓新出〈集簿〉考述」（『中国史研究』一九九七年第二期）を参照。

(47) 漢代の畝制、畝産などの問題について、楊際平「再談漢代的畝制、畝産――与呉慧先生商榷」（『中国社会経済史研究』二〇〇〇年第二期）を参照。

(48) 『後漢書』巻一「光武帝紀」六六頁。

(49) 『後漢書』巻三九「劉般伝」一三〇五頁。

(50) 『後漢書』巻一「光武帝紀」六六頁。

(51) 『後漢書』巻一三「隗囂伝」五三一頁。

(52) 秦代・漢代の戸籍制度についてはすでにかなり精緻な研究が行われているので、本文ではそれに簡単に触れることにとどめたい。ここでは、従来の研究ではほとんど使われていない、あるいは最近に発掘された戸籍の資料をつけ加えて論じることにする。また関連文献について、傅挙有「従奴婢不入戸籍談到漢代的人口数」（『中国史研究』一九八三年第四期）、張金光「秦戸籍制度考」（『漢学研究』一二―一、漢学研究中心出版、一九八四年版）七五～九九頁、楊作龍「漢代奴婢戸籍問題商榷」（『中国史研究』一九八五年第二期）、韓連琪「漢代的戸籍和上計制度」（『先秦両漢史論叢』、斉魯書社、一九八六年版）三七八～九六頁、盧建一・王猶升「従居延漢簡看漢代戸籍制度――居延漢簡學習札記」（『西北史地』一九九一年第一期）、孫筱「秦漢戸籍制度考述」（『中国史研究』一九九二年第四期）、高敏「秦漢的戸籍制度」（『求索』一九八七年第一期）などを参照。

(53) 『史記』巻六「始皇本紀」二三二頁。

(54) 睡虎地秦墓竹簡整理小組編『睡虎地秦墓竹簡』（文物出版社、一九七八年）一四三頁。

(55) 同右、一二五～六頁。

(56) 謝桂華・李均明・朱国炤『居延漢簡釈文合校』（文物出版社、一九八七年）を参照。

(57) 前掲注(45)『尹湾漢墓簡牘』七七～八頁。

(58) 長沙市文物考古研究所・中国文物研究所編『長沙東牌楼東漢簡牘』（文物出版社、二〇〇六年）一七〇～八〇頁。

(59) 王素「長沙東牌楼東漢簡牘選釈」（『文物』二〇〇五年第一二期）。

(60) 張家山二四七号漢墓竹簡整理小組編『張家山漢墓竹簡二四七号墓釈文修訂本』（文物出版社、二〇〇六年）二一八～九頁。

(61) さらにもう一例をあげよう。元鼎五年、「侯聖嗣、坐知人脱亡名數、以為保、殺人、免」（『漢書』巻一五「王子侯表」四三七～八頁）。同注記では師古の言葉である「脱亡名数、謂不占戸籍也。以此人為庸保、而又別殺人也」を引用している。

(62)『後漢書』巻二四「馬援列伝」八六二頁。
(63)『後漢書』巻七八「張譲伝」二五三五頁。
(64)前掲注(45)『尹湾漢墓簡牘』七八頁。謝桂華によれば、「これは東海郡の官吏の俸禄を含めた同年度の財政支出であり、合計一億四五八三万四三九一銭である。これは上の行にある財政収入の合計額二億六六六四万二五〇六銭から引けば、今年度の余剰が一億二〇八〇万八一一五銭である」という（前掲注46「尹湾漢墓新出〈集簿〉考述」）。
(65)具体的には、加藤繁、前掲注(5)論文を参照。
(66)『後漢書』巻八七「東号子麻奴伝」二八九一頁。
(67)ある規定に違反すれば、検査員によって追及されることがある。例えば、「十一月五日丁丑、城北卒訾譚受卅井塞尉檄、言適尊載甲渠候鄣転二両▨（二五四・一三A）。ここでは尊という人が二台の車両の荷物を転載したという規定に違反したとして、監察側の官僚から檄書が届き、責任が追及されていたことが書かれている。
(68)『漢書』巻一九「百官公卿表」七四三頁。
(69)桓譚『新論』。
(70)高敏「試論尹湾漢墓出土《東海郡属県郷吏員定簿》的史料價値——讀尹湾漢簡札記之一」（『鄭州大学学報』一九九七年第二期）、卜憲群「西漢東海郡吏員設置考述」（『中国史研究』一九九八年第一期）。
(71)『睡虎地秦墓竹簡・秦律雑抄』一三三〜四頁。
(72)財政支出の状況について、拙稿「漢代財政支出管理及其特点釈証」（『哈爾濱商業大学学報』二〇〇六年第一期）を参照。
(73)黄今言等「漢代自然災害与政府的賑災形跡年表」（『農業考古』二〇〇〇年第三期）。
(74)『睡虎地秦墓竹簡』五五頁。
(75)『睡虎地秦墓竹簡・秦律十八種』一〇〇頁。
(76)『睡虎地秦墓竹簡・倉律』三六頁。
(77)『睡虎地秦墓竹簡』一二五〜六頁。
(78)『後漢書』巻三二「樊宏伝附子儵伝」一一二四頁。
(79)王子今「漢初査処官員非法收入的制度——張家山漢簡〈二年律令〉研読札記」（『政法論壇』二〇〇二年第五期）を参照。
(80)『張家山漢墓竹簡』一五八頁。

（81）　同右、一四二頁。

〔訳者注記〕〔　〕中の内容は訳者による説明である

中国漢民族居住地域における宗族集住の地域差

王　詢（蕭　文嫻　訳）

一　宗族集住——古代は南より北、近世は北より南が隆盛——

中国人は血縁関係、とりわけ父系の血縁関係を重視している。一族が集まって生活するという伝統及び宗族という組織形態は、元来北方に起源する。この習俗は周代の中原において形成された。周代には、嫡男相続制度が確立し、宗法的な宗族制度が行われた。同制度のもとで、家と国が一体化され、政治権力組織と宗族の組織が統合された庞大かつ重層的な体系が作られた。しかし、当時、宗族を有するのは貴族のみであり、一般平民は貴族に従属していた。春秋戦国期になると、宗法制度の崩壊により、「編戸斉民」が行われた。それ以降、貴族の宗族が大量に解体され、家族は社会の一般的な基本単位となり、西漢時代には二〇〇年にわたる平和的な状況のもとで、強力な豪族が次第に勃興し、魏晋南北朝時代になると、北方における宗族の集住は最盛期を迎えた。

魏晋南北朝時代の中原において、こうした宗族は、平和時に、財産を運営したり、土地を併合したり、私兵を作ったり、官僚になる人材を供給したりして宗族の勢力拡大を図っていた。しかし、一旦戦乱になると、自己防衛のために塹壕や要塞を作ったり、一族を挙げて他の地域へ移り住んだりした。さらに、より大きな武装集団の傘下に入る宗族もあり、その中で国家の中枢的な官僚になる宗族の構成員もいた。当時の北方では、大宗族の集住が決して珍しいことではなかったようである。例えば、『晋書』によれば、「百姓因秦晋之弊、迭相蔭冒、或百室合戸、或千丁共籍、依托城社、不懼熏焼〔民衆は秦代・晋代の悪政により、相次いで集団で生活するようになった。一つの住まいに一〇〇室もあるという場合もあれば、一〇〇〇人の男子が同じ門閥に入っている場合もある。勢力者に恐れず城社に依託していた〕」[1]という。戦乱になったさいには、多くの地域に要塞となる城が見られ、北方から南方へ移住する宗族の大移動が絶えなかった。さらに、『晋書』には、「永嘉之乱、百姓流亡、所在屯聚〔永嘉の乱のさい、多くの民衆が家を失った。それを契機に、多くの民衆が集団生活するようになった〕」「於時豪傑所在屯聚〔その時に武勇に優れた人物の所に人が寄り集まって集団生活した〕」[2]「関中堡壁三千余所〔関中には砦が三千か所以上ある〕」[3]などの記述もある。

西晋の八王の乱時には、庾袞が「率其同族及庶姓保於禹山〔同族者及び支族者を率いて禹山で砦を作った〕」という。晋末では、「及京師大乱、［祖］逖率親党数百家避地淮泗〔京師が政治混乱になったさい、祖逖が数百の卿党、親族を率いて淮川・泗河に避難した〕」[4]とある。『太平御覧』には、「冀州郡県、堡壁百余〔冀州の郡・県に砦が百か所以上ある〕」[5]という記述があった。このような集団的な生活、駐屯あるいは一族を挙げての移住は、常に数千人ないし数万人に達した。『通典』巻三「食貨典・郷党」は宋孝王『関東風俗伝』を引用し、次のように記している。北斉の時、「瀛、冀諸劉、清河張、宋、并州王氏、濮陽侯族、諸如此輩、一宗将近万室、煙火連接、比屋而居〔瀛州、冀州に住むいくつかの劉氏家族、清河の張一族、宋一族、并州の王一族、濮陽の侯一族などは、一つの宗族で一万近くの家族があり、みな隣あって住んでいる〕」[6]。

他方、当時南方における宗族の集住は華北の隆盛に大きくおよばなかった。魏晋南北朝時代において、イデオロギーや、思想・感情の点においても、やはり北方の人たちは南方と比較して血縁や宗族関係をより重視していた。例えば、『南史・王懿伝』によれば、「北土重同姓、謂之骨肉、有遠来相投者、莫不竭力営贍、若不至者、以為不義、不為郷里所容。仲徳聞王愉在江南、是太原人、乃往依之、愉礼之甚薄、因至姑熟、投桓玄(北部は姓が同じであることを重視し、それを血縁と考えている。遠くから身を寄せる人に対して、誰であろうと力を尽くして接待する。至らないところがあれば、不義であるといわれてしまい、郷里の中ではいられなくなるからである。仲徳は江南に住んでいる王愉が太原出身であると聞いて、そこを訪ねて身を寄せようとしたが、王愉の対応が冷淡であったため、姑熟に行って桓玄の所に身を寄せることにした)」[7]とある。

王仲徳は太原にある王氏の宗族に属し、苻秦が敗北した後には南方へ渡った。王愉も元来は太原の王氏の一族に属したが、曾祖父の王承之が東晋初期に江南に定住し、王愉はその四世代目にあたり、江南の慣習に染まり、「同じ宗族の人でも、それぞれ南北に居を置き、その宗族観念がまったく異なり、あたかも別世界のよう」であった[8]。

魏晋南北朝時代において、北方の人々の南方への移住につれ、南方の社会経済が次第に発展し、いわゆる「経済重心の南への移転」という過程が始まった。それに伴い、南方及び北方における宗族の集住のあり方にも変化が見られた。唐代、さらには北宋時代にいたっても、北方は依然として比較的大規模な宗族集住が存在しており、宗族の凝集力や勢力が強かった。北宋時代の末期、北方はなお強大な宗族が多かった。金の人たちが侵入したさいには宗族によって組織された軍事的な抵抗活動もかなり多かった。

だが、北宋・南宋の交替期になると、「経済重心の南への移転」過程がすでに完成していた。これを背景に、南方と北方における宗族集住のあり方も、北方より南方が隆盛するという逆転現象が起きはじめた。その後、北方では大規模な宗族の集住が減少し、元代初頭や元代末期には北方の人口は一層減少した。北方の人口自体は明代以降に回復したが、宗族の勢力が再び勃興することはなかった。明清時代になると、中原で村人全員が同じ姓を持つという村を見出すことは困難となった。南方諸省と比較すると、北方にはとある姓を村名にする村が少なくない。そのような村であっても、村民の姓は異なる場合が多くなり、しだいに村民の大半が同じ姓を持つ村は減少し、村民全員が同じ姓を持つ村にいたってはごくわずかとなった。清朝の軍隊が関内に入ったさい、北方では民間によって組織された大規模な抵抗活動は見られなかった。これが流民を主体とする李自成の軍隊及び清朝の軍隊が迅速に北方全域を席巻した要因の一つである。

二　従来の研究における論述

北宋・南宋の交替期以降、南方には強く北方には弱いという宗族集住の傾向は、早くから学界の関心を集めた。明末清初の儒学者である顧炎武は次のように述べた。「杜氏『通典』言北斉之代、瀛、冀諸劉、清河張、宋、并州王氏、濮陽侯族、諸如此輩、将近万室。『北史・薛允伝』：為河北太守、有韓、馬両姓、各二千余家。今日中原北方、雖号甲族、無有至千丁者。戸口之寡、族姓之衰、与江南相去迥絶〔杜氏は『通典』の中で次のように書いている。北斉時代、瀛州、冀州に住むいくつかの劉氏家族、清河の張一族、宋一族、并州の王一族、濮陽の侯一族などは、一つの宗族で一万近くの家族がある。『北史・薛允伝』の中では次のようなことが書かれている。薛允は河北の太守となり、そこには韓という姓と馬という姓の家がそれぞれ二千余りある。現在北方の中原において一番大きい宗族であっても男子が一〇〇〇人に及ぶところはまったくない。江南と異なり、家族の人数は少なく、同じ姓を持つ宗族の規模は衰退している〕」[9]。清代の王宏撰、李紱、朱軾、李塨、陳宏謀などもこの現象について言及していた。それをうけて、歴史家の呂思勉は次の結論を得た。「[宗族]集住の情況は南方と北方で異なる。南方の集住は規模が大きく、歴史が長く、広い地域にわたっており、しかも普遍性がある。南方では有名な宗族から普通の宗族まで、どれも集住しているが、北方の宗族は凝集性が比較すると小さい。南方と北方における集住の差異は、清代から始まったのではない。集住の慣習は、古代において北方が南方より盛んであり、近世には南方が北方より盛んである」[10]。その後、多くの学者も中国の南方と北方におけるこの差異を意識するようになった。

中国の南方と北方の地域区分をさらに進めると、宗族の集住傾向が最も強かったのは中国の東南部であると思われる。米国の社会学者ウィリアム・グッド（William J.Good）は著書の中で次のように書いている。「中国の宗族制度は東南諸省、例えば、福建省、広東省、広西省及び江西省において最も発達している。だがそれ以外の中国の諸地域は一般類型に属している」[11]。弗里徳曼は『中国東南的宗族組織』の中で、「福建省及び広東省において、宗族と村落が明らかに組織的に結合しているので、多くの村落には宗族が一つだけである。血縁と地域コミュニティが重なりあっていることは中国のその他の地域、とりわけ中部にある諸省でも見られるが、中国東南部はこのような状況がもっとも顕著である」[12]。さらに黄宗智の著書では、次のように書いている。「蕭公権とその他の研究者たちが指摘したように、華南にある多くの地域の中で、村民全員が同じ姓を持つ村〔同姓村〕が比較的に一般化している。例えば、江西省高安県にある一二九一の村のうち、一一二一の村（八七％）が同姓村である。また広東省花県では四〇％の村が同姓村である」[13]。

一九二八年、毛沢東が根拠地の井崗山にある湖南省東部及び江西省にあるいくつかの県を調査した後、次のように述べた。農村の「社会組織は一般的に同じ姓を単位とする宗族組織である」「どこの県であっても、封建的な宗族組織が極めて一般的であり、その多くは同姓村であり、あるいはいくつかの村の村民が同じ姓を持っている」「社会の組織は一般的に同一の姓の宗族組織を単位とする。村落の中にある党の組織は、居住地と関連して、多くの党支部が同じ姓の党員によって構成され、支部の会議はあたかも宗族会議のようである」[14]。

許烺光は、地域における宗族の強弱の程度により、「中国は三つの地区に分類することができる。中国の南部及び中部は宗族の力が最も強く、北部と東北部は弱くなる」[15]と主張する。黄宗智も次のように書いている。「河北省、山東省にある西北平原には同じ姓の村が少ない。……言い換えると、この区域の村落には地縁の境界線と血縁の境界線が一致する宗族共同体がほとんどない[16]」。東北部に行くと、宗族集住の程度が華北や西北部よりも低い。そのほか、李景漢や杜贊奇[17]、石川滋[18]なども宗族集住における地域の差異を論じていた。

しかし、現在において、中国の宗族集住の地域差に関する系統的な研究が依然として欠けている。管見によれば、宗族集住に関連する文献のほとんどは、一部の地域だけについて触れているに過ぎない。それはこうした論述がかなり断片的なものであることを意味する。しかし、こうした文献を通して、次のような結論を下すことができる。宋代以後、中国漢民族の居住地域における宗族集住は「南方が北方より盛ん」であり、しかも南へ行けば行くほど盛んになり、北へ行けば行くほど衰退している。省単位でいえば、南方では嶺南地域の広東省、福建省が最も盛んであり、江西省、湖南省、浙江省南部地域は広東省、福建省と比較してそれほど差はないが、湖北省、安徽省、浙江省北部地域、江蘇省などは前述の各省の傾向より弱くなり、四川省になると、宗族集住の傾向がさらに弱くなる。北方において山西省、山東省の宗族集住の傾向は比較的強いが、長江流域にある各省と比べると、かなり弱い。さらに、河南省、河北省、陝西省は山西省、山東省より一層弱くなる。東北三省は中国の漢民族の居住地域の中で、宗族集住の傾向が最も弱いところである。さらに、各省の中でも、宗族集住に関して大きな差が存在している。例えば、北方にある河南省の南部地域は宗族集住が比較的多く存在しているが、南方にある安徽省の北部地域は宗族集住の状況が北方と類似している。また南方にある、いわゆる「江南」地域でも宗族はそれほど発達していない。

中国の歴史において、宗族の形態は数回にわたって大きな変化が起きた。現在、一般にいわれる宗族の形態は宋代以降に形成され、明代・清代にいたって全盛期を迎えた。宋代以降の宗族の形態にはいくつかの重要な指標があるというのはよくいわれることである。すなわち、宗族の資産や、祠堂、族譜、宗族組織および宗族の活動についてである。以下では、こうした側面を中心に南方と北方の相違を論じてみたい。

三　族田における南北での相違

宗族の公有財産、とりわけ族田と呼ばれる宗族が持つ耕作地の総面積に対する比率は、宗族集住の盛衰、宗族勢力の強弱を反映する重要な指標の一つと考えられる。宋代以降の宗族形態の一つとされる族田は北宋仁宗皇佑元年（一〇四九）に范仲淹が呉県に「義田」を設置したことに由来する。全体的にいうと、明清両時代において族田の割合がある程度拡大した。民国期は清代の状態を維持した。しかし、中国諸地域において族田の分布は極めて不均衡である。諸般の文献資料によれば、族田の耕地総面積に対する比率は明らかに南方が高く北方が低い。西部地域を考察から除外すれば、中国において南に行けば行くほど、族田が多くなり、北へ行けば行くほど族田が少なくなることがわかる。

中国の最南端にある広東省、福建省は族田が最も多く、耕地全面積に占める割合も最も高い。陳翰笙をはじめとする研究者たちが民国二三年に行った調査によれば、珠江三角洲にある番禺をはじめとする県の族田の耕地総面積に対する比率は番禺五〇％、順徳六〇％、中山五〇％、新会六〇％、南海四〇％、東莞二〇％、鶴山四〇％、宝安三〇％、恵陽五〇％、博羅四〇％、高要四〇％、開平四〇％、恩平四〇％、台山五〇％、四会三〇％となっていた。(19) 沙田区の同比率は八〇％までの水準に達した。(20)

鄭振満が指摘したように、広東省は族田の面積が特に多く、耕地総面積に占める比率もかなり高い。平均比率が約三〇～四〇％の地域もあるが、比率が高い地域では五〇～八九％に達している。(21) さらに、秦暉は著作の中で次のように書いている。「二〇世紀初め、広州府諸県において宗族の公田が全土地の五〇～八〇％を占めており、さらに族田以外の公田（学田、廟田、会田）が全土地の一～五％を占めていた。広州府以外の広東省諸県においても公田が耕作地面積の約三〇～四〇％を占めている[22]」。

福建省に関して、一九五〇年の春、福建農民協会は福建省の農村で解放以前の共有田に関する調査を行った。その調査報告によれば、「本省各地域の共有田の耕作地総面積に対する比率は次の通りである。古田七保の七五・八％、古田過溪の六一・四％（以上は閩北と閩西にある）。仙游にある四つの村の四三・五％、永春の七つの村の二九・五三％、莆田華西の二一・八七％、南安新榜村の一五％、福州市郊外にある六つの村の一三・五五％、福州市郊外にある二つの村の七・九八％、福建醒嶼村の九・〇二％（以上は沿海地区にある）。……一般的に言うと、閩北及び閩西の諸地域の比率は五〇％以上であるのに対して、沿海諸地域の比率は二〇％から三〇％に過ぎない[23]」とある。

長江流域各省の族田は華南地域より少なく、北方より多い。一九三〇年、毛沢東が興国第一〇区、すなわち永豊圩辺りの土地所有状況の調査を行ったさい、後に述べられる祠堂によって所有される土地が同地域の耕地総面積の約一〇％を占めることがわかった。同年に尋烏で行った調査で毛沢東は、次のように述べている。「尋烏に公田が多いのは同地域の一般的な現象である」「宗族などが持つ土地は、全土地の二四％を占めている」。すなわち尋烏の族田の比率が興国より高かったのである。一九四九年、徽州の耕地総面積一一八万三四七七・四六畝のうちの一六万九四三一・四九畝が族田であり、族田が耕地総面積の一四・三％を占めた。秦暉は著作の中で次のように述べている。「浙江省において宗族の財産所有もかなり発達している。例えば、浦江県では県全体の三分の一の土地が祠廟の公産であり、義烏県の中でのいくつかの地域では宗族の共有財産が耕地の八〇％を占めている。……長江流域の湖南省長沙府、湖北省漢陽府、黄州府内の諸県において、公田面積が耕地総面積の約一五％を占める。しかも公田のうち、族田（義庄田及び祭田を含む）の比率は四五％（湖南省）と四三％（湖北省）であり、学田、寺田など族田以外の公田の方が族田より多い[24]」。

北方諸地域になると、宗族の共有財産は一般的に公共墓地や、墓が設置されている山などに限られ、耕作用の族田及びその他の宗族の共有財産が存在しない。秦暉によれば、「一九三〇年代に李景漢が河北省定県で調査した六二の村の耕作地は合計して二三万八五六三畝である。その中で族田を持つ宗祠はたった一三か所、共有の耕作地は一四七畝で、耕地総面積の一万分の六程度にとどまる。陝西省関中三府の四一県において、土地改革前の統計では、『族廟公産』の耕地全面積に対する比率が一%以上を占める県が一つもない[25]」とある。華北にある六つの自然村に対する満鉄の調査でも族田を見つけることができなかった。また東北諸省にいたっては族田がさらに少なくなった。

四　祠堂における南北での差異

宗族の祠堂は宗族活動の場所であり、宗族の連帯の強さを示す指標でもある。祠堂は先祖崇拝の産物である。漢代以前、民間の先祖崇拝は一般的に墓前祭祀のやり方を採用した。皇族や王室だけが太廟あるいは宗廟と呼ばれる祖先を祭る建物を持つ。魏晋南北朝時代から、隋代・唐代・北宋にいたるまで、民間によって建てられる祖廟もあるが、厳格な等級規定の下で、祖廟を修築する資格がある人はほとんどいなかった。南宋時代の理学者朱熹によって書かれた『家礼』に基づいて祠堂制度が樹立した後、初めて庶民が祠堂と呼ばれる建物を作り始めた。したがって、民間の宗族祠堂の建設は宋代に始められたと一般に考えられているが、祠堂建設に関する正式な制度には依然として等級の制限が設けられており、大幅な実施緩和が行われただけであった。明代の嘉靖一五年（一五三六）にいたると、ようやく正式に「許民間皆得聯宗立廟（庶民の間でいくつかの宗族が一緒になって宗廟を建てることが許される）」ようになった。さらに庶民が冬至の日に先祖を祭祀することも許可されるようになった。民間の祠堂における発展はこの時期から繁栄期に入る。上述の王朝の「政策」は全国規模で行われていたが、宗族の祠堂設立が南方では普及しているのに対して、北方には比較的少ないという現象が見られた。集住している宗族だけが祠堂を建造する必要があるので、宗族祠堂の地域分布は宗族集住の地域分布と重なり合うことになる。清代乾隆帝時代の協弁大学士陳宏謀によれば、「直省惟閩中、江西、湖南皆聚衆而聚、族皆有祠（諸省の中でただ（惟）福建省、江西省、湖南省の三省だけで宗族の集住が行われ、そのすべての宗族が祠堂を所有していた）」（『皇朝経世文編』巻五八・陳宏謀「選挙族正族約檄文」）。陳宏謀がいうように福建省、江西省、湖南省に宗祠が多いのはもちろん事実であるが、「惟」という言葉を使うのは不適切と思われる。実際、広東省、江蘇省、安徽省、浙江省、湖北省などにも宗族の祠堂が多く存在している。陳宏謀自身も、「江蘇地方、聚族而居、族各有祠（江蘇省において、宗族が集住して、宗族ごとに祠堂がある）」と述べている[26]。

近現代諸資料のうち、中国共産党の「土地革命」期に、宗族、宗祠の状況に言及するものがある。陳奇涵は次のように回想している。江西省南部において「氏族社会の伝統慣習が濃厚に残っており、壮大な規模の宗祠があらゆる所に立っている[27]」。肖華によれば、興国には「姓ごとに一つあるいは一つ以上の祠堂があり、一つの祠堂に中隊を駐留させることができる」とのことであった[28]。北方各省にも宗祠が見られる。とりわけ山東省・山西省には、南方と比較すると数的に少ないとはいえ、ある程度存在する。李景漢の研究によれば、広東省汕頭市の近郊にある一七の宗族によって構成される四九七三戸は五二の祠堂を持っているのみである[29]。これに対して河北省定県にある一六二の宗族によって構成される一万四四五戸は僅かに一九の祠堂を持っているのみである。許烺光も次のように述べている。「他の地域と比較すると、中国北部には立派な祠堂が少ない[30]」。曹錦清が河南省について次のように書いている。「解放以前の開封県に祠堂、祠田を持つ強大な宗族があるとは聞いたことがない[31]」。また、趙世瑜は次のように書いている。「華北のいくつかの地域へ考察に行った時、祠堂を作ったり、族譜や家族の墓地を所有したりする強大な宗族は、往々にして一族の中で高位の官僚や、紳士に出世した子孫がいることを発見した。子孫があまり成功しなかった場合、同じ宗族の人が数百人もともに生活する村であっても、祠堂などを管理する人がいなくなってしまう」[32]。

五　族譜における南北での差異

族譜の歴史はさかのぼること上古時代の北方の中原地方からはじまる。しかし、唐代以降、族譜に関する学問が北方で次第に衰退しはじめたことや、北方の人々の南方への移住に従い、族譜は南方に根強く残されるようになった。宋代以降の宗族の復興期において、宗族集住のあり方と同じように、族譜も南方が北方より盛んである。馮爾康は『清代宗族制度』の中で、康熙・雍正帝時代の江西省高安出身の朱軾の次の言葉を引用した。「燕晋士大夫不能言五世以上祖、而吾郷田夫野老動曰：吾宋祖某、唐祖某、周秦漢祖某々〔燕晋地方の士大夫は五代以上の先祖の名前をいうことができない。これに対して私の故郷の田舎では農民でも、宋代の先祖のだれそれ、唐代の先祖のだれそれ、周代、秦代、漢代の先祖のだれそれをよく口にする〕」[33]。また、同時期の直隷省蠡県出身の李塨は次のように話している。「平居嘗嘆南人好虚大、家譜追溯瓜瓞、牽曼昔賢、雖偽冒不計也；而北人又過弇陋、先世顕績卓行、不四五伝、遂恍惚不復記憶〔私はかつてよく南方の人々が見栄をはることが好きだと嘆いていた。その族譜が延々と長く続き、大昔の立派な人間とつながりを持たせ、たとえ真実でなくてもかまわないようである。これに対して北方の人々の族譜は簡単過ぎて、先代の立派な業績や優れたことでも四、五代しか伝わらなく、その後はぼんやりして人々の記憶からなくなる〕」[34]。さらに清代に江西省出身の李紱も「其地『族必有祠、宗必有譜』、尊祖敬宗收族之誼、海内未可或先〔それらの地域には『宗族に必ず祠堂と族譜を持って』おり、先祖を敬う心の強さ、一族の結びつきの深さに関してそれを超える地域は国内にない〕」と話した[35]。清代の鐘琦は、「蜀、隴、滇、黔諸省於譜牒茫然不解、殊属疏漏鄙俗、両江、両浙、両湖諸省、崇仁厚、聯渙散、各村族皆有譜牒〔四川省、甘粛省、雲南省、貴州省などの諸省の人々においては族譜に対してまったく理解をもっておらず、文化の度合いが特に低い。両江・両浙・両湖の諸省では情け深く、親切なことが評価され、絆を強くしようとする傾向がある。村にある宗族はみな族譜を所有している」[36]と述べた。北方の場合、族譜が存在するとしても、南方の族譜と比べ粗雑である。南方にある宗族の族譜は、一冊以上に装丁されるものが多く、宗族の歴史変遷に関する記述や、重要事件、重要人物の一生、宗族の財産や、規則、家訓、詩文など多岐にわたる内容が含まれている。北方の諸地区では、長く定住していて人口の多い地域であったとしても、およそ簡単な族譜しか持っていない。そのほとんどは一枚の大きな紙あるいは布に一族の父系の名前、世代の順序、伝承及び生死の別や移住の有無を明確に書き記している。しかし、族譜を冊子にまで装丁するところは少ない。定住期間が短く、人口も少ない宗族にいたっては族譜さえ持っていない。曹錦清が一九九〇年代半ばに河南省で調査を行ったさい、開封の県誌課の副主任から次の話を聞いた。県誌課が当地の家譜あるいは族譜を収集しようとした。収集の主な目的は資本導入であり、収集の成果が当地の官僚の成績と深くかかわるので、官僚も力を尽くしたと思われるが、結局一冊も集めることができなかった。開封において集住人口の最も多い宗族は段氏である。段氏の家系には清代末期に県令になった人はいたが、それでも段氏は族譜を持っていなかった。一九八〇～九〇年代には家譜を再び作り直す人がいるということも聞いたことがない。というのは古い族譜を所持していなければ、新しい族譜を作ることが不可能だからである[37]。また開封は黄河の氾濫地域にあり、人口の流動性が大きく、村落の定住期間が短いことも一因である。他方、これは同地域の伝統習俗であることも示していると思われる。

六　宗族組織及び宗族活動

宗族の集住が盛んな南方においては、宗族は一般的に、伝統的で厳密な宗族組織を持っており、宗族活動は北方より繁雑である。南方の宗族では一般に族長を立て、また族長の権威が比較的強い。大きな宗族には支族があり、各支族は支族長を立てており、あたかも多階層な組織のようである。宗族活動を行う場所に祠堂があり、書面に書かれた正式な宗族規則を定め、族長の指導のもとでこうした規則を厳格に守っていく。頻繁に行われる祭祀活動や宗族の集会は族長及び各支族長の指導のもとで規律正しく、厳格に順序を守って進行される。宗族はしばしば一族の財産を組織的に経営したり、工業・商業を営んだり、自ら市を開いてそれを管理したり、土地の開拓をしたりする。これに対して、北方の宗族は、たとえ集住していた場合でも、大体において正式な族長を立てることはなく、細分化した組織も持っていない。たとえ族長がいたとしてもその権威は南方の族長のように強くはない。宗族の共同活動は祝日のお祝い事及び清明節のお墓参りに限っている。またこうした活動でさえ南方に比べて規模が小さく儀式が簡単である。清代初期の陝西省華陽出身の王宏撰は浙江省婺州に二年間滞在し、同地の宗族活動に啓発され、「以奉其始祖、聚其子姓而告之以尊祖敬宗之道（先祖を奉り、その子孫や同じ姓の一族を集めて先祖を崇めるという考え方を教えるために）」、帰郷した後に祠堂を建てた。郷里の長老たちは大いに感動し、「不見此礼久矣（このような祭礼を見るのは久しぶりだ）」と話した[38]。近代に入ると、北方の宗族活動はさらに減少したようである。そうした一方で、最も極端な形式の宗族活動に宗族組織を利用した暴力行為があり、その多くの場合は宗族間の集団的な闘争である。しかしながらこうした宗族活動は華南地域が最も盛んで、華中地域がそれに次ぎ、北部にはこうした宗族間の大規模な争いはめったに起らない。明清時代から民国期にいたるまでの華南地域の宗族間の武装闘争に言及する文献は数多く存在し、長江流域にある江西省、湖南省などのいくつかの地域も宗族間の武装闘争がしばしば発生した。改革開放後の現代においても、南方の宗族間の武装闘争は時折生じている。しかし、長江より北の諸地域には、このような事件はめったに発生することはないのである。

(1) 房玄齢等『晋書・慕容徳載記』(中華書局、一九七四年)
(2) 房玄齢等『晋書・蘇峻伝』(中華書局、一九七四年)
(3) 房玄齢等『晋書・苻堅載記(下)』(中華書局、一九七四年)
(4) 房玄齢等『晋書・祖逖伝』(中華書局、一九七四年)
(5) 李昉等『太平御覧』巻三三五(中華書局、一九六〇年)
(6) 杜佑『通典』巻三「食貨典・郷党」(中華書局、一九八八年)
(7) 李延寿『南史』巻二五(中華書局、一九八二年)
(8) 黎虎「客家聚族而居与魏晋北朝中原大家族制度——客家居処方式探源之一」(『北京師範大学学報(社科版)』一九九五年第五期)。
(9) 顧炎武『日知録』巻二三(岳麓書社、一九九四年)。
(10) 呂思勉『中国制度史』(上海教育出版社版、一九八五年)三九五頁。
(11) 古徳『家庭社会学』(台湾桂冠図書出版公司、一九八八年)一六八頁。
(12) 弗里徳曼『中国東南的宗族組織』(上海人民出版社、二〇〇〇年)一頁。
(13) 黄宗智『華北的小農経済与社会変遷』(中華書局、一九八五年)二四四頁。
(14) 毛沢東『毛沢東選集』第一巻(人民出版社、一九九一年版)六八・七三頁。
(15) 許烺光『宗族・種姓・倶楽部』(華夏出版社、一九九〇年)七六頁。
(16) 前掲注(13)、二四四頁。
(17) 杜贊奇『文化、権力与国家——一九〇〇—一九四二年華北農村——』(江蘇人民出版社、一九九五年)。
(18) 石川滋『発展経済学的基本問題』(経済科学出版社、一九九二年)。
(19) 陳翰笙『解放前的地主与農民』(中国社会科学出版社、一九八四年)三八頁、『広東農村生産関係与生産力』(中山文化教育館、一九三四年)一四〜一五頁。
(20) 葉顕恩「明清珠江三角洲土地制度、宗族与商業化」(香港中文大学『中国文化研究所学報』一九九七年第六期)。
(21) 鄭振満「清至民国閩北六件『分関』的分析」(『中国社会経済史研究』一九八四年第三期)。
(22) 卞悟(秦暉)「公社之謎——農業集体化的再認識——」(『二十一世紀』一九九八年八月号)。
(23) 陳支平『近五〇〇年来福建的家族社会与文化』(三聯書店、一九九三年)六三頁。同書の原資料は華東軍政委員会土地

改革委員会編『福建省農村調査』一〇九頁にある。この点に関して、陳支平は次のように分析している。

ここで指摘しなければならないのは、福建省沿海地域において族田の比重が比較的少ないのは、同地域の宗族制度が同省北部ほど発達していなかったということを意味するのではない。それよりも考えられるのは、沿海地域では土地が人口に比して少ないことである。土地改革の際、同地域の一人当たりの土地所有が約一畝であり、当時の生産力で計算すると、生存のために一人当たりの土地所有が少なくともその七割から八割以上が必要である。したがって、族田の土地総面積における割合が二〇〜三〇％であることは、沿海地域においてそれが族田として利用できる上限かもしれない。

(24) 卞悟（秦暉）、前掲注(22)論文。
(25) 同右。
(26) 趙秀玲『中国郷里制度』（社会科学文献出版社、一九九八年）一九八頁。
(27) 陳奇涵「贛南党的歴史」（陳毅等『回憶中央蘇区』、江西人民出版社、一九八一年）一頁。
(28) 肖華「興国革命闘争与『少共国際師』」同右、三九二頁。
(29) 周大鳴『当代華南的宗族与社会』（黒竜江人民出版社、二〇〇三年）三七頁。
(30) 前掲注(15)、七六頁。
(31) 曹錦清『黄河辺的中国』（上海文芸出版社、二〇〇〇年）五五三頁。
(32) 趙世瑜「作為方法論的区域社会史――兼及一二世紀以来的華北社会史研究――」（『史学月刊』二〇〇四年第八期）。
(33) 朱軾『朱文端公集』巻一「高氏族譜序」。朱軾は、南方の宗族の一部が宗族の歴史に虚偽の内容を記載していると指摘した。
(34) 李塨『恕谷後集』巻一「劉氏家譜序」
(35) 『皇朝経世文編』巻五九「別籍異財論」
(36) 鐘琦『皇朝瑣屑録』巻三八「風俗」
(37) 前掲注(31)、五五三頁。
(38) 顧炎武『顧亭林詩文集』（中華書局、一九八三年版）

［訳者注記］ 〔 〕中の内容は訳者による説明である

近世日本中国朝鮮における貨幣経済化比較史試論

岩橋　勝
李　紅梅

はじめに——課題と分析方法——

一国の近代移行期経済発展においてさまざまな準備条件が必要であるが、それらのうち貨幣制度の整備・確立は不可欠のインフラであろう。一般に近代的経済発展の基礎的条件としてあげられる国民所得や投資の増加率がいかに上昇しても、貨幣制度や信用制度が十分に整っていなければそれらが有効に機能することはきわめて困難であろう。さらに、制度化は政府活動の重要な機能であるが、それを受容する経済社会状況によって制度の効果は大きく異ならざるを得ない。貨幣制度を例にとると、政府がすでに前時代に長い時間をかけて定着している慣行を追認して導入し、制度化する場合と、貨幣流通システムが未成熟な段階で一定の先進的貨幣制度をあえて強制的に定着化しようとする場合では、その効率性は著しく異ならざるを得ないであろう。

本稿は同じ東アジアに位置しながら、日本・中国・朝鮮の三国が前近代と近代以降で大きく他国に影響力を与える役割を変転させた要因の一つとして、近世の貨幣流通状況について比較検討することを課題としている。周知の通り、前近代における中国の影響力はたんに東アジアのみにとどまらず、東南アジアはもとより一三～一四世紀には東欧や中東にまでおよんだ。とりわけ一六～一七世紀にはインドとともに、当時存した世界の少なからざる割合の銀を飲み込むほどの経済発展をみせ、国内に蓄積された富は容易には費消し尽くせないほどのものであった。朝鮮は中国と地続きで隣接し、つねに大国中国の影響力下にありながらも独自の外交力と文化力で民族の独立をほとんどの時期について全うしたのみならず、東アジアの辺境地・日本に高い文化・技術を伝達し、日本の政治・経済・文化的発展に寄与した。しかしながらこれら三国が近代の局面において、西欧勢力と対峙した際に大きく分岐したことは周知の通りである。その分岐への転換は三国の「近世」の期間内においてすでに始まっていたであろう。その差異を確認するため、一八世紀末の時点で三国の貨幣経済化を比較検討したい。

三国の比較にあたり、中国は国土が広く、清代においてもその経済規模は日朝両国とくらべて格段の差があったので、ここでは比較対象として福建省をとりあげる。福建省は面積は朝鮮半島の八割ほどしかないが、人口は一八世紀末において李氏朝鮮にせまる一四〇〇万人近くあった。そして日朝と同様に国土の地形は、華北平原や長江中下流平原地域のような平地が少なく、多くは山がちであり、沿海部も多く含み、海外との交流による影響を受けており、経済的条件は比較的類似しているといってよい。中国国内の省別発展度では江南デルタの中核となっている江蘇省や、東南アジア交易の窓口として発展した広東省にはおよばないまでも、他の中国沿岸部よりは発展していた地域として、福建省は位置づけられるであろう。もとより、断片的なデータの得られる限り、中国全体の動向も垣間見てみよう。

また、ここで「近世」とは日本では江戸期であり、中国では清代が始まってより、アヘン戦争や太平天国の乱でその基盤が弱体化する一九世紀中期まで、朝鮮は一五九二年のいわゆる「壬辰倭乱」[1]以後の李氏王朝後期として三国を対比する。ただし、その対比時期を一八世紀末とするのは、どの国も「近世」体制が成熟し、近代に向けて一定の胎動ないし脱皮を始める頃であるからである。

さらに本稿で「貨幣経済化」とは、一国の経済が交換経済の段階の度合いを進めて社会的分業を深化させた時、おのずから交換手段である貨幣需要がたかまり、それに応じて政府が一定の枠組のもとで鋳造した通貨が使用される状況を意味している。ただし、おなじ貨幣需要でも主として遠隔地間取引で使用される金銀貨のような高額貨幣に対する場合と、局地内の庶民レベルで日常的に需要される小額貨幣とでは、「貨幣経済化」の意味は厳密には異なるであろう。歴史的には、まず遠隔地間取引の交換手段や価値保蔵手段として使用される高額貨幣が需要され、ついで庶民レベルの日常的な支払い手段として貨幣需要が行き渡った段階で小額貨幣が供給されるようになった。[2] つまり、J・R・ヒックスがBC四〇〇年頃のギリシャ経済を例として、「純粋に支払い手段」として実質価値以上で使用されるようになった、代用貨幣である青銅貨幣が現れた状況を「完全な貨幣経済」と称した[3]ように、たんに高額の大型金属貨幣が現れただけでは「貨幣経済化」したとはいえないわけである。したがって、本稿では可能な限り、貨幣流通状況を高額貨幣と小額貨幣に分けて観察したい。

ところで、ある程度の経済統計が整備されるようになる近代社会と異なって、経済分析を行うための人口や生産、所得、貨幣量等の基礎的経済データがほとんど入手不能な前近代経済社会について、数量的に分析しようとする試みは近年ようやく、より広く志向されつつある。そこで利用される基礎的データの多くは断片的・個別的であり、近代のそれに比べれば当然に精度は低いが、前近代経済社会の変動や構造的特徴を垣間見たり、地域間ないし国際間比較をする際にあらたな問題点を見出すための重要な手がかりが得られる有用な研究方法となる。

では、現在どれほどの関連データが利用できるかというと、いずれもつねにあらたな検討を加えて修正が必要とされるレベルのデータであって、商品取引量のような集合的データに関しては推定すらも困難な状況である。しかし、わずかでも判明し、使用できる限りの既存データから何らかの手がかりをつかみ、実像に少しでも迫ることは可能であり、すでに日本と朝鮮については若干の見通しを得た。[4] 本稿は清代中国（福建）についてあらたに人口や貨幣流通量等を大胆に推計し、東アジア三国を共時的に比較して、それぞれの貨幣経済化の度合いを相対的に位置付けて観察しようとするものである。つまり、本稿の目的は、近世の中国・日本・朝鮮三か国の貨幣経済状況を観察するために、容易には分析が困難な研究環境の中で、わずかでもそこに接近するための手がかりを見出すことが直接的な目的である。

一　三国の貨幣制度と流通貨幣の推移

貨幣の鋳造と利用に関しては、三国のいずれもが濃淡の差はあれ、制度化をはかった。日本は金貨・銀貨・銅銭（のちに真鍮銭・鉄銭も）の三貨制を採用したが、それらの地金市場を幕府が独占し、特定機関に委託鋳造させていたことが示すように、他の二国のように私鋳の余地はほとんどなかった。幕府金銀貨が全国におおむね出回った一七世紀後期以降はそれまで大名領内のみで流通していた金銀貨も姿を消し、大名領国内では幕府貨幣の代理通貨としての藩札発行が認められたにすぎない。通貨の利用についても基本的に幕府が三貨の交換比率を公定し、貨幣高権を発揮した。ただし、農村部では一八世紀後期あたりまで土地取引の際も米で決済する地域も残るなど、近世前半は三貨が十分に浸透しないところでは物品貨幣の使用も根強く続いた。その一方、銀貨が主流通貨幣であった西日本のうち、大坂およびその近辺の問屋や商人間では、今日の小切手に相当する振り手形や、銀行券に相当する預かり手形が正銀に代わって流通し、一八世紀末から進行する「銀目空位化」状況下での支払い手段としての機能を果たした。

清代中国では明代より、銭貨需要に対応できる銅の欠乏もあって、納租や財政の基本が銭貨から銀に転換し、銀地金が一般取引の中核を占めた。ただ制度的には銅銭（真鍮銭も含む）が制銭ないし法定通貨であって、事実上は銀銭二貨制といえる。清代の紙幣（宝鈔）はその初期に発行されたものの、太平天国の乱までほとんど流通することはなかった。銭貨については重量や、銅・鉛等の構成を定めて一定の政府機関で鋳造させたが、銀については純分率不定な地金のままの流通を認めており、さらに粗悪で小型の私鋳銭も大量に出回り、銭貨不足に乗じて広く使用されたので、事実上、貨幣制度化は図られていないに等しかった。

朝鮮では李氏朝鮮より前の高麗時代（九一八～一三八〇年）より、銀・銭貨・楮貨（紙幣）の発行が意図されたが、多くは実現にいたらず、せいぜい一二～一三世紀に銀、一五世紀に紙幣が流通する程度であった。[5] 壬辰倭乱（一五九二年）以降は明の影響もあって銀が主流となったが、一七世紀後半に入って常平通宝が定着すると、その後の一世紀半は銀不足もあって銀は低調となった。それまで流通していた銀はおもに中国との交易用にあてられたので、国内では銅銭基軸体制が続いたといえる。銭貨鋳造は政府機関が行ったが、私鋳銭もときに出回った。鋳造量や銭貨の大きさ、さらに銀銭比価は基本的に政府によって管理されていたので、制度化は図られていたといってよいであろう。

ただし、国内での銭貨浸透は必ずしも十分ではなく、庶民レベルでは高麗時代以来、物品貨幣としての米や布貨が根強く流通したといわれる。[6] その一方で、官撰正史や農村での日記を根拠として、常平通宝発行以来の一七世紀後半に銭貨が急速に普及し、布貨を駆逐して農村の日常取引でも銅銭利用が拡大した、あるいは物々交換であっても銭貨が価値尺度の機能を果たし、取引差額を銭貨で決済するというように、[7] 銭貨の果たした役割をより高く評価する説もある。近世日本と同様に交換手段としては一九世紀までは物品貨幣が農村部で根強く利用され、全国的には銭貨が主流となっていったと考えられる。楮貨はときに発行されもしたが、定着することはなかった。また、一八～一九世紀には為替手形に相当する「換（ファン）」と、近世大坂を中心に流通した振り手形に類似する「於音（オウム）」という信用取引手段が一部の大都市商人を中心として使用されるようになり、おおむね一〇〇〇両を超えない程度の高額取引で利用された。[8]

二　データの整備方法

(1) 貨幣流通量

三国の貨幣経済化を比較するための基本データは流通貨幣量であるが、はじめに三国で唯一共通する通貨である銭貨の鋳造累計量を確認しておこう。日朝についてはすでに検討を済ませたように、[9] まず日本については、かつて日本銀行調査局が銭座による鋳造に関してまとめた研究成果から鋳造量を推計したものである。日本における制銭の要である寛永通宝は長崎貿易により、他の銅商品とともに東南アジア方面へ一定量が流出した形跡もある。しかし、一八世紀においても私鋳銭の使用も皆無だったとはいえず、そうであるとすればある程度相殺されることになる。そこで各地銭座鋳造累計量をもって銭貨流通量とし、一八世紀末において二四二六万貫文（金貨換算三七七万両）となる。

近世日本の金銀貨については、すでに岩橋勝が一九七六年に推計し[10]、その後若干の補正を加えたデータが利用できる。それによれば、一八〇〇年頃において、幕府鋳造の金貨流通量が一九一一万両、一八世紀後半期から新たに発行された金貨単位の計数銀貨が五九三万両、近世初期以来流通した秤量銀貨が、金貨単位に換算して四二一万両、合計して二九二五万両であった。

朝鮮の銭貨については一七世紀末に若干の鋳造中断期があるが、一六七八年から始まる常平通宝の鋳造所別鋳銭量を綿密に推計した李憲昶の考察[11]に依拠している。すなわち、記録に残りやすい鋳造所名、鋳造開始年月と中止年月、断片的に得られる鋳銭量情報から、時期別鋳銭量を推定していくというものである。一八世紀末までにそれらの累計は九六・八万貫文となった。なお、公鋳銭以外に、鋳造職人が公鋳銭量に応じて一定割合で私鋳する挟銭という慣行があり、一八世紀後期に二〇％であった。さらに朝鮮では前述した布貨という物品貨幣もまだある程度流通していたようであるが、布貨流通量がどれほどあったのか、まったく推測できない。この時期には日本からの流入銀はほとんど停止し、国内で使用される高額取引でも銭貨が使用されることが一般的となっていた。かりに布貨が流通していたとしてもそれら銭貨の高額取引に充てられた量をこえることはありえなかったであろう。また、挟銭についてもそれが禁止された時期もあり[12]、つねに二〇％の供給があったのか疑わしいので、ここでは常平通宝鋳造開始期より約一〇％の挟銭が流通に際して付加されたと仮定し、一八世紀末銭貨流通量を一〇六万貫文とする。なお銀貨については、一八〇〇年前後にまったく流通していなかったともいえず、貨幣流通総量としては布貨も加えて、銭貨のせいぜい二〇％と仮定して、のちに日中二国と対比することとする。

中国について、本稿で求める一八世紀末福建省全体としての制銭流通量はまだ誰も明らかにしていない。そこで断片的な制銭鋳造量にかんするデータと、その原料となる雲南銅使用可能量や日本からの輸入銅量等のデータから、おおよその一八世紀末流通量を推計してみよう。

福建省内での制銭鋳造は宝福局と宝台局の二局で行われた。しかし制銭鋳造額を示す記録は、わずかに乾隆五年（一七四〇）に福州の宝福局が四・八万貫文を鋳造し、台湾軍兵の給与に充てたこと、乾隆二〇年代の宝福局鋳銭能力が四・三万貫文であったこと、乾隆期後半の宝台局が毎年六万貫文を鋳造し、銅四八万斤を要した、という程度にとどまる。この断片的データを基礎として、福建省が雲南から購入した原料銅量および日本からの輸入銅量の記録をもとに推計した一七四二～一八〇〇年の制銭鋳造総量は約五〇〇〇万貫文と見込まれた[13]。

清代初期の貨幣は、明代中期に財政貨幣が銀に移行し、さらに一六世紀以降、日本やメキシコから大量の銀が流入したことから、銭貨流通は後退していた。しかし、銀流通が中心といっても小額貨幣としての銭貨需要は銀流通拡大により逆に増大し、私鋳銭をはびこらせる要因となり、乾隆期のいわゆる銭貴を招いた。その結果、清朝政府は各省に命じて、鋳銭局を設置し、全国的に大量の銭貨供給を行った。したがって福建省においても、当然、一七四二年以前において相当量の私鋳銭が出回っていたといえる。さらに清朝の制銭そのものは京師（北京）の中央政府下において一七世紀中期より続いており、地方の鋳銭も行われなかったわけではないので、福建省でもまったくなかったとはいえず、省外からもたらされたものもあるだろう。一方において、小額で重量のかさむ銭貨はいったん受容されるとそのまま退蔵されてしまう傾向も大であるといわれ、京師や地方の鋳銭局はたえず一定量の制銭供給を行わなければならなかった。このため、鋳銭累計量をもって銭貨流通量とみなすには、その退蔵量と私鋳銭や旧銭の流通量のバランスを勘案して判断する必要があるが、ここでは両者がおおむね相殺していたとみなして、宝福・宝台両鋳銭局の鋳造量累計をもって福建省制銭流通量とする。[14]

中国では銭貨使用量以上に銀両が使用された。その流通量がどれくらいのものかを知ることは、日本のように当局が一定の品位ないし重量をもって公鋳したわけではなく、地金のまま流通したのでほとんど不可能である。ただし、清代において国内で流通した銀の大半は、一六～一七世紀の世界の産銀ブーム期以降に主として日本および新大陸から流入したものであるので、それらを積算・推計すれば概数を知ることはできる。

もとより、これまで行われた諸推計には不一致な面が少なくないが、より確実とみなされる貿易ルート別の船数と舶載量を基礎として諸情報を集積すると、湯浅赳男は小竹文夫『近世支那経済史研究』（弘文堂、一九四二年）を典拠として、明初より清末までに一万五〇〇〇トン（うち、オランダ・中国船が日本から持ち込んだ分が三〇％近く）が流入したという。[15]一方、近年はA・G・フランクが主として世界の産銀量から中国に流入した割合の諸推計を概括した数値が利用可能となっており、それらの推計によれば一六世紀中葉から清朝末にかけての総流入量は低めの概算でも四万五〇〇〇トン、多めの概算では一三万七〇〇〇トンというような世界の推定産銀量の半分にもおよぼうかという推計もある。[16]中国への流入銀の相当分は独特な住環境を彩る銀器・什器に使用されたり、上層の資産備蓄にあてられたりしたので、すべてが通貨として利用されたわけではない。ここでは積算・推計プロセスがより手堅い小竹推計に依拠することとすれば、清代だけで一八世紀末までに少なくとも一万トンは流入しており、これはおよそ銀二億七千万両に相当する。一八〇〇年頃の銀一両（＝三七・三〇グラム）はおよそ銭一貫文であったので、この流入銀額は銭二億七千万貫文相当分となる。これを当時の全国推計人口三・五億人として、一人当りの銀量を銭貨で換算すると七七一文となった。福建省においても次項で推計する省内人口一三八二万人が同じ割合で銀を保有していたとすると、合計一〇六六万両、銭の価値に換算して一〇六六万貫文分の銀在高が推定される。

(2)人　口

一八〇〇年時点での日本の人口を示す記録はないので、幕府が六年ごとに調査した庶民人口総計と一八七二年に明治政府が初めて実施した全国人口統計（壬申戸籍）から類推するほかはない。幕府庶民人口調査は武士・僧侶等の除外人口があり、その数は四〇〇〜五〇〇万人とされる。そうすると一七九八年時点で約三〇〇〇万人余の全国人口が見込まれる。一方、一八七二年人口は三四八一万人であったが、一九世紀前半の人口増加率[17]を勘案してここでは三〇五六万人とする。

中国前近代の人口データは、一般的にその出典となる典籍や地方志の信頼度が低いといわれるが、福建省に限り別系列データと対比してもその心配は低いようである。清朝中期以降、一定間隔をもって『福建通志』が編纂され、現在そのうちの三期について利用可能である。また、この二〇〜三〇年間に編集された経済史統計によっても福建省内の一〇府二州別人口動向が数種推計され、それらを突き合わせることによりおおよその省全体人口動向が把握できる[18]。あいにく一八〇〇年前後の人口はわからないが、一七七六年は九府二州で一二八八万人、一八二〇年では一四七六〜一六〇七万人であった。一九世紀中期以降では華僑流出により人口推計の差異がより大きくなったが、一八世紀中期から一九世紀初頭にかけては大きな差異はない。そこで、ここでは増加率をより低めに見積もって、一八〇〇年前後の福建省人口は一三八二万人とする。

朝鮮の人口については、これまで李朝政府戸口調査による記録では、一八〇〇年に約七五〇万人であった。しかし、近年の検討によりこの数値には大幅な脱漏があると理解されている。李憲昶は権泰煥らによる、脱漏幅は約六〇%との推計を基に、出産率・婚姻率・死亡率動向等を勘案し、同年推計人口を約一六〇〇万人とした[19]。本稿では旧稿に代えて、この数値を用いる。

(3)米産高

一八〇〇年前後の日本における米産高に近い数値として石高があるが、知られているように石高の実体は米だけではなく、農産高すべてを含むものと考えられている。このうちのどれほどを米が占めるのか、地域によりまちまちであろう。石高は一七世紀はともかく、以降は固定化したので、その後の「実収石高」が推計され、利用されている[20]。それによれば一八〇〇年頃でおおよそ三八〇〇万石、一八八〇年頃で四六八〇万石であった。明治政府による農業統計は一八八〇年頃よりようやく実態に近くなるが、米産高は三〇〇〇万石であった。この明治期における米産高/石高比率を一八〇〇年にあてはめ、二五〇〇万石という概数を使用する。

朝鮮については、李憲昶がつぎのように推計している。すなわち、韓国で近年推計された一九一〇~一四年の間の平均玄米生産量一二〇〇万石（日本石）という数値（金洛年編『韓国の経済成長』、ソウル大学校出版部、二〇〇六年）を基準とし、判明する限りの地域別米生産や地代の動向をもとに時期をさかのぼらせて勘案し、一八〇〇年頃の米産高を約一〇〇〇万石と推計した。他方で、朝鮮総督府による一九一〇年代の土地調査事業実測値からさかのぼって推定した一八〇〇年頃の水田面積推計値が一四〇万町歩、また一八〇〇年代の一結（=約二・五町歩）

当り平均米産高三〇石（朝鮮石）[21]と記述された丁若鏞『牧民心書』からも一〇〇〇万石前後の米産高が推定されるという[22]。

最後に中国についてみてみよう。一八世紀福建省の米（穀物）生産高推計は、省内府州別の人口と食糧消費量を推計した王業鍵と林楓による研究[23]が有用である。しかし、そこでの米産高推計の際に前提となっているD.G. Perkinsの仮説[24]は、一八世紀後半の農地単位面積当り収量が基本的に不変で、農地面積も明末、すなわち一七世紀中期においてすでに開拓し尽くされ、さほど拡大しなかったというものであった。

しかし、『福建通志』によれば、乾隆期の一七七六年に一三二三万畝あった「田地」は半世紀後の嘉慶期（一八二〇年）に一四一八万畝と約七％増加しており、一世紀で十数％も農地が拡大していたことになる。加えて、王業鍵が米産高推計の基礎としたのは人口と一人当り年間消費量予測であって、省内のいずれの地域も一人当り二・六石（約二七〇リットル、日本石で一・五石）と仮定されており、あきらかに過大である。ただし、その「糧食」の内容はおよそ半分は雑穀ないし甘藷であって、とりわけ福建省では甘藷の割合が多かったといわれる。しかも、葉煙草や甘蔗栽培とそれらの加工が展開した泉州・漳州では水田をそれらの耕作地に転換して、省外から米を輸入した。王業鍵は一七五〇年において一六〇万石が省外から移入されたと推計する。

乾隆期（一七七六年）の『福建通志』によれば、年間田賦のうち米納高は福建省全体で一〇万石に過ぎず、銀納額を米の価値に換算して合計しても五三万石にしかならなかった。嘉慶期（一八二〇年）には米納一二・六万石、銀納七八万石分で合わせて九〇万石ほどとなっている。王業鍵による「米産高」推計は雑穀・甘藷を含めて一七五〇年で二一八〇万石であるが、仮に米はその半分に過ぎなかったとしても、福建全体の米産高は一〇〇〇万石以上となる。生産された米の大半は各地域内の糧食として消費されたのであろう。そこで、ここでは一八世紀末福建省米産高は一一〇〇万石とする。清代中国における枡制において、一石は約一・〇三五五リットル[25]であったので、これを日本石に換算すると六三二・八石となる。そこでこれをまるめて六三〇万石として対比することとする。

（4）米　価

通貨の価値を国別に比較するには、その購買力をもって行うのが適切であろう。ここでは米価を媒介項として用いる。日中朝三国における米消費の割合は厳密には同一ではないが、他の国々と比較すれば東アジアに位置するこれら三国でははるかに近接していると思われる。

日本については江戸米価一石当り金建て価格を、一八〇〇年銭相場で換算すると約七〇〇〇文となる。[26]中国福建米価については一八〇〇年前後が不明であるが、呉承明が作成した一七～一九世紀前半米価のうち、広東の動きが一七四五～五六年の福建について明示した王業鍵によるデータと動き方も水準も近接しているので、一七九六～一八〇〇年広東米価平均の一・三六両／石を用いる。これは銀建て価格なので、銀銭相場についてはより近接する江南一八〇〇年での銀一両＝銭一〇〇〇文を用いて、一石につき一三六〇文となる。[27]また、朝鮮については李憲昶の考察により、市場価格と納税の際の代銭価により一石につき五両（五〇〇文）[28]としたが、都市と農村部では二～三倍もの米価の格差が生じる場合もあったようで、[29]留意が必要である。

中国・朝鮮米価の表示にあたっては、さらに日本石一石当りに換算した。

三　貨幣経済化の三国比較

前節で吟味検討した諸データを別表にまとめた（次頁参照）。

まず三国共通に流通していた銭貨を、主として小額取引用に使用していたものとしてみてみよう。鋳銭累計額をもってその流通総額としているが、これを一人当り銭額（A'／B）として対比してみる。三国の銭貨価値はそれ

別表　18世紀末貨幣経済化：日中朝三国比較

	日　本	中国(福建省)	朝　鮮
鋳銭累計(A')	2,426万貫文	1,480万貫文	800万貫文
金銀貨在高 (日本銭に換算)	2,925万両＊1 (18,808万貫文)	1,066万両＊2 (3,155万貫文)	 160万貫文
貨幣総量(A)	21,234万貫文	4,635万貫文	960万貫文
人口(B)	3,056万人	1,382万人	1,600万人
米産高(日本石)(C') 各国銭貨額換算 日本銭に換算(C)	2,500万石 17,500万貫文	630万石 (1,490万貫文) 4,410万貫文	1,000万石 (927万貫文) 7,000万貫文
C'/B	0.82石	0.46石 (0.52石)＊3	0.63石
米価(「1石」当り) (日本石1石当りに換算)	7,000文	1,360文 (2,365文)	500文 (927文)
銭貨価値倍率	1	2.96	7.55
A'/B	794文	1,071文	500文
A/B(1人当り貨幣量)	6,948文	3,354文	600文
貨幣経済化指標(A/C)	121%	105%	14%

＊1：貨幣に換算。2：銀両推計値。3：移入米（日本石）を92万石加えた場合。
注）：「米価」のみ各国の銭貨表示。それ以外の銭貨はすべて「日本銭」に換算された表示。

ぞれ異なっているので、比較のためにそれぞれの国の一八〇〇年米価をもって実質化をはかり、日本の銭貨価値に換算してある。すると、日本の七九四文に対して中国（福建）は一〇七一文もあり、逆に朝鮮は五〇〇文ともっとも少なかった。

ここで朝鮮の小額貨幣推計を銭貨のみで行っているので、布貨の使用比率を考慮する必要があるかもしれない。しかし朝鮮は日中両国と異なって、この時期には銀の使用は少なく、銭貨が国内での高額取引でも多く使用されていたので、かりに布貨が銭貨流通量の一定割合で使用されていたとしても、銭貨の高額取引宛て使用量が布貨の使用合計を下回るようなことはまずありえなかっただろう。つまり、朝鮮で小額貨幣として使用された通貨は、ここで推計した量を超えるものではなかったことが推定される。また、中国でも銭貨が高額取引に使用された割合は日本より高かったと考えられるが、その比率がどの程度のものか推定は困難である。したがって、小額貨幣使用の指標としてここで観察する銭貨一人当り使用額についてはここで推計した数値に依拠するかぎり、日本を基準として、中国は三五％多く、朝鮮は四〇％弱少なかった。

ところで、日中間の一人当り銭額の格差が少なからず生じていることに関して、中国・福建省の銭貨鋳造累計を基本的に原料銅の調達可能量のみで推計しているので、それ自体の当否について疑義が向けられるかもしれない。そこで検証のため、中国京師（北京）で主として国家的需要のもとに鋳造され、京師およびその近辺で使用された宝泉局・宝源局における清代順治期（一六四四年〜）以降、乾隆六〇年（一七九五）までの制銭量を推計してみよう。そうすると七七五一万貫文となり、一八〇〇年頃の京師人口を二二〇万人として一人当り銭貨量を求めると、三万五二三〇文（日本銭に換算して一〇万四二八一文）となった[30]。これは福建省での一人当り制銭鋳造累計量三六二文の一〇〇倍に近い。しかも雲南銅材の配分動向からみると、京師に六〇％、地方に四〇％であったといわれるので[31]、単純に京師以外の地方に充てられた一八〇〇年までの銭貨累計量を残りの全国人口三億四七八〇万人として一人当り銭貨量を求めると一四九文となり、京師と大きな格差があった。このことは地方においても経済発展や軍備の状況により、銭貨の流通量に大きな格差があり、地方平均値の二倍ないし五倍というような地域もありえたことを意味する。つまり、本稿で推計した福建省制銭量は過大ではなかったということになる。

流通貨幣量に高額貨幣を加えてみよう。すでに推計したように、日本では金貨と銀貨が流通しており、一八〇〇年頃で銭貨に換算して合計一億八八〇八万貫文が確認できた。中国は銀両と海外から流入の銀元が見込め、その流通額は日本と比べてより概数にならざるをえないが、日本銭の価値に換算して三一五五万貫文であった。朝鮮は国内取引では銀はほとんど利用されなくなり、中国との交易にもっぱら使用されたといわれるが、大都市での家屋取引や国家物資を調達する貢人の権利として、一定量は使用されていたと思われる。しかし、その量がどれほどのものかまったく手がかりも得られないので、ここでは銭貨流通量のうちの二〇％前後で銀が使用されたと仮定して、日中両国と比較する。高額貨幣の流通量はたとえその使用頻度が限定的であっても、小額貨幣流通総量と比べると多くカウントされるので、日中両国と比べてもけっして過大ではないであろう。

そうすると、一人当り貨幣量は（三国とも日本銭の価値に換算して）表示したように、日本が六九四八文であったのに対して、中国はそのほぼ半額の三三五四文にとどまっている。朝鮮は、銀使用量を銭貨の二〇％と見積もって、六〇〇文に過ぎなかった。人口比でみると、朝鮮の貨幣流通量は日本のおおむね一〇分の一前後でしかなかったことになる。小額貨幣の銭貨を中心に見る限り、三国の格差は二～三倍程度の範囲にとどまっていたが、高額貨幣の三国での流通量に決定的な差異があり、[32] 一〇倍もの格差が生じていることがわかる。このように流通貨幣量でみるかぎり、日本では高額貨幣の比重がはるかに大きく、相対的に銭貨の役割は中国や朝鮮と比べると小さかったことになる。[33] このことは中朝の銭貨が高額取引でもより多く使用されたのに対し、日本の銭貨が「銭匁遣い[34]」地域におけるように高額取引で用いられることはあっても、多くはもっぱら小額取引で用いられていたことを示すであろう。

つぎに、三国の貨幣流通量を一人当りではなく、米産高との対比で観察してみよう。三国の貨幣経済化の度合いを比較するためには、ほんらい各国の国内生産高のうち自家消費に充てられないで非自給物資を得るために販売に回される物財の割合、すなわち商品化率がわかればよいわけであるが、そのようなデータを前近代に求めること自体がまず不可能である。そこで前近代において他の物財よりは生産高を比較的に類推しやすい米の生産額と対比することとする。その際、基本的には総生産高に占める米産高の比率は三国とも一定で、さらに米の商品化率も大差ないものと仮定しよう。そうすると、米産額に比して貨幣量が多ければ他の物財がより多く取引されて、貨幣経済化が進んでいたと推定できるし、逆の場合はその進行はさほどでなかったことになるであろう。もちろん、現実には総生産高に占める米産高の割合や米の商品化率は三国で異なっていたであろう。実際、表示したように、年間一人当り推定米消費量は日本の〇・八二石に対し、ともに日本石に換算して朝鮮は〇・六三石、中国（福建）は〇・四六石、移入米を加えても〇・五二石に過ぎず、少なくない格差があった。しかしこうした数量格差をふまえた上でも、貨幣流通量と米産高との比率を観察することにより、これまで数量的に概観することすらできなかった三国の貨幣経済化の差異をうかがうことが可能となるであろう。

ところで、一八〇〇年頃、日朝に関しては「鎖国」ないし海禁政策をとっていたので交易用の国外取引は僅少で、流通貨幣のほとんどは国内取引に使用されたと考えられる。福建は中国国内の省外との取引や国外との交易を明代から行っていて、日朝に比べると経済が開放的であった。しかし、銭貨は新鋳銭がいったん地域内に流入すると、そのまま滞留して使用されやすく[35]、流出はほとんどなかったと思われる。銀両・銀元については国外も含めて省外への商品移出と、省外からの商品移入[36]がおおむねバランスをたもっていたと仮定して考察を進めたい。すなわち、福建の主たる特産物である砂糖・タバコ・茶葉が移出され、省内で不足する米と木綿が主として移入される構造であって、どちらかといえば出超気味で、流通銀両・銀元は増加傾向にあったものの、一八〇〇年頃にはそれほど大きなものではなかったと思われる。

ここでも中朝両国の枡制と貨幣価値を日本のそれらを基準に調整し、米産高を日本石・日本銭の価値に換算して、比較がダイレクトにできるよう表示した。そうすると、貨幣総量／米産高比率（A／C）は日本がもっとも高く一二一％、ついで中国が一〇五％とわずかに日本より低く、朝鮮は一四％と、きわめて貨幣流通量が少なかった。ここで中国の米産高を「糧食」の五〇％と仮定して推計したが、仮にその比率を一〇〇％とするとA／Cは一〇五％から五〇％余まで下がる。「糧食」における米の割合を多く評価すればするほど、ここで算定される貨幣流通量の比率は低くなり、中国はまさに日本と朝鮮の中位に位置する。つまり、三国の貨幣経済化指標としているA／Cの序列は変わることはない。

朝鮮の一人当り貨幣量は日本の一〇分の一程度であったが、米産高に対する貨幣量の比率（A／C）はわずか一四％であり、米の取引の多くが貨幣を媒介としない物々交換か、交換そのものも必要としない自給的消費、あるいは米産高の多くが王室ないし政府に一方的に貢納される割合が大きかったことを示唆する。本稿で利用したソウル米価は地方と比べて二～三倍の高さを示すこともあったようであるので、仮に朝鮮全国の平均米価がソウルより二分の一低い水準であったとしても、A／Cは三〇％以下にとどまっていて、朝鮮の貨幣経済化が中国（福建）より未発達な程度にとどまっていたことに誤りはない。

なお、本稿において貨幣経済化いかんの確認を、一人当り貨幣量と米産高との対比という、二方面で観察した結果にあまり差異がなかったことについて、当時の基本的に閉鎖経済体系の中では、米は人口サイズとほぼ比例的に生産されていたことが考えられることから、当然と解釈することもできる。しかし、仮にそうであったとしても、人口と米生産という二つの観点からの、異なったデータによる分析結果がほぼ同様であったことは、本稿の目標である三国貨幣経済化比較結果の妥当性を示すであろう。

むすび

本稿では、日本・中国・朝鮮三国における経済近代化準備条件の整備状況をこれまでまったく試みられたことのなかった貨幣流通面から、一八〇〇年前後で比較観察した。その際、三国の比較に耐える貨幣流通量データを整備し、あわせて人口と、生産量データの代理指標としての米生産高も推計した。とりわけ、中国についてはこれまで貨幣鋳造量や流通量を数量的に推計する試みはまったくなく、本稿で暫定的な推計を試みた。また、米産高についてもいまだ概数の推計にとどまらざるをえず、それらを用いた分析結果は今後も少なからざる吟味・検討を必要としているが、現段階で三国経済発展度を比較するにはもっとも新しい検討データを提供できたといってよいであろう。その検討結果をまとめると、次の通りである。

(1) 貨幣経済化は庶民レベルでの貨幣普及度いかんで観察可能と見ることもできるので、三国共通の小額貨幣である銭貨の一人当り流通量を推計した結果、三国の銭貨を日本の銭貨価値に換算して比較すると、中国(一〇七一文)、日本(七九四文)、朝鮮(五〇〇文)の順で銭貨が多く使用されていた。ただし、銭貨は中国や朝鮮では高額取引でもより多く使用される割合が高いので、いちがいに日本が中朝両国の中位にあったとはいえない。くわえて日本には当時、小額取引に使用されたとみられる藩札が少なくとも銭貨の一〇%余は流通していた。高額取引にあてられた中国の銭貨量を除外すると、一人当り小額貨幣流通量は日本がもっとも多かったことも十分に想定される。

(2) 三国の高額貨幣である銀貨(日本ではさらに金貨)も含めて、一人当り貨幣総量で比較すると、日本は中国の約二倍(六九四八文)も流通しており、もっとも貨幣経済化が進んでいたことが判明した。これに対して、朝鮮は日本の一〇分の一(六〇〇文)の貨幣量にとどまった。中国では高額貨幣である銀両(一部地域では銀元も)に比べて銭貨がより多く使用され、文字通り「銀銭二貨制」であったことが知られる。唯一金貨が流通した日本ではその割合が多かったこともあり、銭貨の流通比率は中朝二国に比べて低かったことがわかる。

(3) 三国の米産高を推計して、その産額との対比で総貨幣量をみると、日本がもっとも多く一二一%、ついで中国(福建)が一〇五~五〇%、朝鮮が一四%であった。これらの数値から国内で取引される商品がどれほど貨幣を介在していたのか、具体的な様相は直ちにはつかみ難い。しかし、たとえば朝鮮の場合、国内で流通していた貨幣量が米産額の一四％にとどまっていたということは、米の多くは貨幣を介在しない自給的消費か、王室・役所への貢納にあてられ、米以外の商品が取り引きされても、その量は限定的であったことを意味する。逆に貨幣経済化の面では、一八〇〇年前後の日本は相対的にアジアで抜きんでた水準に達していたことが類推できた。仮に米の商品化率を三〇％とすると、残余の貨幣は他の取引に充てられたことになり、少なくとも米の三〜四倍の価値に相当する商品・サービスが取り引きされていたことが見通される。

前近代東アジアの中国・朝鮮・日本における発展度合いを、西ヨーロッパ地域も加えて商業発達の視点から比較史的に分析した李憲昶は、東アジア三国が「近代にはいる過程で対極的な運命を迎えることとなった」と論じた。すなわち、前近代においては西ヨーロッパと東アジアは農業と商工業がともに発達し、文明的にも先進的であったが、商業発達の差異、とりわけ遠隔地流通と都市市場が発達した西ヨーロッパと日本が封建制下の権力分割もあって商工業者の自律的活動と市場経済の発展をもたらした。これに対して、中国と朝鮮は周辺国との経済的競争を求める必要性が少なかったこともあって農村市場中心的な商業発達にとどまり、それまで相対的に進んでいた市場経済発展のダイナミズムを弱化させてしまったという(37)。このように東アジアにおいて、日本のみが非西欧国で唯一自生的な工業化に成功した国という理解がとりわけ高度成長期以降に定着しているといってよいが、古代以降、一九世紀までに生じたこれら三国の相対位置の「逆転」がいつ、どのように進行したのか、今後検討する際に、本稿での作業は一定の寄与を果たすことができるであろう。

もとより、三国の比較史的先行研究が極めて乏しいなかで、本稿の暫定的な見通しがどの程度検証に耐えるものか、今後、関連する経済諸データを収集・整備することによりなお作業は持続されねばならない。

(1)ただし韓国歴史学界の通説を反映しているとみられる高等学校国定国史『韓国の高校歴史教科書』(翻訳版)(明石書店、二〇〇六年)によれば、韓国内では李朝前期を「近世」とし、李朝後期は「近代社会の胎動期」と時期区分されている。

(2)経済史における小額貨幣の意義については、岩橋勝「小額貨幣と経済発展」(『社会経済史学』第五七巻二号、一九九一年)、およびT.J. Sargent & F.R. Verde, *The Big Problem of Small Change*, Princeton University Press, 2002を参照。

(3)J・R・ヒックス(新保博監訳)『経済史の理論』(日本経済新聞社、一九七〇年)。

(4)岩橋勝「近世貨幣流通の日朝比較史試論」(『松山大学論集』第一七巻二号、二〇〇五年)。ただし、その後の検討で若干の数値について本稿では修正を加えている。

(5)須川英徳「朝鮮前期の貨幣発行とその論理」(池享編『銭貨』、青木書店、二〇〇一年)一八七〜八頁。

(6)須川英徳「朝鮮時代の貨幣」(歴史学研究会編『越境する貨幣』、青木書店、一九九九年)七八〜八三頁。

(7)李憲昶(六反田豊・須川英徳監訳)『韓国経済通史』(法政大学出版局、二〇〇四年)一二六〜八頁。また、物々交換における銭貨の価値尺度機能事例については、李教授の直接教示による。

(8)同右、一三二〜三頁。

(9)前掲注(4)「近世貨幣流通の日朝比較史試論」。

(10)岩橋勝「徳川時代の貨幣数量」(梅村又次他編『日本経済の発展』、日本経済新聞社、一九七六年)。

(11)李憲昶「一六七八—一八六五年間貨幣量と貨幣価値の推移」(『経済史学』二七号、(韓国)経済史学会、一九九九年)一八一〜四頁。

(12)元裕漢『朝鮮後期貨幣史研究』(韓国研究院、一九七五年)七一〜六頁。

(13)李紅梅「清代福建省における経済発展と貨幣流通」(『松山大学論集』第一九巻一号、二〇〇七年)一八二頁、表8より。なお、ここで「福建省内での制銭鋳造は宝福局と宝台局の二局で行われた」としているのは、福建省銭幣学会編『福建貨幣史略』(北京中華書局、二〇〇一年)第四章、六七頁に依拠している。しかし一方で、省城福州でおなじ鋳造機関を二か所設立すれば、鋳造コストと費用が倍かかることを考えると、一か所で裏面に「宝福」「宝台」という漢族文字の刻まれた二種の「乾隆通宝」が鋳造された可能性が高くかつ合理的であるという見解もある(叶真銘「清代乾隆時期福建宝福局為台湾鋳銭小考」、『中国銭幣』二〇〇八年四月)。いずれをとるにせよ、ここでの制銭鋳造総量推計プロセスに影響を与えるものではない。

(14) 王光越「試析乾隆時期的私鋳」(『歴史档案』一九八八・〇一)によれば、乾隆三四年と同五五年の二か年において福建以外の七ないし一六省で合わせて二六〇三万斤の小銭が回収された。これは制銭の三分の一くらいの重量で、合計すると一年分の制銭に相当する量という。私鋳銭がたえず大量に出回っていたわけではなく、制銭の大きさ(重量)や銅価、銭需要の動向いかんによっていたが、銀銭比価の基調はおおむね銭高であって、いかに制銭が供給され続けてもすべてが流通界に投ぜられたわけではなく、不足する部分が悪貨の私鋳銭で補われていたと考えられる。

(15) 湯浅赳男『文明の血液――貨幣から見た世界史』(新評論、一九八八年)三五二頁。

(16) A・G・フランク(山下範久訳)『リオリエント』(藤原書店、二〇〇〇年)二五九～二六八頁。

(17) 一八世紀から一九世紀初めにかけての日本人口は停滞しており、近代に向けての人口上昇は天保期(一八三〇～四四年)以降とされ、その増加率は一%弱であった(中村隆英『日本経済(第三版)』、東京大学出版会、一九九三年、五五頁)。さらに、安政期のコレラや震災による人口減も加味すると、一八〇〇年時点では三二〇〇万人ほどとなろう。しかしここでは、比較的低めに見積もられた鬼頭宏による推計(鬼頭宏『人口から読む日本の歴史』、講談社、二〇〇〇年、一六～七頁)に依拠する。

(18) 清代福建省の府州別人口統計で、過大に見積もられたかもしれないとみられる建寧府の嘉慶期(一八二〇年)と道光期(一八二九年)の二データを除くと、一八世紀中期より二〇世紀初頭にいたる各府州人口に異常な動きは見られない(前掲注13「清代福建省における経済発展と貨幣流通」一五九頁参照)。

(19) 李憲昶「植民地化以前の経済統計」(未定稿、二〇〇七年)。また、Hun-Chang Lee (李憲昶) 2006, "When and how did Japan catch up with Korea?" *CEI working paper Series*, No.2006-15 も参照。

(20) 中村哲『明治維新の基礎構造』(未来社、一九六八年)一六八～七〇頁。

(21) 当時の朝鮮における一石は、朝鮮枡で一五斗、一斗が日本の京枡で〇・三六二八斗であった、つまり朝鮮一石は日本の京枡では〇・五四石であった。

(22) 前掲注(19)「植民地化以前の経済統計」。

(23) 王業鍵「十八世紀福建的糧食供需与糧価分析」(『中国社会経済史研究』一九八七年第二期)、および林楓「試析清末福建市場商品流通額」(『中国社会経済史研究』一九九八年第一期)。

(24) D.G. Perkins『中国農業的発展(一三六八―一九六八年)』中文版(上海訳文出版社、一九八四年)二〇頁。

(25) 呉承洛『中国度量衡史』(商務印書館、一九三七年)七一頁。

(26) 一八〇〇年の江戸米価は前後年に比べて若干高めとなっているので、前後五か年平均の一石金一・一〇両を、同年銭相場金一両につき六四〇〇文で換算した（岩橋勝『近世日本物価史の研究』、大原新生社、一九八一年、四六三頁および中井信彦編「近世相場一覧」、『読史総覧』、人物往来社、一九六六年、七九五頁を参照）。

(27) 呉承明「一八与一九世紀上葉的中国市場」（『中国的現代化：市場と社会』、生活・読書・新知、三聯書店、二〇〇一年）表一〇、および王業鍵「一八世紀福建的糧食供需与糧価分析」（『中国社会経済史研究』一九八七年第二期）七九頁を参照。

(28) 李憲昶「粛宗―正祖朝（一六七八―一八〇〇年間）米価の変動」（『経済史学』二一号、（韓国）経済史学会、一九九六年）。

(29) 前掲注(19)「植民地化以前の経済統計」、および李栄薫・朴二澤「農村米穀市場と全国的市場統合：一七一三―一九三七」（李栄薫編『数量経済史から再検討した朝鮮後期』、ソウル大学校出版部、二〇〇四年）附表一を参照。

(30) 李紅梅「清代における銅銭鋳造量の推計」第三節を参照（『松山大学論集』第二一巻三号、二〇〇九年）。

(31) 厳中平編著『清代雲南銅政考』（中華書局出版、一九五七年）八一～四頁。また、王業鍵はアヘン戦争前の道光期についてであるが、銭貨鋳造量は地方と中央が半々であったという（王業鍵「中国近代貨幣与銀行的演進」、『清代経済史論文集』、稲郷出版社、二〇〇三年、一九三頁）。

(32) ここで福建省の一人当り銀在高が日本よりも少ないとしているのは、前述の通り、清代中国全体の流入累計高を基準に推計した結果に依拠しているにすぎない。日本と福建省のみで比較すれば、福建省廈門の海関記録によると、かなりの量の銀流入が想定され、必ずしも福建での銀流通が日本よりも少ないとは断言できない。たとえば、彭沢益「清初四権関地点和貿易的考察」（『社会科学戦線』一九八四年三期、一三二頁）によれば、乾隆期（一七三六～九五年）に判明する七年分の関税収入だけでも二一九万両が確認できた。かりに関税率を五％とし、年間の関税収入を控えめに二〇万両と見積もっても、流入した輸出商品代価は一八世紀のみでも四億両となる。それらの多くが銀元で流入し、少なからず京師に送付されたと想定されるが、福建に滞留した銀量は表示した額より一〇倍を超えることも想定される。これらの問題は、清代一八世紀末までの銀流入高をさらに精緻に推計することによって、なお検討されねばならない。

(33) なお、小額貨幣としては、日本には別に藩札もあった。その額面の多くは銀五匁ないし一匁以下であり、発行枚数の大半をしめたが、一〇匁以上の額面もあり、発行枚数は少なくても、藩札流通総量に占める比率は無視できない。藩札は一九世紀に入ってからより多く発行されるようになり、維新前後には総流通額の二〇％近くを占めるほどとなったが、一八〇〇年頃では金貨価値に換算してまだ一〇〇万両前後にすぎなかった。それでも銭貨に換算して六〇〇万貫文余の藩札が流通していたことが見込まれる。銀一〇匁以上の高額面の札が仮に三分の一の二〇〇万貫文ほどあったとしても、銭貨の十数％余の小額貨幣が別に流通していたことになる。中朝の高額貨幣と対比した日本の銭貨の相対的な流通量が少なめであったことが明らかになったが、藩札が小額貨幣である銭貨の補助的な役割を果たしていたことがこの面からも証明できる。

(34) 「銭匁遣い」とは、銭貨の単位が通常の「文」ではなく、銀貨で使用される「匁」の単位で銭貨が使用されること。地域により銭一匁の銭量は、銀銭相場の変動にかかわらず、おおむね六〇〜八〇文の範囲内で固定化されていて、一見、銀遣いの代用のようにみえるが、取引の価値基準は銭貨であって、銭建て取引である。通常、銀遣いで取引されるような高額取引でも「銭匁遣い」は用いられた。銭匁遣いについては、岩橋勝「江戸期貨幣制度のダイナミズム」（『金融研究』第一七巻三号、一九九八年）を参照。

(35) 清朝乾隆期における銅銭のこのような具体的事情については、黒田明伸『中華帝国の構造と世界経済』（名古屋大学出版会、一九九四年）二九〜三三頁に詳しい。

(36) 清朝期福建の商品生産および流通の概況については前掲注(13)「清代福建省における経済発展と貨幣流通」一七〇〜八一頁参照。

(37) 李憲昶「前近代商業に関する比較史的視点」（中村哲編『東アジア専制国家と社会・経済』、青木書店、一九九三年）二二一〜二四八頁。

〔付記〕本稿は、中国への銀流入高推計を除く中国関連の事項やデータの収集・提供とそれらの検討を李紅梅が、その他の分析や記述については岩橋勝が全面的に文責を負っている。なお、朝鮮に関しては高麗大学の李憲昶教授から未公表のものを含む最新の関連データ提供を受けたばかりでなく、最終稿に対してきわめて貴重な教示を得た。さらに本稿をまとめる段階で、鎮目雅人（当時神戸大学、現在日本銀行金融研究所）・鹿野嘉昭（同志社大学）両教授からも有用なコメントを得た。記して謝意を表したい。

砂糖菓子からみた近世日中間の境界領域

熟　美保子

はじめに

近世の日本は「鎖国」という言葉で表現されるものの、実際には、公的に貿易が許可されていたオランダや中国（明・清朝）船が来航する長崎をはじめ、朝鮮との交渉にあたった対馬、中国貿易を背景に持つ薩摩・琉球、アイヌを通じて中国東北部にまで開かれた松前と、四つの窓口―いわゆる「四つの口」―が存在した事実は、すでに自明のものとなっている。これらの地域は双方の間で境界的な性質を帯びるようになる。本稿では、とくに中国に開かれた長崎と薩摩・琉球口の動向に注目し、両者から見えてくる日中間の「境界領域」のあり方に迫っていきたい。

古今東西、やはり「甘さ」という味覚には心惹かれるものである。琉球・長崎における輸入品の一つとして砂糖がみられる。現代社会では、砂糖は嗜好品というイメージのため敬遠される側面もあるのだが、かつてヨーロッパでは防腐剤として、日本でも医薬品として使われた歴史を持つ。七五三年に鑑真が持ち込んで[1]以来、砂糖は豊かで文化的な生活には必要不可欠な存在となった。

この「甘さ」を作り出す砂糖は重要な商品となった。貿易量を見てみると、一八世紀はじめまでの日本は、年平均二〇〇キログラム以上にものぼる大量の砂糖を海外から輸入していた[2]。一八世紀半ばになると、将軍吉宗は高額輸入品の製造を奨励するようになり、讃岐や阿波で白砂糖がつくられ国内生産に成功した。結果、急激な需要の増大にも応えることができ、虎屋など現代に残る有名な老舗和菓子屋が江戸中期に誕生することとなる[3]。一七九七年（寛政九）に著述された木村又助の『砂糖製作記』には、白砂糖・黒砂糖の製糖法と必要な道具について図版入りで解説されており、この時期には一定の水準で製造技術が確立していたことがうかがえる[4]。

　しかし、それ以前から砂糖が生産されていた地域があった。奄美・琉球の黒砂糖である。一六〇九年に奄美の直川智が中国福建に漂着し、甘蔗の栽培と製糖技術を習得して帰国後に広めたという話はあまりに有名である。明代中国の産業技術書である宋応星の『天工開物』には、図1のような製糖過程図が掲載されている。一六二三年に琉球に伝えられた「二転子三鍋法」の製糖技術もこのようなものだろう。その後、薩摩藩主島津斉彬が「国産ノ最モ心ヲ用フベキモノ[5]」に砂糖をあげているように、順調に黒糖生産量を伸ばし、天保期には奄美諸島で約一〇〇〇万斤（一斤＝約六〇〇グラム）、琉球では三〇〇〇万斤の生産が確認できるという[6]。黒糖生産については、奄美諸島についで琉球が占めていたのである。

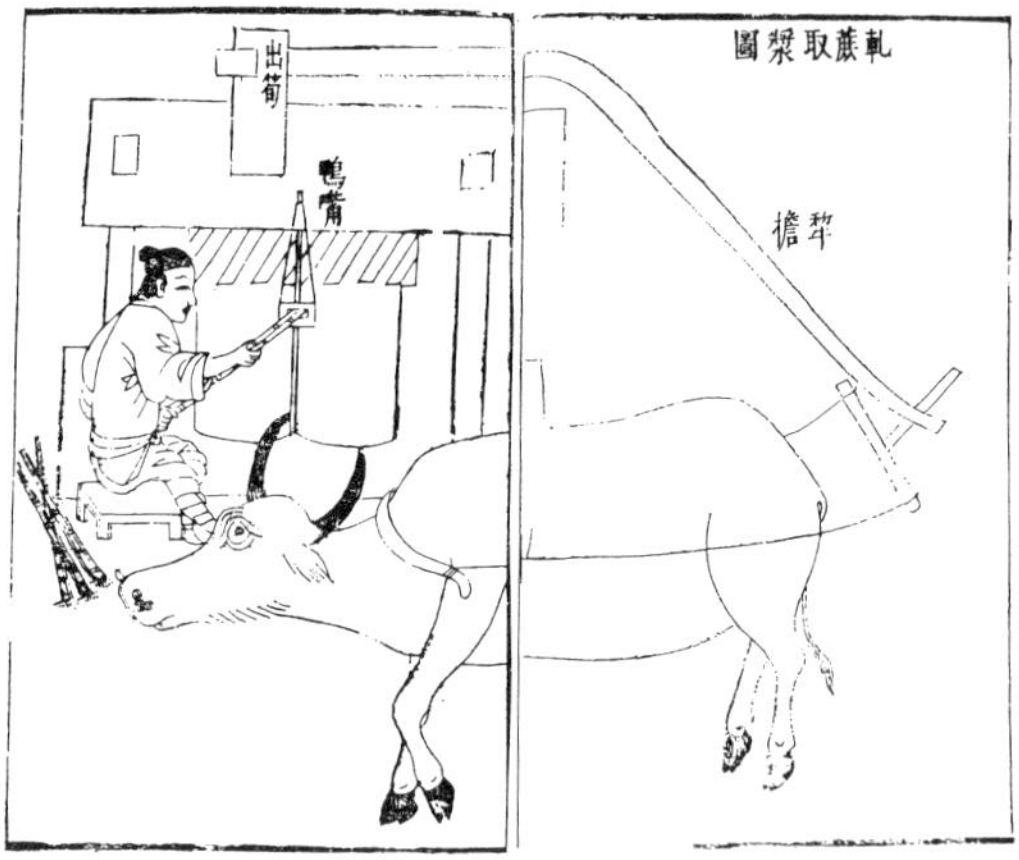

図1　中国（明朝）の製糖技術
（藪内清訳注『天工開物』、平凡社東洋文庫、130ページ）

　ここで、砂糖貿易に関するこれまでの研究を見ていこう。近世長崎における中国やオランダとの砂糖貿易について、早くは岩生成一の研究がある[7]。最近では、幕末長崎における国産砂糖と輸入砂糖の競合に関する小山幸伸の研究[8]、一八世紀オランダ商館の砂糖輸入の数量と市場との関係[9]や、盈物砂糖の流通展開から一八世紀後半の長崎貿易の性格を明らかにした[10]八百啓介の一連の研究がある。

黒糖については、「道之島」と呼ばれた奄美地方における薩摩藩の砂糖収奪と藩政改革の関係について論じた松下志朗の研究[11]、藩による国産化過程を明らかにした原口虎雄[12]、漂着史料をもとに運搬に欠かせない砂糖樽資材の確保について論じた弓削政己[13]、そして生産技術の改良と本土への技術伝播については真栄平房昭などの研究[14]があげられる。

しかしこれらの研究では、「四つの口」を構成する長崎と琉球を比較分析する視点や、砂糖を活用した食文化についての言及は見られない[15]。そこで本稿では、琉球と長崎の比較をおこなうために、最もシンプルな加工法である「砂糖に漬けた」菓子に注目し、食文化を通して琉球の特質についてアプローチしていきたい。

一　長崎口の動向

(1)東西の「砂糖漬」

現代社会もそうであるように、砂糖はそれ自体を口にするよりも、調味料など何らかの形で加工され消費されることがほとんどである。その一種に「砂糖漬」という調理法がある。はたしてこの「砂糖に漬ける」という手法は、どれほど歴史をさかのぼることができるのだろうか[16]。

シドニー・ミンツによると、一二九〇年のイギリスのとある司教の家計簿には、「一二ポンドの砂糖漬け果実」の購入記録が残されているという[17]。さらに、一六世紀のフランスにおいて商人たちが主催する宴会でも、果実の砂糖漬けが供されていたという[18]。「砂糖漬」の菓子が、一種のステイタス・シンボルになっていたといえよう。

このように中世ヨーロッパにおいて「砂糖漬」菓子があったのだが、すでに中国大陸ではそれ以前から存在が確認できる[19]。篠田統によれば、南宋初期にあたる一一五一年、中国皇帝が行幸したさいの献立に「砂糖漬」の記述が見られる[20]。また、一一七八年につくられた韓彦直『橘譜』には、柑橘類の貯蔵法として蜜漬や糖漬の方法が書かれているという[21]。

さらに一五九五年の『東方案内記』を見ると、丁子の食用法について「(モルッカでは)青い実を、塩とか酢、ときには砂糖でつけて食べるが、実に美味である。」と記されている[22]。東南アジアの食文化を見ても、砂糖と柑橘類は古くから密接に結びついていた。砂糖を使用した調理法は、世界各地で古くから見られる食文化の一つであることが明らかである。

(2)饗応品としての「蜜漬」

江戸幕府にとって公的なかたちで諸外国に開いていた港が長崎であり、いわゆる「鎖国」以後は、オランダと中国が貿易を目的に来航していた。彼らの滞在施設となったのが、長崎に設けられた「オランダ商館」と「唐人屋敷」である。

このような異国人との接点となる長崎では、当然ながら警備体制の構築が重要な課題となる。主として長崎警備は九州の諸大名に分担されていたのだが、その一環として藩主たちはしばしば長崎の見分活動をおこなう。その時にさまざまな場所を訪れるわけだが、最も異国を近くに実感できる「オランダ商館」と「唐人屋敷」も、対象に組み込まれていた。

この時、内部の見学だけではなく、「オランダ商館」「唐人屋敷」のそれぞれで異国人たちによる饗応、いわゆる接待が催された。そのメニューを見ると、前菜に始まり、スープ(汁碗)やメイン料理(主菜)という一連のコース料理で構成されている。また、酒やデザート類も用意され、その中には柑橘類を甘く漬けこんだ菓子も見られた。一例をあげると、一八三四年（天保五）四月に唐津藩主が長崎を巡見したさい、「唐人屋敷」で出された饗応料理の献立の記録には「蜜餞青梅」「蜜餞合梅」「蜜餞櫻桃」「蜜餞枇杷」と書かれている。[23] 梅やさくらんぼ、びわの実などを甘く漬け込んだものと思われる。[24]

また、「オランダ商館」でも同様の饗応がなされた。表1はオランダ商館での饗応・贈答を示したものであり、全部で八三件の事例が見られる。この中で特に目立つのが「リキュール酒」と「蜜漬」である。表No.61の唐津領主一行の饗応については「慣例に従い」と記述されており、形式化していた側面も読み取れる。また、表No.57の「将軍家族」や表No.77の「江戸参府警固検使一行」に対しても饗応・贈答がある点も特徴的である。すなわち、長崎のオランダ商館だけでなく、江戸参府の道中でもこのような行為がおこなわれていたのである。

一八一九年（文政二）に島原藩主がオランダ商館を見分した時（表No.67）も座敷に通され、柑橘類や生姜の「蜜漬」などでもてなされた。[25] おそらくこの「砂糖漬」の菓子は、東インド会社からオランダ船でもたらされたものだろう。もちろん、島原藩主は「オランダ商館」だけでなく「唐人屋敷」においても蜜漬の梅や枇杷でもてなされている。

このような「砂糖漬」菓子によるもてなしは、さまざまな便宜を求めて異国人が日本側に対しておこなうこともあれば、異国人同士の交流においても見られた。たとえば一八〇二年（享和二）四月一九日のオランダ商館長ヘンドリック・ドゥフの日記によると、「中国人の船長二人と積荷方二人が、私を私の部屋に訪ねたいと求めたので、私はそれを承諾し、彼らをできるだけよく、しかし私の力の及ぶ範囲内で、甘い葡萄酒とリキュール酒および蜜漬で饗応した」[26]と記されている。表No.10にあるように、長崎に滞在中の中国人数人が「唐人屋敷」を出て「オランダ商館」を訪れ、酒や「蜜漬」などのもてなしを受けた。祖国を離れた者同士が、異国の地で「砂糖菓子」を介して交流を図っている様子がうかがえる。

表1　オランダ商館での饗応・贈答事例

No.	年月日	饗応相手	饗応品	巻・頁
	1801(享和元)			
1	7月16日	越前家臣100名以上	種々のリキュール酒、蜜漬	①37
	1802(享和2)			
2	3月8日	勘定方、普請役数名	リキュール酒、蜜漬	①167
3	26日	長崎奉行の使者	リキュール酒、蜜漬	①168
4	27日	宗門奉行の使者	甘い葡萄酒、リキュール酒、蜜漬	①169
5	31日	宗門奉行、長崎奉行の使者	ご馳走、リキュール酒、蜜漬	①174
6	4月3日	老中、高官の使者	上等で豪華な料理、砂糖菓子、純良な葡萄酒、リキュール酒、蜜漬	①179
7	5日	天文方5名、学生25名以上	高級な酒類、リキュール酒、蜜漬	①180
8	6日	丹後前領主、夫人2名、小通詞	甘い葡萄酒、菓子、蜜漬	①181
9	7日	将軍の医師	マラガ酒、チンタ酒、蜜漬	①181
10	19日	中国人船長2人、積荷方2人	甘い葡萄酒、リキュール酒、蜜漬	①203
11	29日	所司代、両町奉行の使者	リキュール酒、蜜漬	①185
12	5月3日	領主の家臣数名	リキュール酒、蜜漬	①186
13	5日	勘定方、普請役	甘い葡萄酒、リキュール酒、蜜漬	①186
14	6日	勘定方	リキュール酒、蜜漬	①206
15	8月15日	長崎奉行	立派なガラス細工数個、オランダ砂糖菓子一箱、ラタファー酒数瓶、金箔入り純良酒数瓶、パリアカッタ産手巾四枚、蜜漬三壺	①231
16	9月8日	大村領主	椅子、クッション、菓子、リキュール酒、蜜漬	①337
	1804(文化元)			
17	5月12日	長崎奉行	リキュール酒五本、蜜漬二壺	②20
18	9月16日	奉行の二等秘書官	リキュール酒、蜜漬	②69
19	10月29日	両御番所の番頭	リキュール酒、蜜漬	②78
	1805(文化2)			
20	5月10日	勘定方、普請役一行	リキュール酒、蜜漬	②127
	1806(文化3)			
21	3月23日	町年寄高島作兵衛、肥後領主の聞役	リキュール酒、蜜漬	②230
22	4月29日	将軍世子の侍医たち、天文方	リキュール酒、蜜漬	②217

No.	年月日	饗応相手	饗応品	巻・頁
23	5月6日	老中、若年寄、寺社奉行、宗門奉行の使者	リキュール酒、蜜漬	②220
24	25日	支配勘定藤井順七郎	リキュール酒、蜜漬	②239
25	6月6日	京都所司代、京都町奉行の使者	オランダパイプ二個、煙草一包、蜜漬一壺	②224
26	21日	商館長	アニス酒、甘い葡萄酒	②245
27	25日	町年寄	アニス酒、蜜漬	②248
28	9月17日	奉行	菓子、リキュール酒、蜜漬	②271
	1807(文化4)			
29	1月15日	検使たち	菓子、リキュール酒、蜜漬	③5
30	6月4日	アメリカ船長	リキュール酒、蜜漬	③27
31	6日	唐津領主	菓子、リキュール酒、蜜漬	③28
32	7月4日	平戸領主	菓子、リキュール酒、蜜漬	③31
33	27日	秘書官、勘定方	リキュール酒、蜜漬	③42
34	8月13日	外国人世話掛	リキュール酒、蜜漬	③58
	1808(文化5)			
35	7月21日	肥前領主代理人、医師、町年寄高島作兵衛	リキュール酒、蜜漬	③138
36	22日	秋月領主	菓子、リキュール酒、蜜漬	③139
	1809(文化6)			
37	8月21日	フーデ・トラウ号船長	リキュール酒、蜜漬	③214
38	30日	筑前領主	リキュール酒、蜜漬	③216
39	9月2日	筑前領主	菓子、リキュール酒、蜜漬	③217
	1810(文化7)			
40	2月15日	検使	リキュール酒、三種の菓子、蜜漬	⑤9
41	3月27日	外国人世話掛、平戸領主、小倉領主の家臣	リキュール酒、蜜漬	⑤41
42	4月21日	老中、若年寄、寺社奉行の使者	オランダのパイプ二個、煙草一包、蜜漬一壺	⑤24
43	5月10日	新旧勘定方と数人の役人	リキュール酒、蜜漬	⑤59
44	5月10日	所司代、奉行の使者	オランダ煙草一包、長いパイプ二個、蜜漬一壺	⑤26
	1811(文化8)			

No.	年月日	饗応相手	饗応品	巻·頁
45	8月27日	奉行、高位の委員団	菓子、リキュール酒、蜜漬	⑤149
	1814(文化11)			
46	1月13日	大通詞	三種類の菓子、二種類のリキュール酒、蜜漬二種類	⑥9
	1817(文化14)			
47	12月7日	検使	リキュール酒、蜜漬	⑦2
	1818(文政元)			
48	1月9日	乙名、検使	リキュール酒、蜜漬	⑦22
49	13日	江戸参府警固役	三種類の菓子、二種類のリキュール酒、蜜漬	⑦23
50	4月12日	検使、普請奉行	リキュール酒、蜜漬	⑦79
51	13日	宗門奉行の使者	リキュール酒、蜜漬	⑦81
52	18日	前長崎奉行曲淵の家臣	内容は不明	⑦84
53	19日	検使、奉行の秘書官	リキュール酒、蜜漬	⑦85
54	25日	幕府の医師、天文方役人	リキュール酒、蜜漬	⑦102
55	26日	加賀・薩摩の家臣、医師10名	リキュール酒、蜜漬	⑦103
56	29日	幕府天文方役人と医師3人	リキュール酒、蜜漬	⑦109
57	29日	将軍家族、従者	リキュール酒、蜜漬	⑦110
58	5月2日	警固検使	リキュール酒、蜜漬	⑦112
59	21日	所司代と奉行の使者	リキュール酒、蜜漬	⑦123
60	29日	福知山領主の秘書官と家臣	リキュール酒、蜜漬	⑦128
61	7月10日	唐津領主一行	リキュール酒、蜜漬	⑦155
62	13日	小城領主	リキュール酒、蜜漬	⑦157
63	11月8日	唐津領主	リキュール酒、蜜漬	⑦227
64	12月16日	平戸領主の家臣	リキュール酒	⑧6
	1819(文政2)			
65	1月8日	検使	リキュール酒、蜜漬	⑧10
66	6月18日	奉行	リキュール酒三本、蜜漬一壺	⑧49
67	7月27日	島原領主一行	リキュール酒、菓子、蜜漬	⑧68
68	8月12日	勘定方、奉行の秘書官、検使	リキュール酒、蜜漬	⑧81
69	11月1日	両奉行	リキュール酒、料理、菓子、蜜漬	⑧144

No.	年月日	饗応相手	饗応品	巻·頁
	1820(文政3)			
70	1月23日	検使	リキュール酒、蜜漬	⑧225
71	2月12日	町年寄、長府領主の家臣	リキュール酒、蜜漬	⑧228
72	4月12日	中国人船長7人、財副2人、荷倉役、唐通事、検使	リキュール酒、飲み物、コーヒー、オランダ菓子、蜜漬	⑧237
	1821(文政4)			
73	1月19日	検使	リキュール酒二種、菓子三種、蜜漬二種	⑨109
74	5月24日	紀州領主一行	リキュール酒四種、蜜漬三種	⑨132
75	10月11日	両奉行	菓子五種類、リキュール酒四種、蜜漬	⑨205
76	11月29日	医官	リキュール酒、絨緞一枚、蜜漬	⑨235
	1822(文政5)			
77	1月12日	江戸参府警固検使一行	菓子三種、リキュール酒二種、蜜漬二種	⑨245
78	4月9日	老中、寺社奉行の使者	パイプ二本、煙草一包、蜜漬一壺	⑩15
79	11日	松前領主一行	リキュール酒、菓子、蜜漬	⑩18
80	13日	肥後領主秘書官および家臣、代官の家来	リキュール酒、蜜漬	⑩191
81	8月11日	代官、秘書官	リキュール酒、蜜漬	⑩102
	1823(文政6)			
82	1月23日	検使2人	料理三種、リキュール酒二種、蜜漬二種	⑩223
83	9月3日	勘定方、奉行の秘書官	リキュール酒、蜜漬	⑩304

注：日蘭学会編『長崎オランダ商館日記』1～10巻(雄松堂出版)より作成

砂糖を多用したもてなしがそれぞれのステイタスをあらわすとともに、近世の日本にとって食文化の発展に一役買っていたことは間違いないだろう。

(3)「砂糖漬」の輸入

「砂糖漬」菓子は「珍しい」という理由のみで饗応メニューにされたのではなく、やはり日本人にとって需要の高い商品と認識されていた部分も大きい。このことは、長崎において中国船がもたらした砂糖に漬け込んだとみられる菓子類の輸入動向についての表2からうかがえる。

まず、この表から次の点がわかる。①長崎では中国船によって、何種類かの「砂糖漬」菓子の輸入

表２　長崎に輸入された「砂糖漬」商品一覧

（年）	砂糖漬	蜜柑砂糖漬	リンゴ砂糖漬	生姜砂糖漬	杏砂糖漬	ザボン砂糖漬	果実砂糖漬
1641	３壺						
1653	200斤						
1735	100斤						
1740		5500斤					
1746		5400斤					
1752		600斤					
1754	２樽						
1759	1700斤		2120斤				
1761	320斤	100斤					
1764	１箱	60斤					
1765		17180斤		3930斤	1200斤	200斤	
1766			250斤				
1770		122斤・16樽					
1771		968斤					
1774		547斤					
1775		1606斤		600斤			
1776		6130斤・２箱		490斤			
1777		12661斤					
1780		300斤					
1781		4111斤					
1783		8300斤・10樽					
1784		12樽	１樽				
1785		210斤	8700斤				３樽
1788		14802斤					
1802	200斤						
1818	125斤						
1819	545斤						

注：永積洋子編『唐船輸出入品数量一覧』（創文社、1987年）より作成

がしばしば見られた。②素材には、蜜柑・リンゴ・生姜・杏・ザボンなどがあった。[27]なかでも「蜜柑砂糖漬」の輸入事例が多く確認できる。③単位の表記は箱詰めや樽詰めなど、統一されてはいない。例えば「蜜柑砂糖漬」だけを見ても、一七六五年（明和二）のように一万七一八〇斤（約一万三〇八キログラム）と数値の判明するものもあれば、一七八四年（天明四）のように単位が「樽」で表記されているためグラム換算できない場合もある。よって、年次ごとの輸入量の多寡を比較することは困難である。しかし、単位が「斤」で表記されている数値のみに注目してみても、「砂糖漬」菓子が大量に輸入されていたことは明白である。すなわち、近世の日本において砂糖で漬け込んだ菓子がかなり流通していたと考えられる。

二　琉球における砂糖菓子

図２　沖縄県の伝統菓子
左：橘餅（九年母と砂糖を混ぜ、表面に砂糖を塗ったもの）
右：冬瓜漬（冬瓜を甘く煮て表面に砂糖をまぶしたもの）

(1)伝統菓子・桔餅

次に、中国に向けられたもう一方の窓口である琉球についてみてみよう。幕末に来航した異国人は「琉球の人々は、砂糖を茶やその他の飲料に入れて使わず、それで、シロップや甘い菓子や、糖菓、くるみ入り菓子や粟おこしなどを作る[28]」と述べている。すなわち、砂糖の利用法は菓子が中心であったことが確認できる。

沖縄県の希少な伝統菓子に、「桔餅（きっぱん）（橘餅）」がある（図２）。柑橘類を砂糖で煮つめ、さらに表面に砂糖をまぶして仕上げたものだが、中国福州から伝わった琉球王国時代から続く銘菓である。元来、砂糖で漬ける行為は防腐を目的としており、気温の高い琉球・沖縄でも最初は保存菓子として、桔餅が普及したと思われる。

歴史的に桔餅を見てみると、琉球では一八世紀半ばに存在していたことが、戸部良凞の『大島筆記』から確認できる。土佐藩の儒学者である戸部が、一七六二年（宝暦一二）に漂着してきた琉球船の乗組員に訊問した内容をまとめたものである。これによると、「九年母の砂糖漬を桔餅と云。唐音なり此製方琉國に絶たりしを、十二三年前本唐にて潮平習ひたる由也[29]」と書かれている。すなわち、「九年母」の砂糖漬が桔餅で、その製法は一二〜一三年前に、この漂着船の乗組員でもある潮平が中国で習ったものらしいとのことである。「九年母（クニブ）」とは沖縄地方産の柑橘類で、『中山伝信録』巻第六の「果実」の項目でも紹介され、『大島筆記』では「多し」と書かれている[30]。漂着船の乗組員が中国で習ってそれを広めたという記述には疑わしい点があるが、少なくともこの時点で桔餅が琉球に存在していたことは確実である。

桔餅の具体的な消費実態については、上級士族の日記である『伊江親方日々記』によって確認できる。一八〇九年（嘉慶一四）六月二九日に、伊江親方は葉牡丹一鉢をもらった御礼として「半山茶一包・桔餅一五個・氷砂糖一斤半」を湛長老に贈答した[31]。また、一八一六年（嘉慶二一）八月二日にも服忌中の与那城按司に対して、「唐茶一包・和茶一包・桔餅」を見舞いとして贈っている[32]。いずれの事例も茶とあわせて砂糖菓子を贈っているところに、伊江親方の心配りが感じられよう。

以上のように、贈答品として桔餅が使用されている点からも、琉球国内での消費需要の高まりがうかがえる。

（2）砂糖菓子の入手ルート

ところで、琉球で流通した菓子は「桔餅」のみではない。近世期には「江戸上り」と称する使節が一八回も派遣されている。また鹿児島には「琉球館」と称する、常時、琉球役人が滞在する出先機関が設けられた[33]。これらを通じて、近世日本で流通していた菓子類も入ってきたのである。

先ほどの伊江親方の日記を見ていると、「高麗餅・蜜柑餅・ようかん・かすてら」などの菓子が、墓前にしばしば供えられている[34]。なお、一八五七年（咸豊七）に八重山などの南島では簡素にすることが定められ、墓前に「高麗餅」などを供える風習を厳重に取り締まっているという[35]。ちなみに、この高麗餅も一八八五年（明治一八）になると沖縄で製造されており[36]、中国経由だけでなく日本から入った菓子文化も琉球・沖縄で根をおろし普及した。九州産と見られるこれらの菓子を、おそらく伊江親方は薩摩（現在の鹿児島県）に赴任している息子を通じて入手したのであろう。日本の菓子文化が琉球に拡がっていたことは明らかである。

琉球は薩摩と中国の両属関係を背景にして日本の物品だけでなく、さまざまな唐物（中国商品）も入手していた。このことは、『清代中琉關係檔案選編』に収められた清朝海関（税関）の「清単」（物品リスト）からも明らかである。なお、この貿易史料は従来、絹織物など反物の交易について利用されることが多かった。しかし食品類の輸出入についても記録されており、一八～一九世紀の中国・琉球間の食文化交流についても軽視できない史料である。

この中から、砂糖に関わる商品を一覧にしたのが表3である。ここからまず、白砂糖については継続して輸入されていたことがわかる。琉球で生産されるのは黒砂糖のため、白砂糖は専ら輸入に頼っていたのである。先述した『大島筆記』にも「黒砂糖　夥しく出す、上中下あり、上品は献上と定む[37]」と記されている。琉球で多く製する黒砂糖の品質は上・中・下と分かれ、上級品は献上用と決まっていたようだ。おそらく、王府や薩摩藩に献上する上級品を除いた中級・下級の黒砂糖が、「砂糖漬」などの菓子に使用されたのだろう。

表3　琉球における中国からの糖類輸入品数量一覧

（単位：斤）

西　暦	1767	1774	1775	1776	1777	1778	1803	1821
中国暦	乾隆32.10.24	乾隆39.1.8	乾隆40.2.9	乾隆41.1.20	乾隆42.2.6	乾隆43.2.13	嘉慶8.6.1	嘉慶26.8.29
白糖	15,120	19,700	8,700	21,600	11,300	22,060	1,300	11,906
氷糖	5,500	8,250	3,800	8,800		10,400	400	
蜂蜜	1,400			350	200			
蜜浸糖菓	850							
蜜浸糖料		1,500	400	2,800	1,100	1,050	300	
冬蜜		80						
蜜			300					
烏糖								
桔餅	3,850							
橘餅		6,100	2,480	10,000				

西　暦	1822	1824	1825	1826	1830	1831	1832	1836
中国暦	道光2.5.19	道光4.5.28	道光5.5.28	道光6.6.4	道光10.6.26	道光11.6.12	道光12.7.12	道光16.8.28
白糖	6,108	12,779	16,960	12,410	8,862	23,260		13,000
氷糖							2,950	
蜂蜜								
蜜浸糖菓								
蜜浸糖料								
冬蜜								
蜜								
烏糖							256,350	
桔餅								
橘餅								

西　暦	1837	1838	1839	1840	1842	1843	1844	1849
中国暦	道光17.8.28	道光18.8.28	道光19.9.4	道光20.9.6	道光22.9.5	道光23.9.5	道光24.7.5	道光29.9.17
白糖	65,300	28,050	39,150	64,700	13,070	23,550	17,555	27,380
氷糖								
蜂蜜								
蜜浸糖菓								
蜜浸糖料								
冬蜜								
蜜								
烏糖								
桔餅								
橘餅								

西　暦	1850	1853	1854	1855	1856	1858	1860	1875
中国暦	道光30.10.22	咸豊3.7.17	咸豊4.8.24	咸豊5.9.19	咸豊6.9.21	咸豊8.9.12	咸豊10.10.24	光緒元 .9.16
白糖	62,825	27,650	38,450	33,450	11,020	11,825	11,250	32,700
氷糖								
蜂蜜								
蜜浸糖菓								
蜜浸糖料								
冬蜜								
蜜								
烏糖								
桔餅								
橘餅								

注：中國第一歴史檔案館編『清代中琉關係檔案選編』(中華書局、1993年)所収「清単」より作成

この表で注目したいのが、「蜜浸糖菓（料）」「桔餅」など砂糖の加工菓子類が一九世紀に入るとほとんど見られなくなる点である。先にあげた伊江親方の日記にも見られるように、琉球国内では一九世紀以降も「桔餅」の消費事実が確認できる。このことから、『伊江親方日々記』に出てきた「桔餅」は琉球製と推測される。すなわち、一九世紀になると輸入に頼らず、琉球国内で砂糖菓子を製産していた状況が読み取れる。

(3) 冊封使と菓子

輸入品を国産化していくためにはどのような商品であれ、その技術を習得する必要がある。琉球は清朝の期間だけでもおよそ一二〇回にわたり、朝貢使節を北京に派遣している。逆に中国からは、琉球国王が死去すると、次の世子を冊封するための使節―いわゆる「冊封使」―が八回渡来している。このような中国との交流が、琉球における食文化の浸透にも影響を与えたことは間違いない。

琉球国王にとって冊封はまさに一世一代のメインイベントである。その使節一行に対して、諭祭宴・冊封宴・中秋宴・重陽宴・餞別宴・拝辞宴・望舟宴と、国王主催の宴が七回おこなわれることが定例であった。冊封使を接待する宴席料理を御冠船料理といい、種類・量も豊富で、高級食材が用いられた。

一五三四年（嘉靖一三）の『使琉球録』には「不能自製也、皆仮予等所帯庖人為之」とあり、琉球人は料理ができず、冊封使と一緒に来航した料理人が作ると書かれている[38]。すなわち、一六世紀半ばまでは冊封使に随行した中国人料理人を雇って作らせていた。饗応にあたっては珍しい料理を用意することも大事だが、同時に相手の嗜好に合わせた準備も必要であったからだろう（朝鮮通信使に対しても対馬の国元や江戸藩邸での饗応にさいして、小麦粉などをこねて油で揚げ、蜂蜜にひたした朝鮮半島の伝統菓子「くわすり」が出されている[39]）。その後、振舞奉行の役人が中国料理を習得し、冊封の宴席料理を作るようになった。

菓子類についても、当初は冊封使に随行した職人によって宴席は彩られた。明代の冊封使の記録には「糕（こう）」という菓子が記されていて、これが沖縄県の代表的な土産品「ちんすこう」のルーツになっているという。[40] すなわち、中国の影響を受けた菓子といえる。琉球では、中国料理を基本に日本の料理を取り入れながら宴席料理を完成させていったのだろう。

いつからかは不明だが、冊封使を接待する宴席料理の中に砂糖菓子「桔餅」も存在するようになった。一九世紀については、「琉球冊封使一件」（一八〇八年）や「琉球冠船記録」（一八六六年）などからその献立が判明する。一八〇八年（嘉慶一三）の場合を見てみよう。[41] 冊封船は六月一五日に渡来し、八月一日に冊封儀式が執行され、一〇月一〇日に帰途に就いた。その間、定例通り七回の宴が催されるわけだが、その献立に氷砂糖や砂糖に漬けた生姜などとともに「桔餅」が見られる。また、この献立について「七宴とも大概同格」と、毎回同じような内容だったことも記されている。一方、一八六六年（同治五）の御冠船料理の献立を見ても、菓子類一六種の中に「桔餅」を確認できる。[42]「桔餅」は恒常的に献立に組み込まれていたのであろう。

なお、冊封使一行は四〇〇人を超す大所帯であり、一〇〇日以上の滞在期間となる。よって冊封使の日々の食事では、米・小麦粉・味噌などの調味料や豆腐・泡盛・魚肉などは準備されているが、砂糖菓子までは見られない。[43]

（4）薩摩への伝播

「砂糖漬」[44] 菓子の文化は琉球を通じて薩摩へ、そしてさらには近世の日本へも拡がっていった。次の史料を見ておこう。

砂糖漬之義も御蔵御在合無之市中細々為致探索候処、乍漸張紙之通御買入相調、当夏琉球登船入津いたし候

得は過分持渡も可有之候得共、此節は右通御買入ニて近々大廻船富安丸出帆ニ付、右へ積入候筋取計申候、右ニ付ては不足分は当夏御買入等を以差上候様可仕哉否其内承知仕度（中略）此旨御報旁申越候、以上。

四月三日　　福崎助八

竪山武兵衛殿

右へ張紙を以左之通、

一天門冬漬　拾六斤

一冬瓜漬　弐拾六斤

一生姜漬　拾弐斤

一九年母漬　五拾斤

一八五六年（安政三）、薩摩藩の蔵に「砂糖漬」の在庫が無くなり、鹿児島市中を探索することになった。その結果、「天門冬漬」一六斤、「冬瓜漬」二六斤、「生姜漬」一二斤と「九年母漬」五〇斤を見つけることができた(45)。この夏に渡ってくる琉球船が「砂糖漬」菓子を十分に持参するはずだから、不足分はその時に補うので、とりあえず今回は見つけたこれらの品々を買い入れておき、近々出航する富安丸に積み入れることにしたという。

ここで登場する天門冬（クサスギカズラの根）は薩摩・琉球などの南方だけでなく、関東でも菓子に利用されていた。文政から天保期に成立したと思われる作者未詳の『甘蔗植付并苅取種作仕方書』には、武州における紀州伝来の甘蔗の植え付け法と砂糖菓子製法について記されている(46)。この中では「天門冬砂糖漬」「佛手柑砂糖漬」「金柑蜜漬」「冬瓜漬」「蜜柑漬」の仕方が記されている。中でも「天門冬砂糖漬」は八日間かけて作られるものだった。初めの五日間で何度も水を替えながら苦味をとり、六日目からようやく蜜を替えながら漬け込んでいき、八日目に砂糖をまぶして完成させる。かなり手間のかかる菓子だったことがわかる。

このような製法書が必要となる背景には、幕藩制社会における砂糖菓子の絶対的な需要があったからである。このことは次の史料からもうかがえる(47)。

砂糖漬佛手柑植増培養方之儀申上候書付

砂糖漬佛手柑之儀江府江例年御調進御用ニ相成候処、当卯年之儀者上ヶ切御品不足仕候間、来辰年秋ニ不相成候而者御間ニ合兼候儀、御代官高木作右衛門申立候、然ル処右佛手柑之儀者肥後国天草郡天草嶋之内阿村并肥前国高来郡河原村与申地ニ植付有之、年々其地より取寄砂糖漬ニ相製調進御用ニ相成候趣及承候、何卒江府御間欠ニ相成不申様、当地之内土味宜敷暖地之場所相撰数百株御植付被仰付、其上奥橘之甚木(ママ)ニ呼継致し候ハヽ、追々数千株ニ植殖培養方等仕候ハヽ、年々御調進御用御間欠ニ相成申間敷、格別御用弁宜敷且又御用残之分有之候節者、御払ニ相成可然候与奉存候、砂糖漬佛手柑製法植付培養方之儀、別紙相認差上可申候、以上。

卯閏九月

これまで、肥前・肥後など九州から取り寄せていた砂糖漬菓子の材料である「佛手柑」(インド原産のみかんの一種)が、翌年秋までには品不足になるとの報告が長崎代官高木作右衛門からあった。そこで、江戸での供給に支障をきたさないよう武州の暖かい土地を選び、培養するようにとの指示が出されている。砂糖菓子を確保するために、材料の調達にも注意を払っていた。

薩摩藩でも同じく琉球から「砂糖漬」菓子を入手するだけでなく、自らも柑橘類を甘く加工した菓子を生産していた。その一つが、鹿児島県の伝統銘菓である「文旦漬」である。文旦は鹿児島県の特産品であり、直径二〇センチ前後と夏蜜柑よりも大きい。長崎においては「ザボン漬」が輸入されたが、文旦は「ザボン」の一種で、中国福建省漳州などで生産された。主にその皮を砂糖で漬けたものが「文旦漬」である。

ここで、文旦が薩摩へ伝来した経緯について説明しよう[48]。安永年間（一七七二〜一七八一）に、広東人の謝文旦一行の中国船が暴風を受けて薩摩領内に漂着した。滞在中の通訳にあたった原田善右衛門は、御礼として中国人から珍しい果物の種子を入手した。原田はすぐにその種子を植え、中国人の名にちなんで「文旦」と名づけたという。

さらに、薩摩では砂糖だけでなく蜂蜜も菓子に利用されている[49]。

齊彬公時代、山川・佐多等ノ御薬園ニ産シタル茘枝実ヲ小枝ナカラ折リ取ラセ、鹿児島ニ致サセ、之ヲ四郎等カ局則外ト御庭内動植物館内製煉所ニ於テ、蜂蜜ニ浸漬シ、京都・江戸ニ送致セリ、京都ニ於テハ近衛家其他高貴ノ御方ヘモ御内献アリタリト、或ハ幕府ヘ献上、或ハ御親戚或ハ御懇交ノ大小名ニ御贈進ニナリタリトソ、如斯ノコト連年ナリキ（後略）

一九世紀半ばの島津斉彬が藩主をつとめた時代には、薩摩の山川や佐多の薬園で採取された茘枝や龍眼の実を領内の製煉所で蜂蜜に浸し、それを京都や江戸に送っていた。この蜜に漬け込んだ菓子は、朝廷や近衛家、幕府、そして島津の親戚筋や懇意の大名などへの贈答品とされたようだ[50]。そして、このような贈答行為は毎年のようにおこなっていたという。砂糖はもともと高価な貴重品で、それを使った菓子が権威を持ち、贈答品として意味を持った。

なお、蜂蜜に漬ける方法について「蜜漬ノ仕方ハ瓦羅斯ノ壜ニ詰メ、蜂蜜ヲ注キ、而シテ壜口ヲ蜜封シ、空気ノ入ラサル様ニス」と、ガラスの瓶に柑橘類を詰め、そこに蜂蜜を注ぎ、空気が入らないように瓶の口を密封することも指示されている。

薩摩藩にとって奄美や琉球からの黒砂糖は貴重な財源であるため、贈答品の材料にはそれを使わず、元手のかからない蜂蜜を使用していた可能性も考えられる。ともあれ、琉球から入った食文化が薩摩で受容され、その風土にあわせて変化し、近世の日本へと拡大していったのである。

おわりに

明治期の近代日本の形成は、さまざまな社会変革をもたらした。新たに統一された日本を国民に啓蒙すること、何より欧米との遅れを取り戻すべく国内産業の振興を目的に、内国勧業博覧会が催された。この初期の博覧会から、琉球・沖縄について最後に見てみよう。

まず一八七七年（明治一〇）の第一回内国勧業博覧会は琉球処分の時期であり、沖縄県ではなく「琉球藩」として出品している(51)。この時は加工品よりも植物類が多かった。一八八一年（明治一四）の第二回からは「沖縄県」として参加している(52)。この中の第五区第五類を見ると、黒砂糖が伊江島を含めて三〇間切（まぎり）から出品されている。注目したいのが、一八九〇年（明治二三）の第三回内国勧業博覧会である(53)。第三部第三類には黒砂糖と赤砂糖・散糖・白下糖・白砂糖の出品者二九八人が見られる。多様な種類の砂糖が出品されていたのである。さらに、那覇西村の桔餅が二件出品されており、冬瓜の砂糖漬と説明されている。沖縄の代表産物と認識されているからこそ博覧会に出品されるわけで、中国渡りの舶来菓子がこの時期には伝統菓子として浸透していたことが読み取れる(54)。

本論を通して、次の点が明らかになった。

第一に、琉球は日中双方の影響を受けながら食文化を形成していた。琉球に滞在する冊封使一行の宴席料理や日常の食事の世話、あるいは進貢貿易や修学のために官生として琉球人が中国に滞在するなど、中国文化に触れる機会はたびたび存在する。その結果、食文化も琉球に浸透することになった。一方、一六〇九年（慶長一四）の琉球侵攻以降、鹿児島には琉球館がおかれ、琉球には在番奉行が派遣される。また、一六三四年（寛永一一）から一八五〇年（嘉永三）までの一八回にわたる「江戸上り」は、日本の食文化が琉球に根付く格好の機会となった。異国と接触しながら、生活を豊かにするために相手の文化を取り入れていったのである。

第二に、このような「境界領域」であるからこそ、相手の文化を模倣し、さらには独自のものとして展開させた。長崎の「砂糖漬」菓子については、一部で国内生産の動きが見られるものの、本論で見たように継続して輸入されていることから、主として海外からの商品で需要をまかなっていたと考えられる。しかし琉球では、消費の事実が確認できるにもかかわらず、途中から輸入実態を確認できなくなる。すなわち、琉球はモノの輸入と同時に、その生産技術をも輸入していたと考えられる。そうして「砂糖漬」菓子を、輸入品から「国産品」へと転化させることに成功したのであろう。

もちろん、これは「砂糖漬」菓子だけでなく、紙や茶など他の商品にもあてはまる琉球の特質である[55]。まさに、このような技術輸入が可能である点こそ、東アジアにおける近世琉球の「境界性」を示す大きな特徴といってよいだろう。

（1）鑑真は日本出発にあたって、石蜜（砂糖きびの絞り汁を煎じ固めたもの）、蔗糖（砂糖きびの絞り汁をあめ状にしたもの）、蜂蜜一〇斤、甘蔗（砂糖きび）八〇束を準備した。鑑真『唐大和上東征伝』（『大乗仏典』第一六巻、中央公論社、一九九〇年、二六二頁）。

（2）近代に入ると台湾での砂糖生産が進み、日本は再び砂糖貿易に目を向けることとなった。平井健介「一九〇〇～一九二〇年代東アジアにおける砂糖貿易と台湾糖」（『社会経済史学』七三巻一号、二〇〇七年）は、東アジアの砂糖貿易を通して日本領有期の台湾と東アジアの関係を解明している。台湾における砂糖生産と社会への影響については、林満紅『茶、糖、樟脳業與臺灣之社會經濟變遷、一八六〇—一八九五』（聯經出版事業公司、一九九七年）が詳しい。一方、近代日本の製糖業の概略については、岩重荘二「砂糖と菓子」（大塚力編『食生活近代史』雄山閣出版、一九六九年）で述べられている。

（3）砂糖の輸入・生産は和菓子文化の発達を促し、菓子の種類を増やした。例えば、一五五〇年（天文一九）に来航したポルトガル船が平戸領主にカステラを献上し、一五六二年（永禄五）にその製法が伝わったといわれている。このような輸入菓子の国産化に砂糖は必要不可欠であった。
（4）木村喜之『砂糖製作記』（『復刻 日本科学古典全書』第一一巻、朝日新聞社、一九七八年）。
（5）『鹿児島県史料 斉彬公史料』第一巻、四五七頁。
（6）岡光夫「砂糖」（永原慶二・山口啓二編『講座・日本技術の社会史』第一巻、日本評論社、一九八三年）二八九頁。
（7）岩生成一「江戸時代の砂糖貿易について」（『日本学士院紀要』第三一巻第一号、一九七三年）。
（8）小山幸伸「国産化問題と幕末期の輸出入品について」（『幕末維新期長崎の市場構造』、御茶の水書房、二〇〇六年）。
（9）八百啓介『近世オランダ貿易と鎖国』（吉川弘文館、一九九八年）。
（10）八百啓介「一八世紀後半の長崎貿易における盈物砂糖の流通について」（『九州史学』第一二一号、一九九八年）。
（11）松下志朗『近世奄美の支配と社会』（第一書房、一九八三年）。
（12）原口虎雄「薩摩の砂糖」（藤野保編『九州と生産・流通』、国書刊行会、一九八五年）。
（13）弓削政己「近世奄美船の砂糖樽交易と漂着」（『琉球王国評定所文書』第一〇巻、浦添市教育委員会、一九九四年）。
（14）真栄平房昭「砂糖をめぐる生産・流通・貿易史」（斎藤善之編『新しい近世史③ 市場と民間社会』、新人物往来社、一九九六年）。
（15）沖縄の食文化については、日本や中国と比較しながら食文化の影響について述べた、金城須美子「沖縄の食文化――料理文化の特徴と系譜」（比嘉政夫編『海洋文化論』、凱風社、一九九三年）がある。
（16）一七六一年に京都で刊行された『古今名物御前菓子図式』には、和菓子に利用する砂糖蜜の作り方が次のように記されている。「太白砂糖一貫目（三・七五キログラム）に、山の芋二〇〇匁（七五〇グラム）の皮をむき、すりおろしてよくまぜ合わせ、四五〇匁の水を少しずつ入れて砂糖を溶かし、これを火にかけて煮立て、火からおろしてしばらくおくと、あくが固まって上に浮く。それを金属製の網杓子ですくい取り、さらに一度煮立てて残りのあくが浮き上がったのを取り除き、布漉しにして壺に貯蔵して使う」（『近世菓子製法書集成』Ⅰ、平凡社東洋文庫、一五六頁）。
（17）シドニー・W・ミンツ『甘さと権力――砂糖が語る近代史』（平凡社、一九八八年）一六八頁。
（18）同右、一八一頁。
（19）中国の食文化史を探る上で参考になるのが、一七九二年頃に成立した袁枚の『隨園食単』である。これは中国の詩人である袁枚が実際に口にしたものについてまとめたものである。この中の「点心単」では「糕（もち）」「團（だんご）」類は紹介されているが、「蜜漬」の食品は見られない（王英志主編『袁枚全集 伍』、江蘇古籍出版社、一九九〇年）。

(20) 篠田統『中国食物史』（柴田書店、一九七四年）一六一頁。

(21) 同右、一七九頁。

(22) リンスホーテン『東方案内記』（『大航海時代叢書 第一期』八巻、岩波書店、一九六八年）四八三頁。

(23) 『天保雑記』（内閣文庫所蔵史籍叢刊三三巻、汲古書院、一九八三年）三三四頁。

(24) 一七九九年（寛政一一）に刊行された、長崎に渡来した清国商人に社会風俗などについて聞き取り、長崎奉行である中川忠英が監修した調査記録として『清俗紀聞』がある。それを見ると、宴会料理の部の点心類に「桂円湯」「扁豆湯」が紹介されている。それぞれ竜眼肉・隠元豆を氷砂糖湯で煮たものである。中国国内でも一八世紀末のこの時期、もてなし料理の一品に砂糖を使った菓子類が存在していた（中川忠英『清俗紀聞』2、平凡社東洋文庫、一九六六年、巻之四 一一一頁）。『長崎市史 風俗編』（六四九頁）の卓袱料理の部分でも、果実と蔬菜の蜜漬菓子について、その素材となるものが紹介されている。

(25) 片桐一男「島原藩主が『蘭館』『唐館』で受けた饗応」（青山学院大学東洋史論集編集委員会『東アジア世界史の展開』、汲古書院、一九九四年）三九三頁。

(26) 日蘭学会編『長崎オランダ商館日記』第一巻、二〇三頁。

(27) 「ザボン漬」の製法は、一説には一六六七年（寛文七）にザボンと一緒に中国から長崎に入ったといわれている。現在でも、ザボンの皮と白いワタの部分を甘く煮て砂糖をまぶした、長崎銘菓「朱欒（ザボン）漬」としてその名を確認することができる。

(28) 須藤利一『異国船来琉記』（法政大学出版局、一九七四年）一六七頁。

(29) 戸部良凞『大島筆記』（『日本庶民生活史料集成』第一巻、三一書房）三六四頁。

(30) 同右、三五九頁。

(31) 『沖縄県史資料編7 伊江親方日々記』（沖縄県教育委員会、一九九一年）二一〇頁。

(32) 同右、四八一頁。

(33) 「琉球館文書」（『那覇市史』資料編第一巻二）によって、砂糖をめぐる鹿児島琉球館と薩摩藩の交渉が浮かびあがる。仲原善忠「砂糖の来歴」（『仲原善忠全集』第一巻、沖縄タイムス社、一九七七年）三〇三頁。

(34) 高麗餅は「これもち」などと呼ばれ、餡・砂糖・もち米を材料とする蒸し菓子で、現在でも鹿児島県の銘菓の一つである。慶長年間の朝鮮征伐に参加した島津義弘が高麗人を連行し、領内で作らせたことに始まったという。蜜柑餅は餅と水あめを練って蜜柑の果汁を加えたもので、現在、鹿児島の銘菓である「ぼんたん飴」の原型かと推測される。

(35) 前掲注(15)二二五頁。

(36) 金城須美子編『宮良殿内・石垣殿内の膳府日記』(九州大学出版会、一九九五年)を見ると、高麗餅がしばしば登場する。一八九一年(明治二四)の宮城家三三年忌の膳に「真高麗」の菓子が出されたことが『八重山生活誌』に紹介されている(赤井達郎『菓子の文化誌』、河原書店、二〇〇五年、二二二頁)。

(37) 前掲注(29)三五八頁。

(38) 原田禹雄訳注『陳侃 使琉球録』(榕樹社、一九九五年)一八二頁。

(39) 橋爪伸子「埋もれた朝鮮菓子――「くわすり」を事例として――」(『風俗史学』第三三号、二〇〇六年)。

(40) 原田禹雄『琉球と中国』(吉川弘文館、二〇〇三年)一三四頁。川満直樹「沖縄の代表的な菓子土産〝ちんすこう〟」(『市場史研究』第二七号、二〇〇七年、六八頁)によると、蒸し菓子「チールンコウ」が明治期に「ちんすこう」という焼き菓子になったという。

(41) 『通交一覧』第一巻、二六八～二八一頁。

(42) 前掲注(35)二三七頁。

(43) 『中山伝信録』巻第二。

(44) 『鹿児島県史料 齊彬公史料』第四巻、六七九頁。

(45) 寺島良安『和漢三才図会』の中で「蜜柑・仏手柑・天門冬・生姜・冬瓜の類は、みな沙糖に漬けて菓子にする」とあり、これらの食品が一七一〇年頃にはすでに砂糖漬の菓子として有名であったことは明らかである(寺島良安『和漢三才図会』第一八巻、平凡社東洋文庫、二四四頁)。

(46) 財団法人武田科学振興財団杏雨書屋所蔵『甘蔗植付并苅取種作仕方書』。

(47) 同右。

(48) 鈴木宗康『諸国名物菓子』(河原書店、一九四一年)二六六頁。なお、引用文献は「原田善右衛門」となっているが、「原田喜右衛門」とする説もある。

(49) 『鹿児島県史料 斉彬公史料』第一巻、七〇四頁。

（50）『宝暦武鑑』（一七六二年）には、九州各藩の献上品として「砂糖漬」がある。江後迪子「江戸時代の九州の菓子」（『和菓子』第四号、一九九七年）参照。
（51）『明治前期産業発達史資料　勧業博覧会資料』第一八八巻。
（52）『明治前期産業発達史資料　勧業博覧会資料』第一七〇巻。
（53）『明治前期産業発達史資料　勧業博覧会資料』第一四一巻。
（54）一八九五年（明治二八）の第四回では桔餅は登場していない（『明治前期産業発達史資料　勧業博覧会資料』第八〇巻）。
（55）科学研究費補助金基盤研究(C)「琉球を中心とした東アジアにおける物流構造」（真栄平房昭代表）。

近代日清関係の形成――一八六〇～七〇年代――

閻　立

はじめに

古来、中国と周辺地域との関係は「華」と「夷」の関係であった。周辺の「夷」の国々が中国の「華」を慕い、中国へ貢物を捧げ（朝貢）、これに対し皇帝はその貢物を上回る回賜を与え、首長を国王に任命する（冊封）といった朝貢体制は、清朝になっても基本的に継承されていた。

しかし、アヘン戦争以後、清朝政府と西洋列強国の間で不平等条約が結ばれ、新しい外交体制―条約体制が形成された。英・仏・露・米などいわゆる「条約国」は条約内容にしたがって北京に公使館が開かれ、各条約港で貿易が行われていた。このような条約国は清朝において政治的経済的な特権を持っていた。

一方、アヘン戦争以前、広東で貿易を行っており、その後、清朝政府と条約を結んでいない他の西洋諸国は、条約国のように政治的な特権を持っていないが、各条約港での貿易は許可されていた。言い換えればこれらの国は「無条約通商国」であった。

清朝政府は「条約国」と「無条約通商国」の事務を管轄するために、一八六一年に北京で総理衙門を設置した。こうして清朝の外交は朝貢体制に条約体制が重なった重層的な外交になっていた。

こういった状況の中で、日本の位置づけは非常に曖昧であった。周知のように江戸幕府は鎖国政策をとったため、清朝との往来は琉球経由と長崎へ来た清朝商人によって行われていた。したがって、日本は朝貢国でもなく、条約国および無条約通商国でもなかった。近代日清関係が再開されるさい、日本の位置づけについて清朝官僚は非常に悩んでいた。

近代における日清両国の関係は、一八六二年の江戸幕府による上海派遣から始まった。そこから一八六八年まで幕府は武士を上海へ数回にわたって派遣したり書簡を出したりして、清朝との通商などを要請した。これに対し、清朝官僚の間ではさまざまな意見が示されていたが、数年にわたった日本の要請に対し結局、清朝政府は明確な意思を示していなかったのである。

明治維新後、一八七〇年に明治政府は清朝に条約締結を申し込み、清朝では洋務派の中心人物である李鴻章と曾国藩などが反対意見を抑え、総理衙門を説得し、一八七一年九月に日清修好条規を調印した。

一八六〇年代から七〇年代まで朝貢体制と条約体制という二重体制が並存した清朝は、東アジアにある日本とどのように近代的な国家関係を結んだのかを明確にするのが本稿の目的である。

一　通商をめぐる日清交渉

(1)千歳丸の場合

一八五八年に欧米諸国と一連の条約が締結された後、日本では物価が高騰し経済的困窮に陥っていた。幕府はこの事態に対処するため、開港場で対外貿易を行う従来の方法から日本を出て貿易を行うやり方へ方向転換を試みた。長崎を通じた対清関係をもとに、まず上海をその足がかりとしたのである。

一八六二年五月二五日に、幕府勘定吟味役の根立助七郎を筆頭に、長崎奉行から調べ役の沼間平八郎、唐通詞と蘭通詞が七名、萩・薩摩・佐賀藩から、高杉晋作・五代才助・中牟田倉之助など、時の精鋭一〇余名が加わった日本人五一名、イギリス人一五名、オランダ人一名の総勢六七名が、なまこ、ふかひれ、昆布、アワビ、漆器、扇子などを載せ、千歳丸で長崎を出帆し、六月三日に上海へ到着した。五日にはオランダ領事とともに上海道台の呉煦を訪問したさいに、「オランダ商人によって税関の申請、検査、納税、輸入などの手続きをし、試験的に貿易を行いたいので、上海で売買の許可を求める」と要請した。(1)

日本側の要求に対し呉煦は「天朝が遠人を懐柔（かいじゅう）する意」を示し、臨時的措置としてオランダ商人の貨物として販売する許可を下したが、最後に、「次回からこのような軽率な行動を止めること」と命令した。(2)

一方、条約港口の事務を全般担当する五口通商大臣の薛煥は、呉煦から千歳丸の来航のことを知り、彼は「日本は通商各国の中に入っておらず、今まで中国へ来て貿易を行ったことはない。オランダは無条約通商国なのに、日本の商人らを伴い貿易を行うようなことが始まれば、貿易を独占する弊害（「包攬之弊」）を招く恐れがある。将来、各国が相次いでそのような真似をしたらどうやって止めるのか。次第に広まる可能性を防ぐ必要がある」との意見を述べている。(3)

そして総理衙門は、薛煥から報告を受けて今回の日本への対応を「極めて適切である」と肯定した。ただし、「海外の小国が非常に多いので、万が一その話を聞いて相次いでやってくれば、明確に調べて対応する方策がない。呉煦に厳しく命じて、今後、各国の商船が来航するとき、必ず的確に調査し、できるだけ適切に取り扱わせよ。各国に日本の真似をさせないためにも非常に重要である」との指示を出した。(4)

結局、太平天国の軍隊が上海に進出したため、日本の貨物の売れ行きが不振であった。日本の使節は呉煦と会談し、今後安定状態に回復したのちに上海での通商を要求すると申し入れた。

この通商要求を聞いた呉煦は「中国商人が日本で銅を購入したことはあるが、これまで日本の商船が来航したことはなかった。したがって、日本は各港で通商する諸国の仲間には入らない。よって従来通りにすべきで、願いをすぐに受け入れることはできない」と日本側の要求を却下した[5]。

呉煦は口頭で日本の通商の要求を断ったが、しかし五口通商大臣の薛煥に書いた報告書の中で、「日本国の商船は西洋の無条約国の章程を参考にし、上海のみでの通商許可を上奏できるか」と提案した[6]。そのほか、上海で貿易を行っている条約国（七カ国）と無条約国（九カ国）のリストも提出した。

呉煦の報告を受けてから薛煥と、当時、江蘇巡撫を務めていた李鴻章は、呉煦の報告書を総理衙門へ転送し、具体的な意見を出さなかった。この報告を受けた総理衙門は薛煥に対して「通商の弊害があるかどうかの質問に対して、総理衙門は当て推量で答えることはできないが、しかし時勢をよく考えて、状況を調べ、適切に取り扱うこと、しかもどのように取り扱ったのかを急ぎ詳しく総理衙門に報告するように」と曖昧な指示を出した[7]。

上海での通商許可をもらわないまま、日本側一行は一八六二年八月一日に上海から帰国した。帰国する前に、「もし拒否された場合でもオランダ領事に知らせてほしい。改めて公使を派遣し要請しにくる」という伝言を残した[8]。

清朝側では、通商の許可について意見が分かれた。呉煦は「日本側は通商だけを求めており、しかも主に上海のみで、他に希望はないのである。また悪巧みもないので、その要請を許可すべきである」と主張している[9]。また、上海での通商方法について「入港と出港の貨物税はすべて海関で徴収する。通関の手続きも西洋無条約国の例に倣って一律に行う。並びに役所の設置を許可し、部屋を貸し滞在させ、日本の通商事務を管理させる。他の東洋諸国は日本を例にしてはならない。また上海滞在の役人が日本商人に勝手に別の港口で貿易しないことを約束させる。これによって制限を示す。それで別に弊害はなかろう」という具体案を提示した[10]。

それに対して、薛煥と李鴻章は「今後全く弊害がないということは確実には信じがたい」という反対意見を出した。[11]そして通商の許可について「まずきっぱりと断って、もし日本の公使が来たらまた適切に取り扱う」と提案し、[12]二人は相変わらず慎重な姿勢を示している。

両者の意見をうけた総理衙門は「外国人は性質が悪賢い。もし要請に応じたら、欲望がどんどん進んで、ほかの開港場に対して野望を抱く恐れがある。しかも無条約の小国は大変多いので、相次いで真似をする恐れもある」と日本に対し不信感を示し、ほかの港口や小国へ弊害を引き起こすことを心配している。[13]一方、「日本は要請に応じられなかったら必ず再三やってくる」と考えている総理衙門は、薛煥と李鴻章に「拘泥しすぎる必要もないし、寛大にしすぎもいけない」と柔軟な対応策を出した。[14]

その後、新任の上海道台の黄芳は日本との通商について意見を発表した。「今後必ず弊害がないとはいえないが、日本側が心をこめて上海通商を希望しているのに急に野望を抱いて他の開港場を要求することはないだろう。もし固く断りすぎるなら日本から公使を派遣し再び要求に来るかもしれない。かえって遠人を懐柔する意を示すことができなくなる。また、各小国は相次いで真似をすることもないとはいえないが、ただこれまで日本と銅船の往来があったので状況は違うだろう。各小国のことはそのときになってまた調べて取り扱うべきである。日本一国だけは、前任の呉道台の提案に従って西洋無条約の例に倣って上海のみで通商し、役所を設けて部屋を借りて役人を滞在させ、自国の事務を処理する。しかし日本側に他の港口で貿易をしてはいけないと説明し、制限を示す必要がある」と、呉煦と同じように「上海港のみの通商」と「役所の設立」に賛成する姿勢を示している。[15]つまり、上海地方官僚は日本を「無条約通商国」とほぼ同様な位置につけたのである。

千歳丸の来航に対して、以上に示した清朝側の対応をまとめてみよう。

当時、国内では太平天国の乱が清朝政府にとって「心腹之患」であり、[16]対外関係では北京条約（一八六〇年）以後、イギリスやフランスは北京で公使館を設立していたため、清朝政府にとって最も「内憂外患」の時期であった。ゆえに、中央政府と上海地方との間で異なった意見が示されていたのである。

千歳丸の来航に対して、最初の段階で、上海道台は朝貢理念に基づいて日本の一回限りの貿易を認めた。一方、五口通商大臣と総理衙門は、これによってほかの「弊害」を引き起こす可能性に警戒心をもっていた。そののち、日本側の上海通商の要求に対して呉煦と黄芳二代にわたる上海道台は同意することを示したが、五口通商大臣と李鴻章は、まずは断り改めて日本公使が来たときに柔軟に対応するという方針を定めた。総理衙門は日本に不信感を抱きながら曖昧な方針をとっていた。つまり、上海道台以外の清朝の官僚らは、とりあえず日本の通商の要求を断る態度をとっていたのである。

前述したように当時、清朝の対外関係において条約国・無条約通商国・朝貢国という三つの構成があった。「上海のみの貿易」を要求した日本は、いずれの枠組みからも外される傾向が少し見えてきた。結局、この「無条約上海通商国」の許可について、清朝側の意見が一致しなかった。

(2)健順丸の場合

一八六四年三月一六日に箱館奉行所から派遣された健順丸が兵庫を出帆し、三月二八日に上海へ到着した。健順丸には軍艦奉行支配組頭格の箱館奉行支配調役並の山口錫次郎、箱館奉行支配の幕吏、箱館の西洋文化・技術・化学などを勉強していた諸術調所の学生、箱館商人など五〇人余りがいた。今回はオランダだけではなく、イギリスにも斡旋を依頼し、この時の上海道台である応宝時と連絡をとった。

日本使節は応宝時を訪問したさい、今回の目的は「海に慣れるため、木造の帆船であちこち歴遊」し、また「商人に頼まれた海藻などの貨物を持ってきて上海で販売したいので、もし通関できれば非常に感謝する。三月末に帰国しなければならないので、船上で滞在することになる」と説明した。[17]

そして応宝時は「急いで貨物を販売し、早く帰国し、上海に長居してはいけない」と日本の使節に命令を出した。[18] 同時に、税務官のイギリス人トーマス（Dick Thomas）に「日本の編号で税関の手続きをすませるように」と指示した。[19]

応宝時は五口通商大臣に山口一行の来訪に関する報告書の中で、「乾隆四十六年に戸部が刊行した『江海関則例』[20] に東洋の商船の入港と出港の税額および商人の取引という条文があり、東洋の商船が上海で貿易するのは禁止されておらず、中国との通商は西洋より早い」と伝え、清朝において日清貿易関係が存在している事実を強調している。[21]

応宝時の報告をうけた五口通商大臣は、別に異議を示さず、その状況を総理衙門に報告した。そして総理衙門は「通関の手続きが完了したかどうかを調べ、急いで貨物を販売し、帰国することを催促する。前例に従って、勝手に長江の各港口に入り、他の港口での通商を図ることは許可しない。これによって制限の意を示す」と指示した。[22]「日本編号」で通関させた件について触れなかった。

健順丸は一八六四年五月一日、上海の黄浦江を出帆し帰国した。今回は滞在期間が短く、しかも清朝側に対して、通商や役所の開設などの要請を一切行わなかった。そこで、上海道台と通商大臣および総理衙門の三者は「早く販売させ早く帰国させる」という一致した意見を持っていた。

ここで注目すべき点が二つある。一つは、応宝時は乾隆年間の則例をとりあげ、日清貿易関係がすでに存在している事実を主張していたことである。これまでの日本との貿易は一方的で、日本側が来ることはないという清朝側の原則が崩れたことになる。つまり、日本を「無条約通商国」として扱うべきである根拠が見つかった。

もう一つは、前回の千歳丸と違って、今回は「日本編号」で海関の手続きを行ったことである。上海道台のこのやり方に対して、五口通商大臣および総理衙門は指摘していない。千歳丸にはイギリス人とオランダ人が乗っていたが、今回の健順丸は全員が日本人であったためかもしれない。「数代にわたる上海道台の動きが日本の突破口を開いていった」と川島真がいうように[23]、日本は通商正式化への道を開いていったのである。

(3)長崎奉行からの書簡

一八六八年二月一七日に、長崎奉行の河津伊豆守からイギリスの領事を通じ、一通の書簡が上海道台の応宝時の手に届いた。

書簡の内容は二点で、一つは千歳丸が上海で歓待を受けたことに対する謝礼と、もう一つは旅券の印章についてである。日本人はヨーロッパへ行くさい、官署から旅券（「路照」）が発行される。旅客を調べるために前もってその旅券の印章を西洋諸国に発送する。これで至る所を安全に通行できる。現在、学術を伝習し、商売のために貴地に居留（「僑寓」）したいという要請が出ているので、今後、このような人物が行った時には、面倒を見てほしい。しかし、何もしないで入ると恐縮するので、旅券の取り調べの印章を上海道台署へ送る、という手紙であった[24]。つまり通商のみではなく、学術を伝習するという内容を増やし、滞在期間についても長期になることを要求した。

これに対して応宝時は「これまでのように上海で通商が終わると直ちに帰国したのと違い、日本人は居留することを要請している。もし居留人が犯罪を起した場合、どのように処置するべきかについては書簡に書かれていない」という不安を示していた[25]。

また、応宝時は「もし通商の要請が強く拒否された場合、日本人は必ず西洋諸国の力を借りて清朝と条約を締結することになる。スペインやイタリアやデンマークと同じようにする」と心配し、そこで彼の提案は、「ここで日本商人との貿易を認めておき、別途、制限（「箝制」）する章程を議定したほうがよい。これだと朝廷の寛大な意を示しながらも、条約国を増やさなくて済む」とのことであった[26]。

応宝時は長期滞在の日本人の犯罪を心配しながらも、日本側の要請を拒否することで条約が結ばれる可能性について予想していた。そこで、彼は通商を利用して日本と「章程」を結び、それによって日本を制限しようと考えていた。この時点において、一部の清朝官僚は日清関係において主導権を握ろうと考えていた。

このとき五口通商大臣を務めていた曾国藩は応宝時に「今回上海で商売する要請があるので、許可するべきである。一方、学術の伝習については何の学術であるかを調べる必要がある。旅券の印章については、西洋通商各国との間にこのような例がないので、総理衙門の指示に従う。もし印章が届いた場合、直ちに受け取らないようにする。しかし、入港することは許可する」というように指示を出した[27]。

そして総理衙門は「もし日本商船は上海のみで貿易をし、長江に入らず、ほかの条約港にも野望を持たないならば、前例がある以上、入港を認める」というように、上海のみの貿易を認める姿勢を示した[28]。

また、通商章程をどのように決めるかについては、三つの選択肢をとりあげた。

(1)例年、無条約各国が上海で貿易している事例を参考にすることができる。

(2)シャム（暹邏）の商船の納税章程を参考にできるかを討論すべきである。

(3)中国の商人が日本で貿易を行うさい、日本は厳しく制限しているらしいが、どのように制限しているのか、中国がそれを参考にできるかどうか、かつて日本と貿易した商人に様子を聞くべきである[29]。

条約国を増やしたくない総理衙門は、日本との間で「章程」を結ぶことに対して異議を示しておらず、その内容については無条約通商国、かつての朝貢国、長崎貿易のやり方を参考にするなどの具体的な指示を出したのである。

清朝側は一か月検討し、四月六日に上海道台の応宝時はイギリス領事に託して返信を日本側へ出した。

手紙の中で応宝時は前回の健順丸の例だけをとりあげて、そのとき長期滞在していなかったと書き、そして学術伝習についてどのような学術を伝習するのか、また中国人について学習するのかそれとも中国人に学術を伝えるのかと尋ねた。そして旅券の印章については引き受けることはできないが、「貴国の人は中国へ来て、もし境に入れば禁を問い、国に入れば俗を問い、中国の規定を守り、中国人と争いがなければよい」とした(30)。

ここで健順丸の例をとりあげたのは、やはり日本人が長期的に滞在することを避けたいためであろう。また、応宝時は最初から心配していた滞在者の犯罪については、手紙の中で「中国の規定を守るように」と警告している。一方、この手紙の中でも通商の許可についてははっきりいわなかった。

すぐに日本から返信が来たが、その中で「学術伝習」の意味については、「学術というものは我が国に益があることならどんな内容にしてもすべて学習したい」、また「印章については、再び上司へ伝えてほしい」とある。そして、日本の国体の変化についても言及した。「いま国の綱領は新しくなり、天皇は自ら政務を統括する」と明治維新のことを伝えた日本側の返信(31)に対して、曾国藩は応宝時に次のように指示を出した。

「学術伝習は中国の教義を受けに来るようなので、実行できる。今後、返信をするさい、明らかに説明すればよい。もし来る人がもっぱら中国の学術を習うのであれば、決して教えるのは惜しまない。逆に中国人に伝授するというならば調べる必要がある。また印章については、シャムに対する方法と同様に船牌を入港、申請、納税の証拠とする方法を採用することも考えられるだろう」と述べている(32)。

以上、長崎奉行から来た手紙に関する清朝側の考えをまとめてみよう。

上海道台の応宝時はまず日本側の長期滞在したい意図を読み取り、日本の要請を認めるなら犯罪のことを考えなければいけないといっている。また、もし日本側の要求を拒否すれば、日本は西洋の力を借りて条約を結ぶことを早い段階から予想していた。そうすると、清朝にとっては条約国が増え、外交の事務が増える一方である。

そこで彼が考えたのは、まず日本と通商して、のちに日本を「制限」する章程を結ぶことを提案したのである。

通商大臣の曾国藩は日本側の手紙に書かれた通商、学術の伝習、旅券の印章を受け取る要求に対して上海での通商は認めたが、学術の内容については確認する必要がある。また旅券の印章については、西洋各国との間でそのようなやり方がないので、受けとることができないと考えていた。彼は通商以外のことに対し難色を示していた。

今回、総理衙門は千歳丸・健順丸のときより具体的な指示をし、とくに「章程」の内容について三つの提案を出した。清朝政府はすでに以前の通商によってもたらされる「弊害」に対する不安という消極的な態度から一転し、対日の主導権を握る方法を模索していた。しかし、それ以後の日清交渉は資料の関係で現在は不明である。

幕末の日本からの来航に対する清朝側の反応について、佐々木揚は「特に千歳丸には高杉晋作など諸藩の藩士が従者として乗り組んでおり、彼らの見聞は幕末日本の中国観に衝撃を与えている。しかしながら清国においては、これらの日本の開国後最初の対中使節団派遣が官僚や知識人に特段の影響を及ぼした形跡はない」と指摘している[33]。確かに以上でとりあげた史料の中では、「鎖国」後二〇〇年以来、初めての日本人の上海訪問と明治維新に対して、清朝側はそれほど政治上における関心を示していなかった。

しかし、一つ注目したいのは、日本を「朝貢国」や「条約国」とは異なる「章程国」に位置づけようとした清朝側の考え方であった。このような日本を制限しようという構想は、次に述べる日清修好条規を締結するさいに影響を与えたといえよう。

二　日清「条規」関係の成立

(1)柳原前光の来訪をめぐって

一八六八年に明治維新が始まった日本は、周辺の地域と新しい関係を結ぶため、一二月に朝鮮へ「書契」、すなわち国書を対馬の宗氏を介して送り、王政復古を朝鮮に通知した。しかし、国書の中に「奉勅」や「皇上」という文字が書かれていたため、[34]朝鮮側は受け取りを断った。朝貢体制下において、これらの表現は宗主国の清朝皇帝のみが使える文字であり、日本がそれを使用するということは、清朝と同格関係となって朝鮮よりも日本の地位が上位になると朝鮮側は捉えたのである。

朝鮮との外交関係を改善するために、日本政府は清朝と「同格」関係を結ぶことを優先する方針を打ち出した。そこで一八七〇年に使節を清朝へ派遣し、条約締結の準備を始めようとしたのである。

一方、清朝では「自強」というスローガンを掲げた洋務運動が約一〇年間行われており、さまざまな西洋の軍事や工業が導入され、外国語学校が設立された。対外関係においては、可能な限り条約内容を守り、条約国との間に協調関係を築き、これまでの無条約通商国との間で相次いで条約を結ぶようになっていた。

しかし、六〇年代後半から自由資本主義は帝国主義へと転換し始め、列強国の間では植民地を獲得するための激しい競争が始まった。清朝内地よりもその辺境地域及び周辺朝貢国の方が緊迫した状況に陥った。具体的には、西北の新疆地域においてはロシアとイギリスの競争が激化し、南の香港はイギリスの侵略拠点となり、西南ではイギリスとフランスがベトナムやビルマを狙うという状況であった。

東側での列強の競争は台湾と朝鮮に集中していた。その間に一八六六年に朝鮮大院君のキリスト教禁止令によってフランス人宣教師九人が処刑されたことで、フランスの軍艦は江華島を攻撃した。いわゆる「丙寅洋擾」

事件である。一八六七年には、アメリカ商船が台湾に漂着し一四人が原住民に殺害される事件が起こり、アメリカの軍艦は台湾南部を砲撃した。一八六九年には樟脳の輸出をめぐってイギリスの軍艦が台南の安平を砲撃した。

このように、一連の事件で清朝官僚の関心は東へと移動した。ちょうどこの時期、明治維新後の日本政府は使節を清朝に派遣し、清朝との条約締結を求め始めた。

一八七〇年九月一日に日本外務権大丞の柳原前光をはじめ随員の花房義質・鄭永寧・名倉信敦・尾里政道からなる一行が長崎を出発し、四日に上海へ到着した。一二日に上海道台の涂宗瀛と面会し、上海に日本在留民を管理する役人をおき、通商することについて会談が行われた。さらに、条約を結ぶ意志を伝えるために、柳原一行は上海で待機するという涂宗瀛からの提案を聞かずに二三日に上海を出港し、天津へ向かった。

柳原一行は九月二八日に天津へ到着し、一〇月一日には三口通商大臣の成林が、翌日には直隷総督の李鴻章が会見した。柳原は、日本人が欧米列強に迫られ、本心では不服であったが、独自で抵抗する力を持たないと伝え、彼の最後の「最も近い国の中国とまず通好し、協力を期待している」(35)との言葉に李鴻章は賛同した。

李鴻章は「日本と列強国の間で結んだ条約の中で、海関に西洋人を採用しないことと、宣教を禁止することの二点は、清朝が西洋と結んだ不平等条約より有利なものである。また日本は西洋の機械や兵船などを購入し、機能性の高い銃砲を模造することに、費用を惜しまなかった」というように日本を評価し、そこで日本と締約する利点について「日本は、江蘇や浙江との距離が僅か三日くらいであり、中華文字にも精通し、東洋諸国の中で割合強い武力を持っているから、万が一、わが国を助けること(「外援」)ができるかもしれない。西洋人の仲間に入れさせてはいけない」と述べている(36)。

このように日本を清朝の「外援」にするという考えがあった李鴻章は、締約の内容について、「将来許可を得て通商ができるようになれば、官員を派遣し駐在させ、わが国の商人を管理する」、「その条約はよく論議し改める

必要がある。英・仏・露の条約を参照してはいけない。これは全体にとって有益である」という方針を明言した。(37)

李鴻章は柳原の話に同感し、明治維新を評価して、地理的・軍事的側面から日本を分析し、日本を西洋の仲間に入れさせてはいけないと考えていた。そこで彼は、日清両国間での条約締結を想定し、欧米諸国とは異なる条約締結を主張したのである。前述した六〇年代の李鴻章の考えと比べ、この時点における彼の日本認識はだいぶ変化していることがわかる。幕府の上海派遣の頃、李鴻章が心配していたのは、上海での通商によって他の港口に弊害をもたらすことであった。今回の柳原の来訪に対して、西洋諸国との利害関係の文脈において日本と清朝の関係を考え、視野が条約の港口から清朝全体および海外にいる清朝の商人までに広がり、政治的な側面で日本を位置づけた。そこで彼は西洋列強国と異なる条約の内容を盛り込むことにより、日本を西洋の一員にさせないことを意図した。この考えは、前述した日本を制限する清朝側の考えと一致しているが、主に通商に注目していた当時と比べ、李鴻章の場合、政治面から条約の重要性を認識していたのである。これは七〇年代の国際情勢と明治維新後の日本の国力を十分に理解したうえでの判断であろう。

李鴻章の提案に対し、総理衙門は「深謀遠慮」と評価し、「もし通商できるなら日本を籠絡(ろうらく)し、中国の助けにさせ、西洋人の仲間にならないようにすることができる」と述べている。(38)総理衙門は通商の利点を明示したが、条約締結については触れなかった。

結局、総理衙門は次のように日本外務卿へ返信した。「貴国はすでに上海で通商しているが、両国の通商は今後も前例に従って処理し、相互の信頼関係は築けているため、改めて条約を結ぶ必要はなかろう。これはいわゆる古人が言った大信不約である」というように条約締結を拒絶した。(39)

「大信不約」とした旨の回答を付した理由について、総理衙門は同治皇帝に対し「通商を許すことによって懐柔の意思を明示することができる。条約締結を許さないことによって、条約を背景に強要される可能性を避けることができる」と説明している[40]。つまり、日本との間で政治関係を結びたくない総理衙門は、李鴻章の意見に賛成しながら、結局は貿易関係だけに決定した。できれば条約国を増やさないようにしたいというのが総理衙門の対外方針だったのであろう。

一方、総理衙門の返事を待っている間、一〇月一〇日に柳原は成林へ条約草案を提出した。総理衙門の「大信不約」の返事が来た一四日に、成林がその草案の原稿を総理衙門に提出し、李鴻章の意見を尋ねた。

李鴻章は、日本側からこんなに早く草案が提出されたのは、清朝と西洋列強国との条約の内容をすでに検討していたからであろうと述べ、もし日本は要求が拒否された場合、イギリスやフランスに仲介してもらうはずだとの見解を示した。そのときに条約締結を許可すると日本に対し清朝の弱体を示すことになり、拒否した場合は西洋列強国との間で争いが起こるに相違ないとの認識も伝えた。さらに、日本と西洋国の関係が進み、自分たちの味方がだんだん少なくなると清朝側の不利であるとの展望も加えた。最後に李鴻章は「条約の締結を許可すれば牽制（「羈縻（きび）」）できる。たとえ日本が中国の外援にならなくても西洋の外藩（がいはん）にはさせない」と、条約締結の利点を説明した[41]。李鴻章は、条約締結を許可するなら日本を牽制できるが、拒否するなら西洋勢力はさらに拡大するというように利害関係を分析していたのである。

総理衙門は李鴻章の主張を受け入れ、改めて日本の外務省へ照会文を出し、翌年の欽差大臣派遣、条約締結を約束した。これによって柳原一行は天津から離れ、上海経由で一二月九日に日本へ帰国した。

一方、総理衙門は皇帝に次のような上奏文を提出し、日本との条約締結の理由を次のように述べている。「日本の要求を拒絶すれば、後日イギリスやフランスへ紹介を頼むことになる。そのときに拒むと争いが絶えず、許可すれば弱みを見せることになる。彼らは連合し、私どもはかえって孤立することになる。いずれ許可するなら今その意を示して安心させたほうが良いであろう[42]」。以上のことから総理衙門は李鴻章の意見に影響されていることがわかる。

このとき反対の第一声をあげたのが安徽巡撫の英翰であった。反対の理由として「日本は古来臣服朝貢の国で、英仏諸国と比べるべきではない。さらに、日本はもと倭国で、明の時代に海浜で騒擾し大害を興した。今通商を認めると、その害は英仏に劣らないであろう。今日本の要求に応じれば、海外臣服の諸国が皆この例を援用して次々に訪れ、大局に影響することだろう。大義を明示し、非礼の要求を拒絶するべきである」といった論理を展開した[43]。

この英翰の対日観は明快である。日本は朝貢国の一つであるため、宗主国である清朝と、欧米列強国の場合のようには条約関係になることはありえない。日清間で締約した場合、朝鮮などの属国にも影響を与え、朝貢体制が動揺する。従来の朝貢体制を維持し、欧米列強との間で成立した条約体制を朝貢国には適用しないという姿勢が示されている。また「倭寇」のことを持ち出し、日本に対する不信と嫌悪の気持ちを表した。

李鴻章は英翰の意見に反対し、総理衙門に日本と条約を結ぶことを強く主張した。「日本は以前から中国の属国ではなく、中国の暦法に従わない。もともと朝鮮、琉球、ベトナムの臣服国とも異なる。もし強く拒否すれば、柳原が言ったように必ず西洋諸国からの紹介を得る。そのときに条約を結ぶことを肯じれば、我々にとってさらに失策となる。むしろ今よしみを通じて、誠意をもって接すれば、たとえ外援にならなくても、少しでも牽制できるだろう[44]」と反発したのである。

また、李鴻章は、早くから日本の明治維新に注目したので、西洋より地理的に近い日本からの脅威を敏感に感じとっていた[45]。彼の同じ時期の軍機処への奏文を見ると「日本は肘腋の近くにあるので永く中国の患である」と、日本に対する危機感を示し[46]、地理上からいえば、欧米より日本のほうが不安の種になりうるであろうと考えていたことがわかる。しかも、彼は日本が維新後の開国以来、広く機器や兵船を購入し、鎗砲や鉄路を模造し、留学生を海外に送って技芸習熟に努めている、といった状況を把握していたので、「結局日本は中国に近く西洋に遠いので、籠絡すれば我の用になるかもしれないが、拒否すると必ず我々の敵になる」と、従来の構想を述べていた[47]。

曾国藩も賛成派の一人であった。彼は上奏文の中で「日本はそもそも中国を恐れる気持ちはなく、平素から隣国と言っている。朝鮮、琉球、ベトナムなどの属国とはまるっきり違う。日本は自分で対等な礼儀だと思い、イギリスやフランスなどの例をまねることは予想通りであろう」と断言し、改めて日本は朝貢国ではないと強調した[48]。そして条約の中に書いてはいけないことを二つあげた。一つは西洋諸国の例を参照する言文と、もう一つは他国に与える利益を日本にも与えるという最恵国待遇の言文である[49]。

柳原草案の中の最恵国待遇の要求について、李鴻章も「日本人は以前から計画を立て、西洋を模して一つの条約で西洋列強国との諸条約にあてようとする」と指摘し、「各国との条約の中で、最恵国待遇（「一体均霑（きんてん）」）の一語はもっとも弊害が多く、日本は切実にこの点に注意している」と日本側の条約の本意を読み取った[50]。

つまり、日清間の条約は、これまでの西洋列強国との条約と異なるものでなければならないという考えが曾国藩と李鴻章との間で共有されていたのである。彼らは日本を他の条約国と異なる位置づけにしようと考えていた。

(2)日清修好条規の締結

柳原前光は外務省の「西洋各国ト支那ト結ヒタル通リニ随フベシ[51]」との命令に従って、草案においては領事裁判権や通商港岸の規定に関してすべて西洋列強国の条約に従う（「一体照例辦理」）などの用語が用いられており、最恵国待遇の要求が入れられ、これまでの西洋列強国条約に準ずべきことを主張していた。

清朝側は、柳原の一六か条の提案について、「両国の立場を反映したもので、中には妥当でない箇条も数条あるが、採用できるところも多かった」[52]と、日清両国の基本的対等性を認める柳原案にほぼ同意した。日本側の対等関係の要求に対しては、清朝側に反対意見はなかったようだが、無論、その「妥当でない数条」とは柳原の「一体照例辦理」を指していた。

清朝側の草案作成は、総理衙門の指示に基づきながらも、天津にいる李鴻章と上海にいる曾国藩が相互に連絡をとりながら作業を指揮した。一八七〇年一〇月に柳原の草案を受け取ってから、翌年九月に日清修好条規を締結するまでの流れは次のようである。

一八七〇年一〇月　柳原前光は天津で草案（一六条）を作成し、清朝側に提出した。
　　　　一一月　李鴻章の命令を受けた天津海関道の陳欽が天津で柳原の草案を修正し、清朝側の一次草案（一八条）を作成した。
一八七一年　三月　曾国藩の下で外交交渉の経験がある江蘇按察使の応宝時と上海道台の涂宗瀛が上海で一次草案を修正し、二次草案（二四条）を作成した。
　　　　　七月　李鴻章、陳欽、応宝時が天津で一次・二次草案を再検討し、清朝側の正式草案（一八条）を作成した。
伊達宗城一行が天津に到着し、清朝へ日本側の草案（四四条）を提出した。
　　　　　九月　清朝側の正式草案に基づいて日清修好条規（一八条）が締結された。

一八七一年七月、清朝側の一次・二次草案を繰り返し吟味した上で正式草案が確定され、これまでの西洋列強国との条約と異なり、日本を牽制しようとする清朝側の意図が反映されている。その要点は以下の通りである。

第一に、相互に外交使節と領事を相手国に駐在させる。

第二に、相互に制限的な領事裁判権を認め合う。

第三に、内地通商を禁止する。

第四に、最恵国待遇が挿入されていない。

第五に、朝鮮を保護する条項が挿入された。

もともと、領事館の設立と外交官の派遣は清朝政府にとって一番厄介なことであったが、しかし、一連の天津条約をはじめ、日本の場合も、この内容は受け入れざるを得なくなった。双務的領事裁判権は日本にいる清朝の商人を保護するためのもので、中華帝国の体面が損ねられることを防止する意図であろう。

内地通商の禁止は、倭寇などの前例から日本人と中国人が結託して犯罪するのを警戒していたためである。最恵国待遇を挿入しないことは清朝側の最初からの狙いであった。柳原の草案には双務的な最恵国待遇の内容があり、表面的には平等に見られるが、しかし、基準となる安政条約（一八五八年）と天津条約（一八五八年）の内容には大きな相違点があった。李鴻章は前述したように以前から日本の税関は西洋人を用いず、宣教の解禁を許さないことに注目していたので、最恵国待遇をいれると清朝に不利であることを自覚した。柳原草案の不平等性について、藤村道生は、「両国が列強国によって規定された不平等的条件にそれぞれ均霑することを骨子とした形式的平等であるから、実際には両国の殖民地化の進行度に反映して不平等になっていた(53)」と指摘している。

朝鮮を保護する条項は英翰ら保守派の影響を受けたためばかりではなく、実は柳原一行の訪問以前から朝鮮における日本の脅威が清朝側で注目されていたためである(54)。李鴻章は草案の準備段階で、朝鮮の安全を常に心配しており、「日本は西洋諸国との関係が親密になっているが、朝鮮との不和はかなり深刻である。日本はすでに朝鮮と通商を始めているが、朝鮮には恐らく独自で抵抗する力はない。抵抗すれば日本は最も朝鮮に近い災いの種となる」と、日本が朝鮮へもたらす危険を意識していた(55)。そこで日本が朝鮮を侵略するのを防ぐために、この機会を捉えて日本に制約をかけようと考えていたのである。李鴻章らは日本が疑念を抱くことを懸念して、朝鮮と明記することなく、欧米諸国との間で結ばれた条約のなかになかった「所属邦土」という概括的な文言を用い、正式草案の第一条に入れたのであった。

（前略）両国所属邦土、亦各以礼相待、不可稍有侵越、俾獲永久安全[56]

（両国ニ属シタル邦土モ各礼ヲ以テ相待チ聊侵越スル事ナク永久安全ヲ得セシムベシ）。

李鴻章は日本の朝鮮進出に対して不安を示す一方で、宗主国としての力のなさも感じていた。つまり、曖昧な条文で、東アジアで共通の朝貢理念を持っている日本を暗示しており、彼は近代的条約の形で対日防衛をはかり、伝統的な朝貢体制を維持しようと考えていた。こういった「朝貢関係」と「条約関係」のはざまに揺らいだ曖昧な政策は、すぐに破綻した。日本はその後台湾出兵、江華島事件、琉球併呑を相次いで起こし、日本を牽制する目的は文字の上においてのみ約束されたものにすぎなかった。

一方、日本においては、外務省が正式な草案の作成に着手した。この作業は対欧米条約改正案の起草時期とほぼ並行している。柳原草案によって清朝との間に同格関係ができたが、しかし、それによれば「最恵国待遇」などの規定は日清双方に権利があり、双務的であるということになる。それには欧米諸国が清朝との間で結んだ片務的な規定との大きな違いがある。清朝における日本と欧米諸国との相違は、日本が欧米諸国の下位に置かれることを示す以上、条約改正にとって当然不利なことになる。よって不平等条約を順調に改正するためには、欧米諸国と平等関係を結び直さなければならず、それは清朝と結ぶ条約の内容を通じて示すよりほかない。そういうわけで明治政府は柳原案の内容を変えざるを得なかった。

日本側の草案の内容と作成経緯について、柳原前光と津田真道は「彼国咸豊十一年七月孛国（プロシャ）欽差大臣於天津取結候条約の形を慕し」たと、つまり清朝とドイツとの間で一八六一年に天津で調印された修好通商条約及び航海条約を見本にして作成したことを説明した[57]。それは太政官の決裁を経て、日本側の正式草案となった[58]。

この清朝とドイツの間で締結された条約は、イギリスとフランスが一八四〇年代以降積みあげてきた各種特権へ完全に依拠しながら、それを網羅的に体系化したことに特色があった。いわば、四〇年代以降列強が清朝から奪取した特権の集大成だったのである。外務省が用意した草案はほとんど清独天津条約をそのまま採用し、除外したのはキリスト教保護に関する規定のみであった。柳原の草案と比較すると、両国の双務性は改められ片務的な条約となった。列強が中国で有した権益を獲得しようという野心がいっそう露骨に現れている日本は、清朝に対して西洋列強国と同格の身分を獲得しようとしていたのである(59)。

一八七一年七月、伊達宗城は欽差全権大臣に任命され締約のため清朝へ派遣されたが、このとき柳原前光・鄭永寧も同行した。清朝側は李鴻章を全権大臣に、江蘇按察使の応宝時と署直隷津海道の陳欽を補佐に任命し、日本と条約を結ぶ任務を与えた。

日清間で正式交渉が始まった直後、日本の外務省が提出した不平等な草案に対して清朝側は、日本の草案が欧米列強の条約を丸写しし、単に日本人の清朝来航について記すのみで、清朝政府の望みに大いに反するとして日本側の草案を断固拒否した。そして、条約討議の基礎案には、前年の柳原案を参照しつつ清朝側が作成した草案を用いるよう要求した。

清朝側の行動は日本側を驚かせた。従来、清朝政府は欧米諸国との条約交渉にさいしては、自ら草案を提示したことがなく、相手国が用意した条約草案に基づいて交渉に入るのが一般的であったからである。そこで日本側は「貴国が欧米諸国と結んだ条約に照らし、同様に締約し、欧米からの嫌疑を招かないようにしなければならない」と述べ(60)、欧米列強から不信を招くのを口実にして清朝に日本の提案を呑むよう強要した。また清朝側の草案について「今、貴国が僅かに字面を改めて西洋と異なる条約を締結しようとすれば、西洋人の疑いと嫉妬を招くだけであろう。これは両国にとって幸いではなかろう」と、清国の草案を否定した(61)。

日本の圧力に対して、清国側は「貴国が中国に全権を派遣したのは、元来両国の通好のためである。もしそれが同盟連合に似るとして欧米列強に嫌疑を受けるのを恐れられるのであれば、最初から全権団を派遣しなければ上策であろう」と言い返したうえで[62]、日本の草案が「欧米諸国の条約を集め、自国に有利な箇条をとり、その中からさらに選択しており、去年の草稿と矛盾している。前稿を廃紙にすることは、交渉する前にすでに信義を失い、何を以て交渉を順調に進めるであろうか」と指摘した[63]。そこで日本側に二つの選択肢を出したが、一つは「去年の総理衙門の結論に従って旧来どおり通商和好すれば締約の必要はない」というものであった[64]。もう一つは「先日に渡した我が草案を互いに相談したり削除したり加えたりすることで、早く結論を出す」、

ここにいたって、交渉の主導権は完全に清朝側に握られた。清朝側の草案に基づいて交渉を進めるか、交渉を中止し帰国するかの二者択一を迫られた日本側は前者を選んだ。そして、最恵国待遇と内地通商権を否定する清朝側の草案を基礎にして、日清の間で何度も交渉を繰り返した結果、一八七一年九月一三日に、日清修好条規は調印された。それは修好条規一八条、通商章程三三条、海関税則から成る。また、李鴻章の主張によって、西洋諸国との間で締結された条約と区別するために、「条規」という文字を使った[65]。

信夫清三郎は日清修好条規の内容について、「欧米列国の市場として規定された国家同士としてのものであった」と述べている[66]。同じように列強に包囲されているという環境からすれば、日清間に連帯感や提携の問題が起こっても不思議ではないというのが、おそらく清朝側の「条規」の発想の出発点であろう。清朝側は欧米諸国との関係を別として、日本との間で両国のみの関係を結ぶことを考えていた。

しかし、日本は朝鮮問題などを解決するために清朝と平等関係を結ぶことを目的としながら、欧米諸国との不平等条約の改正を順調に行うために、清朝の態度よりむしろ欧米諸国の反応に配慮していた。

前述したように、日本外務省の最初の提案は「西洋各国ト支那ト結ヒタル通リニ随フベシ」となっており、そ

れに従って柳原の草案が作成された。そのとき李鴻章は柳原に対し「交際は他国と比較するものではない。どうしていちいち参照するのか」と清朝の姿勢を示した[67]。李鴻章が「交際」は日清両国のことであり、欧米といちいち比較する必要はないと主張したのに対し、柳原は「交際の道は、一律にしなければならない。特別な前例を開くことはできない」と欧米諸国と一律にしようという意向を示した[68]。つまり清朝側の締結の目的は日本を西洋列強国の一員にさせないためであったが、日本側は自国の不平等条約を順調に改約するために、清朝に対して西洋列強国と同じような条約内容を求めていた。

藤村道生は柳原草案と明治政府の正式草案の性格について「小中華主義」と「小西欧主義」とを描いた[69]。つまり、柳原草案は朝貢体制を打破し、清朝と平等関係を築こうと考えていた。一方、その後日本側の正式草案は欧米列強国のように清朝と不平等関係を結び、欧米との同一化によるアジア侵略への転換を意味していた。

以上述べたことを踏まえ、一八六〇年代からの幕末上海派遣から、七〇年代日清修好条規の締結にいたるまでの日清関係に基づいて、日本の位置づけをまとめてみよう。

六〇年代に清朝側は日本を「通商国」と認めるかどうかの点で混迷していたが、同時に日本を制限するために「章程」を締結する計画を有していた。

七〇年代に入り、国際事情が変化し、日本の位置づけは、通商面に関わるものから「条約国」として認めるかどうかへ焦点が変わった。李鴻章らは条約によって日本を牽制し、政治上の利益から日本を「条約国」として認めることになった。そして西洋の仲間にさせないために、条約草案の準備に臨んだ。結局、清朝側は日本を「条規国」に位置づけたのである。清朝は主導権を発揮しつつ、欧米諸国とは違う国家関係を日本との間で樹立したいという目的を達成した。さらに、このような主導権はどのように固定化されたかについては、次節で論述する。

三　漢文による日清「条規」関係の規定

(1)条約の正文について

一八五八年六月に締結された中英天津条約の第五〇条では次のように規定されている(日本語訳は筆者、以下同)。

嗣後英国文書俱用英字書写、暫時仍以漢文配送、中国選派学生学習英文、英語熟習即不用配送漢文。自今以後、遇有文詞辯論之処、総以英文作以正義。此次定約漢英文字、詳細較対、無訛亦照此例。(70)

(今後英国の公文は英文で書く。暫くは、漢文訳を付けるが、中国側で学生を選び、英文を習得させ、習熟後には漢文の照会をつけることをやめる。今後、内容について争議が行われる場合、すべて英文を基準にする。この条約の英文と漢文を詳細に校正し、誤りがなければこの条約に従う。)

同じ時期に結ばれた中仏天津条約の第三条では同じような内容が規定されている。

凡大法国大憲、領事等官有公文照会中国大憲及地方官員、均用大法国字様、惟為辦事妥速之便、亦有翻譯中国文字一件附之、其件務尽力以相符、候大清国京師有通事諳暁且能譯大法国言語、即時大法国官員照会大清国官員公文應用大法国字様、大清国官員照会大法国官員公文應用大清国字様。自今以後、所有議定各款、或有両国文詞辯論之処、総以法文作以正義。茲所定者、均與現立章程而為然。其両国官員照会、各以本国文字為正、不得将翻譯言語以為正也。(71)

(フランスの領事官は中国の上級および地方の官僚に照会文を発行するさい、仏文を使用する。しかし要件を素早く処理するため、漢文の訳文を付する。訳文はできるだけ原文と一致させる。清国の都に仏文翻訳者がいれば、フランスの官員は清国の官員への照会文を仏文で書く。清国の官員はフランスの官員への照会文を清国の文字で書く。今後すべての各条文について両国間で争議が行われる場合、常に仏文を基準にする。以上定められた内容はこの条約によって決めることになる。しかし両国の官員の照会文は本国の文字が正文となり、翻訳文を正文としない。）

この二つの条約によって外交関係における従来の漢文の普遍性は否定され、外国文字が条約の正文とされた。そこで一八六一年、総理衙門の恭親王は外国語学校の設立について次のような上奏文を書いた。

臣等思うには、各国の情況を調べたい場合、その言語と文字を研究する必要がある。そうすれば、人に騙されない。各国は大金で中国人を招聘し、中国人に中国の文芸を伝授してもらう。しかし、中国には現段階で外国の言語や文字に習熟している人間はいない。外国の詳しいことはわからない[72]。

ここでは中英・中仏条約の中での外交公文についての規定が全く触れられていないが、外国言語と文字を学ぶ理由としては「外国人に騙されないこと」と「外国のことをよく理解すること」と述べられている。要するに、英・仏からの要求ではなく、自国にとっての外国語学習の必要性を強調しているのである。これはおそらく外国の要求に屈しているという反発を予測した上で考え出した理由であろう。また列強諸国と交渉するさい、解釈権が相手に独占されると「騙される」危険性を感じたからであろう。

(2)日清修好条規の第六条について

前述したように、一八七一年九月一三日に日清修好条規（一八条）が調印された。条規の第六条には両国を往来する公文について、次のように規定されている（傍線は筆者、以下同）。

漢文　嗣後両国往来公文、中国用漢文、日本国用日本文、須副以譯漢文、或只用漢文、亦従其便[73]

和文　此後両国往復スル公文、大清ハ漢文ヲ用ヒ、大日本ハ日本文ヲ用ヒ、漢譯文ヲ副フベシ或ハ只漢文ノミヲ用ヒ其便ニ従フ[74]

前述したように日清修好条規の条文が規定されるまで、日清間ではいくつかの案がとりあげられた。まず、柳原草案の第一六条から見よう。

大日本国文書、副以翻譯漢文一件、便於達其辞意、俟後大清国亦有通暁大日本国語理句法者、不配漢文[75]。
（意思疎通のために日本国の文書には漢文の訳文を付ける。今後、清国に日本文の句法に通じる人がいれば、漢文訳は付けない。）

柳原の条文は前述した中英・中仏天津条約の規定に近いが、ただし、「条約の正文」について明記されていない。これについて藤村道生は「ここでは一方の国語を正文とする規定を排している点では両者対等であるけれども、当分は中国文をそえることを定めているので、やや中国に有利である」と指摘している[76]。はたして、当時の清朝官僚はそのように受け取ったのであろうか。

柳原草案を受け取った後、李鴻章の命令に従って清朝側の草案を準備した陳欽は、まず柳原草案の第一六条について、次のように指摘している。

この条文について本来間違いはないが、他の条文が全て日清双方のことを述べているのに対して、この条文だけは日本側のことを述べており、他の条文と一致しない。日本文字に精通した者が清国に存在するという言い方は、明らかに、日本人は、我が文章に通じることをひけらかしており、我らは日本の文字を識別できないことを強調している。清朝は満文を重んじているが、ここでは漢文を正文にすることを定める。彼らが自国の文字を使いたい場合、必ず翻訳を付けさせる。これで文字の一致を示す。我らが日本の文字を学ぶ必要はない(77)。

陳欽は、まず、他の条文がすべて日清双方のことを記しているのに対して、この条文は日本側のことのみ書かれており、統一していないと指摘していた。そして期間限定で漢文訳を付し、中国人の日本文学習を前提においた柳原の考えに対して不満を示している。陳欽はこれまで日本側の書類がすべて漢文で書かれてきたのに、故意に西洋列強国の真似をし、清朝に日本文学習を要求するやり方は、日本人の傲慢だと理解していた。そこで彼は漢文を基準にすると強く主張し、日本文を習得する必要はないと断言した。柳原の日本文を漢文と同格にする考えは早くも清朝側に拒絶されたのである。

そして陳欽が提出した草案の第一八条では外交公文について次のように規定された。

両国往来公文、均以漢文為憑。如用本国文字、如満蒙文日文之類、均須副以翻譯漢文、以便易於通暁、仍不能以本国文字為主(78)。

(両国を往来する公文は、いずれも漢文を基準とする。もし本国の文字を使う場合、満文、蒙古文、日本文などには、必ず漢文の訳文を付す。それは意味を通じやすくさせるためである。本国の文字を基準にしてはいけない。)

ここでは明らかに漢文が上位に置かれた。そしてこの条文でもう一つ注目すべき点は「漢文」「本国文字」「満文」「蒙古文」の位置づけである。周知のように、清朝は満洲人の王朝である。蒙古文字よりつくられた満文は形式上において清朝の国語である。そこで、陳欽は満文と蒙古文を本国文字に位置づけたが、漢文については、本国文字の範囲を超えて従来の朝貢体制における普遍的な存在として認識していたのであろう。

一八七一年三月に、対外経験のある応宝時と涂宗瀛は、一次草案に基づいて二次草案を起草した。応宝時らは、陳欽草案の第一八条について次のような意見を述べている。

この条文の前半に満、蒙文が書いてあるが、後半に本国の文字を基準にしてはいけないという字句がある。満、蒙文が基準にならないという言い方は、中国では清文が尊ばれていることと一致しない[79]。

そして、応宝時と涂宗瀛が作成した二次草案の第一二条では、外交公文について以下のように改正した。

両国来往公文、均以漢文為憑。如用洋文、必均須副以繙譯漢文、俾易通曉[80]。

（両国を往来する公文はすべて漢文を正文とする。もし西洋文字を使う場合、判りやすくするために必ず漢文の訳文を付す。）

応宝時と涂宗瀛は、陳欽の漢文を正文にする規定について意見を示していなかった。ただ、文脈からいえば国語の満文に対して「本国の文字を基準にしてはいけない」という表現は不適合であると指摘した。彼らは「満文、蒙古文、日本文を使う場合」の部分を、「洋文を使う場合」に変更したのである。そうなると、日本側は漢文のみ使用するか洋文に漢文訳を付すかという選択になり、実際に日本文を使用することが不可能になるわけである。

柳原草案の「期間限定で漢文訳付き」という条文は、清朝側の一次・二次草案で完全に否定されたが、清朝側は「すべて漢文を正文とする」、「必ず漢文訳を付ける」という強い口調で漢文の排他性を主張したのである。

七月に応宝時は天津に転任され、李鴻章の下で陳欽とともに一次草案と二次草案を再度検討し、清朝側の正式草案を起草することになった。この正式草案の第六条に、次の内容が記されている。

両国往来公文、均以漢文為憑。如用本国文字、如満洲文日本文之類、均須副以翻譯漢文、以便易於通暁。[81]

（両国を往来する公文は、いずれも漢文を基準とする。もし本国の文字を使用する場合、例えば満文、日本文などは、必ず漢文の訳文を付す。それは意味を通じさせるためである。）

二次草案に使われた「洋文」の提案が却下され、陳欽の一次草案に基づいた内容となっている。一次草案の「蒙古文」や「本国の文字を主としてはいけない」という字句が削除されている。国語の満文の地位を明確にするための意図であろう。

この条文の内容については、「この外交用語における奇妙な対等性の主張は従来の研究では見過ごされているが、おそらく絶対対等の形式を実現しようとしたからであろう」と指摘されている。[82]「漢文」「本国文字」「満文」この三者の関係についての清朝の漢人官僚の認識に注目すべきであろう。前述したように漢人の官僚は満文の特殊性を配慮した上で、「本国文字」と「満文」を明確に統一させたのである。他方、「漢文」はすでに「本国文字」の範疇を超越しており、従来の朝貢体制下の東アジアで共用される外交公文と位置づけられている。漢人の官僚らは日本と条約を結ぶさい、朝貢体制における漢文の共用性と排他性をそのまま援用しようとしているのである。つまり朝貢体制を前提として「絶対対等の形式」の実現を目指したものといえよう。

一八七一年七月に伊達宗城は天津に到着し、李鴻章と締約の正式交渉を始めた。前述したように清朝側に渡された日本側の草案は、清朝とドイツとの間で一八六一年に調印された天津条約の再版であった。

日本国清国隣交貿易和約章程　和文　第五条

大日本国ノ秉権大員ヨリ以下領事官ニ至ルマテ清国ノ大憲及ヒ地方官ニ照会スルニハ何レモ日本字ニ漢文字ヲ交エテ認ム惟當分ハ漢訳ノ文ヲ添テ差シ出スヘシ若シ差出セシ文中ニ旨義不合ノ処有ラハ仍日本字ヲ交エタル本文ヲ以テ正ト為ス清国ノ官員ヨリ公文モテ照会スルニモ亦漢文ヲ以テ正ト為シ翻訳ノヲ以テ正ト為スル事ヲ得ザル也今般議定セシ和約章程ヲモ漢文ト日本文ト合セ認メ何レモ意味違ヒ無キ様ニ両国共同校対セリ若シ以後清国ト日本国ト辯論スベキ義有ルハ意味取リ違ヒヲ免ン為メ即チ日本文ヲ以テ証据ト為シ以テ公允ヲ昭ニス(83)

日本国清国隣交貿易和約章程　漢文　第五条

大日本国秉権大員以及領事官、有公文照会清国大憲暨地方官、均用日本字、與漢文字配写、惟暫時以漢文配送、倘送漢文内有旨義不合之処、仍以有日本字様之本文為正。清国官員有公文照会、亦以漢文為正、不得将翻訳文字以為正也。至於現定和約章程、用漢文字並日本字様合写、両国共同校対無訛、倘日後清国與日本国有辯論之処、即以有日本字様之文為証、以免舛錯而昭公允(84)。

因みに一八六一年九月二日に締結された清独天津条約の第五条は左記のような内容である。

凡大布国秉権大臣以及徳意志通総税務公和約各國領事官、有公文照会中国大憲暨地方官、均用徳意志字様書写、惟暫時仍以漢文配送、倘配送漢文内有旨義不合之処、仍以徳意志字様為正。中国官員有公文照会亦以中国文字為正、不得将翻譯文字以為正也。至於現定和約章程、用中国文字並徳志意（ママ）字様合写、両国公同較対無訛。因法国文字係欧羅巴人所通習、是以另備法国字様稿本各一分。倘日後中国與布国有辯論之処、即以法国稿本為証、以免舛錯而昭公允。[85]

（プロシャ全権大臣およびドイツ通総税務公会各国の領事官が中国の上級および地方の官僚に照会するさい、独文で書く。ただし暫くの間は、漢文訳を付ける。もし添付の漢文では主旨が合わない場合、独文を正文とする。中国の官員が照会する場合、漢文を正文とする。翻訳の文字を正文にしてはいけない。この条約は漢文と独文で書かれたが、両国は承認する。仏文はヨーロッパで普及している文字なので、別に仏文の訳本を備える。今後両国の間で論議するところがあれば仏文の訳本を正文にする。誤りなく公平であることを明瞭にする。）

日本側の草案は、清独天津条約の第五条と比較すると、第三国の文字、例えば「仏文」のような内容を除き、「独文」を「日本文」に変えただけで、他の内容は全く同じである。柳原草案との根本的な相違は、今回の草案に日本文が正文であると規定した点であろう。柳原は日本文を漢文と同格の位置にさせたのに対し、今回の草案は漢文の「正文」の地位を否定し、日本文を「正文」にしようとした。そこで漢文に対し形式上では日本文は英文と仏文と対等の位置となる。

しかし前述したように、条約交渉の主導権は清朝側に握られ、九月一三日に調印された日清修好条規の第六条には「此後両国往復スル公文、大清ハ漢文ヲ用ヒ、大日本ハ日本文ヲ用ヒ、漢譯文ヲ副フベシ或ハ只漢文ノミヲ用ヒ其便ニ従フ[86]」となっている。

ここでは清朝側が従来から使用してきた「すべて漢文を基準にする」という字句が削除されたが、「必ず漢文訳付きか、或いは漢文のみか」という規定は、「漢文を正文にする」を意味すると考えられる。また、「本国文字」や「満文」などの表記も削除したが、西洋諸国と結んだ条約の内容と一致させ、「満文」には触れないようにしたのである。

もともと東アジアの朝貢体制の射程に置かれていた日本は、明治維新以後、いち早く条約体制を導入し、清朝の中心位置を否定しようとした。日本側の条約の草案では、外交公文に関する条文の中に、以上のような考えが示されていた。柳原草案は日本文と漢文を同格関係にさせようとしたが、明治政府の草案は日本文をこれまでの漢文の位置に置き、漢文に対して英文と仏文と同格の位置に置こうとしたものであった。

清朝側の草案を作成した漢人の官僚らは、従来の朝貢体制における漢文の排他性を前提として日本と締約に臨んだため、日本側の外交公文に関する提案を最初から拒絶した。また、英文や仏文などの西洋諸文字を学習することを認めたのに対し、日本の言語や文字は学習の必要がないと断言した。日清間の問題を他国と異なって漢文の解釈によって処理し、対日の優勢を維持できると期待していたのであろう。

李鴻章をはじめとする洋務派は、日本と条約を結ぶ必要性を認識しており、形式上では清朝との対等関係を認めた。しかし、他方では、日本文に対し漢文と対等関係に位置づける点を認めなかった。前述した日本側が提出した「学術の伝習」に対し、曾国藩の態度も同様であった。日本に「伝習する」矜持を示したが、日本人に「伝習される」ことを躊躇っていた。有利不利を見極め、朝貢体制と条約体制を上手に使い分けをして、対日外交に臨んだ清朝官僚の姿が映っていた。

おわりに

本稿では一八六〇年代から七〇年代までの近代日清関係の形成の過程を考察した。

一八六二年の千歳丸の場合では、同船が無条約国のオランダの紹介で来たため、上海の地方官僚は「天朝の恩恵」の考えを用い一回限りの貿易を許した。のち上海のみでの通商という日本側の要求に対し、上海の地方官僚が賛成したのに対し、五口通商大臣は反対し、総理衙門は曖昧な態度をとった。全体から見れば、約二〇〇年もの間、関係がなかった日本の来航に対して、清朝側はそれほど関心を示していなかったのである。一八六四年の健順丸の場合では、日本側が特に通商の要求を出さなかったため、清朝側は一回限りの来航として扱った。ただ、この時、「日本編号」で通関させたことは乾隆帝の則例に基づいて、日本を清朝と貿易関係を持っていた国として認めたことになった。

一八六八年にイギリスの領事を通じて届いた日本の書簡に対して、清朝側は上海のみの通商を認める方針を固めた。応宝時は、日本が西洋諸国の力を借りて条約締結を迫ることを防ぐため、通商を認めつつも、「章程」を作ることによって日本に制限を加えるという策略を提案した。総理衙門もこの提案に賛成し、「章程」の内容について具体的に指示をした。

そして、一八七〇年に、柳原一行は、紹介人を介さずに清朝へ直接に条約締結を申し込んできた。そのさい、李鴻章と曾国藩らは、日本側との条約を締結させつつも、日本を西洋列強国の庇護に入らせないように「籠絡」しようと考えた。そして、条約内容は西洋列強国と異なるように意識し、最恵国待遇などの清朝に不利な内容を除外した。応宝時の「章程」構想から李鴻章の「条規」締結にいたるまで、清朝の官僚らは日本に対して一貫して西洋列強国と異なる関係を結ぶよう企図した。

一方、外交公文に関する条文内容は、明らかに漢文に有利なものとなっていた。清朝の官僚らは朝貢体制における漢文の絶対性を前提として条文を検討していたが、「便宜を図る」ためという理由は、英文や仏文に対して喪失した漢文の解釈権を日本文に対して求めるという意図があったと考えられる。前述したように、条約相手国の文字を使用すると「騙される」危険性を熟知した清朝官僚らは、最初から日本文字の使用を否定し、その不利を避けようとしたのである。

要するに、一八六〇年代から七〇年代にかけて、日本の位置づけは「章程国」から「条規国」へ変更された。六〇年代には日本との通商を認める一方、日本人の犯罪などを警戒していた清朝の官僚は日本を「制限」するために、「章程」を作成しようとした。七〇年代に入ると、国際情勢の変化にしたがって、日本を牽制し、西洋の仲間にさせないことが李鴻章らの目的であった。「条規」という用語の使用はその目的を意味していた。日清修好条規の締結は東アジアにおいて朝貢体制をとってきた清朝の地位を動揺させたが、日清外交においては主導権を清朝側が握っていたことが知られる。

一方で、日清間で条約体制の導入によって、従来の朝貢理念が一掃されたわけではなかった。朝貢体制における漢文の絶対性が条約体制にも有効であるという考えを持っていた清朝官僚は、日清「条規」関係を漢文によって規定しようとした。

結局、前近代に漢文が東アジア共通の外交に用いられる文字であった事実は、近代日清関係の形成によって再認識された。漢文を使用することで、日清関係における解釈権が清朝に独占されることが可能となり、またそれによって対日の主導権を握ることができるという清朝側の考えは明白であった。その後、一八九五年に締結された下関条約で英文が正文と規定された。戦勝国である日本が自国の文字ではなく、漢字がはいらない英文を条約の正文とした理由は漢文の概念から完全に切り離したいところにあるのであろう。

（1）台湾中央研究院近代史研究所所蔵「総理各国事務衙門清檔・無約国案（日本）・日本商人擬来滬貿易事・〇一―二一、二二―一」（以下省略）同治元年七月初一日収、通商大臣薛文一件

（2）同治元年七月初一日収、通商大臣薛文一件

（3）同右

（4）同治元年七月初四日行、通商大臣薛文一件

（5）同治元年八月初四日収、通商大臣薛署江蘇巡撫李文一件

(6) 同右
(7) 同治元年八月初八日行、通商大臣薛文一件
(8) 同治元年閏八月初三日収、通商大臣薛署江蘇巡撫李文一件
(9) 同右
(10) 同右
(11) 同右
(12) 同右
(13) 同治元年九月初四日行、通商大臣薛文一件
(14) 同右
(15) 同治元年一一月一九日収、通商大臣薛署江蘇巡撫李文一件
(16) 『籌辦夷務始末・咸豊朝』巻七一、一八頁
(17) 「総理各国事務衙門清檔・無約国案（瑞・那・日本）・瑞・那・日本国来華請求設領通商事・〇一―二一、二三―二」（以下省略）同治三年四月初一〇日収、上海通商大臣文一件
(18) 同右
(19) 同右
(20) 『清史稿』「志一百三十三・邦交六・日本」の中に「乾隆四六年、戸部奏請頒江南海関則例、定東洋商船出口貨税律」（乾隆四六年に戸部は『江南海関則例』を公布し、東洋の商船の輸出税を定めた）と記されている。
(21) 同治三年四月初一〇日収、上海通商大臣文一件
(22) 同治三年四月一三日行、上海通商大臣文一件
(23) 川島真「江戸末期の対中使節への新視角――総理衙門檔案からの問い――」（『中国研究月報』第五七巻五号、二〇〇三年五月）
(24) 「総理各国事務衙門清檔・無約国案・日本請求通商貿易事・〇一―二一、二三―三」（以下省略）同治七年三月初三日収、上海通商大臣文一件
(25) 同右
(26) 同右

(27) 同右
(28) 同治七年三月初八日発、上海通商大臣文一件
(29) 同右
(30) 同治七年四月一三日収、上海通商大臣文一件
(31) 同治七年一〇月初九日収、上海通商大臣文一件
(32) 同右
(33) 佐々木揚『清末中国における日本観と西洋観』(東京大学出版会、二〇〇〇年)一一頁
(34) 『大日本外交文書』第一巻第二冊、六九一〜六九三頁
(35) 「総理各国事務衙門清檔・無約国案(日本)・日本委員来華請求立約事・〇一—二一、一三—一」(以下省略)同治九年九月初一〇日収、直隷総督李鴻章信一件(『李鴻章全集』譯署函稿、巻一「論天津教案」)
(36) 同右
(37) 同右
(38) 同治九年九月初一〇日致、直隷総督李鴻章信一件
(39) 同治九年九月一九日発、署三口通商大臣成信一件(『籌辦夷務始末・同治朝』巻七七、三七頁、『日本外交文書』第三巻、二三八頁)
(40) 『籌辦夷務始末・同治朝』巻七七、三六頁
(41) 同治九年九月二二日収、署三口通商大臣成信一件
(42) 「総理各国事務衙門清檔・無約国案(日本)・日本差官来華立約通商事・〇一—二一、二四—一」(以下省略)同治九年一〇月初八日発、署三口通商大臣成林文一件(『籌辦夷務始末・同治朝』巻七八、一三頁)
(43) 『籌辦夷務始末・同治朝』巻七九、七〜九頁
(44) 同治九年一一月二九日収、北洋通商大臣李鴻章信一件(『李鴻章全集』譯署函稿、巻一「議日本換約」)
(45) 劉学照「略論李鴻章的対日観」(『歴史研究』中国社会科学院、一九九〇年第三期)
(46) 同治九年一二月初三日軍機処交出李鴻章抄片一件(『李鴻章全集』奏稿、巻一七「遵議日本通商事宜片」)
(47) 同右
(48) 「総理各国事務衙門清檔・立約修約換約檔・〇一—二一、五〇—一」(以下省略)同治一〇年正月二〇日軍機処交出曾

(49) 国藩抄摺一件（『籌辦夷務始末・同治朝』巻八〇、九～一二頁）
(50) 同右
(51) 前掲注(44)
(52) 『日本外交文書』第三巻、一八〇～一八九頁
(53) 『李鴻章全集』奏稿、巻一八「応宝時陳欽復日本副使函」
(54) 藤村道生『日清戦争前後のアジア政策』（岩波書店、一九九五年）七五頁
(55) 前掲注(33)一七～二〇頁
(56) 『李鴻章全集』譯署函稿、巻一「条例五事」
(57) 同治一〇年六月一四日収、署津海関道陳欽信一件
(58) 『日本外交文書』第四巻、一六五頁

早稲田大学図書館所蔵「日清隣交貿易和約・通商・修交条約案」の史料集には、日本側草案に関する九件の史料が所収されている。タイトルの付された史料は七件、タイトルの付されていない史料は二件ある。以下、藤村道生「明治初年におけるアジア政策の修正と中国――日清修好条規草案の検討――」（『名古屋大学文学部研究論集』四四（史学一五）、一九六七年三月）を参照しつつ、簡単に紹介する。

①「日本国清国隣交貿易和約章程和文」
②「日本国清国隣交貿易和約章程漢文」
③「大日本国大清国通商章程」
④「大日本国大清国修好条規」
⑤「通商章程条約漢文」（藤村道生の論文では「通商章程条約和文」と記されている）
⑥タイトル無し。明治四年一〇月一九日左院より提出された意見書であり、日清修好条規の第二条についての批判である。藤村道生の論文では「日清修好条規ノ疑点ニ関スル決議上陳書」と名づけられている。
⑦「和漢条約案」
⑧タイトル無し。明治四年四月三〇日外務大丞の柳原前光と外務権大丞の津田真道により太政官辨官宛の清朝との条約草案の目録である。藤村道生の論文では「伊達全権ニ送付スル日清修好条規等目録」と名づけられている。
⑨「通章条約和漢文共」

①と②は日本側が清朝側に提出した漢文と和文の草稿とされている。
(59) 前掲注(53)参照
(60) 『李鴻章全集』奏稿、巻一八「日本副使柳原前光等来函」
(61) 同右
(62) 『李鴻章全集』奏稿、巻一八「応宝時陳欽復日本副使函」
(63) 同右
(64) 同右
(65) 徐越庭「『日清修好条規』の成立(一・二)」(『法学雑誌(大阪市立大学)』第四〇巻第二・三号、一九九四年一月・二月)を参照。
(66) 信夫清三郎『近代日本外交史』(中央公論社、一九四二年)三三頁
(67) 『李鴻章全集』譯署函稿、巻一「議日本換約」
(68) 『日本外交文書』第四巻第一冊、一六五頁
(69) 藤村道生「征韓論争における内因と外因」(『日本外交史の諸問題』Ⅲ、日本国際政治学会、一九六八年)
(70) 田濤編『清朝条約全集』第壱巻「咸豊朝條約・中英天津条約」(黒龍江人民出版社、一九九九年)
(71) 同右
(72) 『籌辦夷務始末・同治朝』巻八、三〇頁
(73) 『日本外交文書』第四巻、二〇六頁
(74) 同右
(75) 前掲注(35)同治九年九月二〇日収、署三口通商大臣成文一件
(76) 前掲注(58)
(77) 前掲注(42)同治九年一二月一八日収、北洋通商大臣李鴻章文一件
(78) 同右
(79) 前掲注(48)同治一〇年八月初二日収、北洋通商大臣李鴻章文一件
(80) 同右
(81) 同治一〇年六月一四日収、署津海関道陳欽信一件

(82) 前掲注(65)「『日清修好条規』の成立(一)」
(83) 早稲田大学図書館所蔵『日清隣交貿易和約・通商・修交条約案』①「日本国清国隣交貿易和約章程和文」(前掲注58参照)
(84) 早稲田大学図書館所蔵『日清隣交貿易和約・通商・修交条約案』②「日本国清国隣交貿易和約章程漢文」(前掲注58参照)
(85) 前掲注(70)『清朝条約全集』第壱巻「咸豊朝條約・中徳通商条約」
(86) 『日本外交文書』第四巻、二〇六頁

〔付記〕本稿は、二〇〇八年度大阪経済大学特別研究費の成果の一部である。

本稿の校正段階で、以下の二冊の本が出版された。合わせてご参考いただければ幸いである。①閻立『清末中国の対日政策と日本語認識』(東方書店、二〇〇九年三月)、②岡本隆司・川島真編『中国近代外交の胎動』(東京大学出版会、二〇〇九年四月)、および後者の第二章の森田吉彦「日清関係の転換と日清修好条規」を最近の研究成果として、ご参考下さい。

ミシンのグローバル性と東アジアの衣服産業

岩本真一

はじめに

一九世紀後半に産業化の兆しをみせた衣服生産や服飾品生産は「過渡的形態の錯綜」[1]を呈しながら、世紀転換期に地球規模で同時的な産業化段階に入った。それを支えたのが他ならぬミシンである。一八五一年創業の米国多国籍企業シンガー社は、一九世紀末に清朝をはじめとする東アジアを大規模なミシン最終市場として選択した。本稿は、米国シンガー社の広域販売網と対東アジア戦略を見通し、その上で、当該地域におけるミシンの普及と裁縫工場の展開を細かな時間幅で捉える。[2]最後に、衣服産業化に焦点を当てることによって、東アジアの共時性という歴史像を検討する。

一　シンガー社の多国籍企業化と販売戦略の地域差

一九世紀の第2四半世紀には既製服産業[3]を嚆矢に衣服産業化が開始された米国では、市民戦争（南北戦争）に重なったかたちでミシン開発が着手され、ミシン・メーカー数社の競合状態に入っていた。世紀転換期になると、ミシンの世界市場は、シンガー社、ドイツ製、その他という三分割の状況になり、ドイツ製ミシンは世界の三分の一を占めたという[4]。一九世紀後半の米国内ミシン競争については小原博が詳細に論じている[5]。以下では、その要約を行なった後、小原、Don Bissell、Mira Wilkins の研究[6]を参照しながら、シンガー社の多国籍企業化と東アジア戦略を述べる。

（1）一九世紀後半にみるシンガー社の米国内展開

①シンガー社の販売方法と技術革新

シンガー社は、一八五一年創業の翌五二年に最初の支店をボストン、フィラデルフィア、ニューヨークの三ケ所に開設し、「No.1 Standard」（標準1号）の販売を開始した。さらに翌五三年にはニューヨークに複数の事務所と一つの工場を設立し、当地を拠点とした。

小原は、一九世紀後半におけるシンガー社のマーケティング活動について、その漸次的な変化を明瞭に記している。一九世紀後半シンガー社の販売方式の展開は、販売権委譲を伴う「販売代理商」方式、「フランチャイズ」（特約代理店）方式、最終的には「直営販売支店」方式の順序となる。各方式の段階が明瞭に区別されるわけではなく、一八五九年までに大都市で一四の支店を数えるなど、直営販売支店方式がフランチャイズ方式を支えたように、相互補完的に進行した。フランチャイズ方式と同時に採用されはじめた割賦販売は、のちに主要な販売方式となる直営支店型の段階になって、シンガー販売促進活動の原動力となる。フランチャイズと直営支店の両方式は、一八七八年に米国市場を網羅する段階に達した[7]。

アメリカ南北戦争で自社製品が利用されたウィラー&ウィルソン社（以下、W・W社）は、終戦直後からシンガー社と米国内競争に入った。後述するように、一八七〇年代になると米国ミシン競争は一層激しくなった。シンガー社の場合、工業用ミシンだけでなく、家庭用ミシンの開発・販売にも重点を置いていた点が特徴である。一八五六年に「タートルバック」[8]を嚆矢に家庭用ミシンの販売を開始した。五九年には家庭用A型モデル、六五年には大幅な売れ行きを示したといわれるニューファミリー・モデルの販売を開始している。このように、創業直後から、工業用だけでなく、家庭へも市場拡大を図った点がシンガー社の普及性を支えることとなった。

一八七九年に特許取得された振動シャトルの機構は、のちに改良型ファミリー・クラス一五や、改良型工業用クラス一六等へ応用され、ミシン生産の高技術を実現させていった。なお、このシャトルの模倣は、一九三〇年代以降の日本のミシン・メーカー最大の登竜門となった[9]。ついで、シンガー社は、八〇年代には、新機械の部品に互換性を持たせ、クランク、レバー、カムを用いて作動させる段階に到達した[10]。八五年になると、電動式ミシンの開発に着手し、手廻式ミシン、足踏式ミシンとともにシンガー社の製品リストに並ぶこととなった。

八〇年代以降のシンガー社製ミシン販売の展開は枚挙に暇がないが、主なものでは、一八九〇年の年間販売量八〇万台をはじめ[11]、九五年のキャビネット型ミシン六九万四〇〇〇台といった数値が挙げられる[12]。一八九五年九月末までには創業以来の通算一三二五万台が販売され、そのうち外国工場では五八七万台が製造されていた[13]。また、アンドリュー・ゴードンによると、シンガー社が日本に最初の支店を横浜と神戸に設置した一九〇〇年、同社製ミシンは、米国で約五割、世界で七~八割の市場を独占しており、そのうち約八割が、主に女性に利用された家庭用ミシン（内職用含む）であったという[14]。ただし、二〇世紀初頭の日本の場合、シンガー社製工業用ミシンが大量に輸入され、それが家庭へ設置される場合もあり[15]、ゴードン報告には、工業用と家庭用との区分の問題が残る。

②七〇年代の米国ミシン戦争

一八七〇年の段階で、米国内のミシン製造会社は六九社以上存在し、一〇年後には一二四社にまで増加した[16]。以下では、米国内で行なわれたミシン開発・販売競争を如実に示した風刺画を紹介する。これは「ミシン戦争」

と題された、一八七四年出版の楽譜の表紙である。[17] ミシン生産で出遅れた感のあるレミントン&サンズ社（以下、R&S社）を筆頭に展開した、七〇年代の米国ミシン競争が描かれている。

R&S社は、四〇年代のメキシコ・アメリカ戦争以来、南北戦争、第一次・第二次世界大戦時にその時々の米国政府にライフルや自動小銃を納品してきた企業である。種々の武器だけでなく、一時期、タイプライターやミシンの生産も手がけた。ミシン生産に手を出したのは、一八七〇年から九四年までのことで、同社製ミシンはタイプライターとともに七六年のフィラデルフィア万博に出品された。[18]

楽譜表紙のおよそ半分の広さで、ライフルを右肩に乗せたレミントン警備隊が縦二列横無数の隊列を組み、足踏式ミシンに乗って進軍している。顔が大きく描かれた社長と思われる人物が、警備隊の背後から大砲を打ち、手廻式ミシンが多く放たれている。「Let her rip!!!」（ほっておくしかない）に附された絵は、飼い主と思われる男性が手を離し、猟犬が尻尾に手廻式ミシンを結びつけたまま走り回っている。大砲から放たれた手廻式ミシンから逃げるために、首に手廻式ミシンを乗せた別の人間が「Seek-or of succor」（助けを求めてよ）の台詞とともに描かれ、男性飼い主に向かって、両手を前に出しながら走っている。

「HOWE slow we go on !!!」（どうしてこうも私たちは歩くのが遅いの）という文章は、特許争奪戦で大きく出遅れた亀がエリアス・ハウ（Elias Howe）にもじって描かれ、手廻式ミシンを背に乗せながら上記の独り言をいっている。この亀の絵は、シンガー社が一八五六年に家庭用ミシンとして設計した「タートルバック」（亀の背中）[19]をも想起させる。

「This Animal kicks up at times」（この動物は時々蹴り上げます）と記された図では、足踏式ミシンの片足が暴れ、普段着のワンピース・ドレスを着た女性を川辺へと蹴飛ばしている。またビルを背中に乗せた孔雀（peacock）は、ウィルコックス（Willcox）社の比喩であろう。

一番右端には、川辺の対岸で母親が娘（少女）三名と一緒に楽譜を見ながら合唱している風景が描かれている。歌い手としてのシンガーである。「Family Singer On a foreign Shore」（外国の川辺の歌い手一家）と附されたこの図でも、女性四名の頭部は手廻式ミシンである。多国籍企業化において、工業用ミシンだけでなく家庭用ミシンの販促によっても、対岸（海外）の広域販路を確保したシンガー社の特徴が明瞭に描かれている。それでは、以下で、外国の川辺で歌いながら佇む家族「Singer」の展開をたどろう。

（2）一九世紀後半にみるシンガー社の多国籍企業化

①製造面の多国籍企業化

シンガー社は、南北戦争終結後の一八六七年にユニオン・ボタンホール社を買収し、巨大企業化の兆しを見せた。七三年にニュージャージー州エリザベスポート工場が世界最大の工場として設置され、その後、ミシン製造工場の自動化が漸次導入された。

シンガー社が多国籍企業化する端緒は、一八六七年に設置されたグラスゴー組立工場（スコットランド、のち七二年に新設）に見ることができる。第三代社長ジョージ・R・マッケンジー期の八二年には、カナダのモントリオール工場[20]と、スタンド製造用の鋳物工場としてオーストリアのフロリッズドルフ工場[21]、翌八三年には、スコットランドにキルボーウィ工場[22]が建設された。この間、シンガー社のヨーロッパ市場拡大パターンは、完成品輸出→現地組立（ノックダウン）→現地生産という変化を遂げた。また、ロシアでの好況を踏まえ、元水夫であったニードリンガーという若者との共同出資で一貫製造工場「Kompaniya Singer」をロシアに設立したのは、一八九六年のことであった。

スコットランド生まれのマッケンジーが生誕地に工場を設置させたのは、個人的な心情にもとづいていたわけではない。スコットランドには、長年にわたって操業されてきた高炉不要の製鉄業設備、織物工場、そして世界最高峰の造船業といった工業的・商業的利便性が存在し、製鉄業・織物業・造船業という三部門の工業が、それぞれ、ミシン本体の材料調達（鉄）、現地における縫製材料（織物）、海外への輸出体制（船）に対応していた。シンガー社にとってスコットランドはミシンの生産と販売に期待値が高まる地域であった。また、アメリカ人労働者たちの間に、南北戦争終結時まで低く抑えられていた労賃に対するストの可能性が高まっていた一方で、スコットランド労働者たちの低賃金がシンガー社にとって魅力的だった点も、当地工場の選択要因として働いた[23]。

以後、海外工場の設置は、一八九七年のポドルスク（ロシア）、一九〇六年のセントジョンズ（カナダ）と続いた。なお、翌一九〇七年には、米国ミシン業界一番手を一時はシンガーと争ったW・W社を買収した[24]。この時点でシンガー社は、大まかにいって、ミシン種別によってユニオン・スペシャル社（以下、U・S社）との棲み分け状態に入った[25]。

②販売面の多国籍企業化

五五年にシンガー社はパリ万博で初めて金賞を受賞し、これを契機にパリ支店を開設した。以後、海外販売店の拡大は、五六年のグラスゴー（スコットランド）、五八年のリオデジャネイロ（ブラジル）、六三年のハンブルク（ドイツ）と続いた[26]。南北戦争開始の六一年には、既にヨーロッパでの販売額が米国内販売額を超えていた。一八七〇年、イングランドに販売・物流センターを設置し、これ以降、一九世紀末にかけてシンガー社は支店網拡大によって販売面の多国籍企業化を強化した。この時期の主な輸出先・販売先は、ヨーロッパ全土・ロシア、南北アメリカ大陸[27]、ヨーロッパ植民地下のアフリカ大陸の一部、そしてインドであった。ウィルキンス（Mira Wilkins）によると、シンガー社のロンドン支店[28]は、八〇年代に、中国、オーストラリア、フィリピン、ブラジルに販売センターを設立し、「同社の国際的販売機構の手に負えない膨張の最後の動き[29]」をみせた。

さて、モンドーレ夫妻の著書 *Singer Castle* によると、コロンブスのアメリカ大陸発見四〇〇年を記念し、一八九三年にシカゴで開催された万国博覧会（北米シカゴ府万国大博覧会）[30]において、シンガー社は、写真のリトグラフ複製による広告カードをセット販売した。これには、当時の普段着を着用した種々の国々・地域の人々が、シンガー社製の手廻式ミシンまたは足踏式ミシンと一緒に描かれており、一人または数名がミシンに向かって座るか立つかしている。裏面には、当該地域の地誌が紹介され、当地の日常着がシンガー社製ミシンで縫製可能であるという文面が記されている。[31] モンドーレの紹介する広告カードから想定されるシンガー社の販売先をアフリカ大陸、東南アジア諸島、ユーラシア大陸の三つに大別すると以下の通りである。まず、アフリカ大陸では、アルジェリア、チュニジア、ズールランドの三ケ国、次に、東南アジア諸島では、スリランカ、フィリピンの二ケ国、最後に、ユーラシア大陸では、インド、イタリア、オランダ、スウェーデン、スペイン、ノルウェー、ハンガリー、ボスニア、ポルトガル、ルーマニア、ミャンマー、中国、日本、以上である。[32]

もう一種類のシンガー社広告カードを紹介する。一九世紀末に、代議士を務めた福井県出身の杉田定一がヨーロッパへの絹織物視察旅行から帰国したさいに持ち帰ったものである。[33] このカードは、モンドーレの著書に記されたものと形式上は類似しているが、一八九八年に印刷されたもので、裏面がモンドーレのものと異なり、表面記載地に生息する小鳥がカラーのリトグラフとなっている。この広告カードから確認できることは、シンガー・ミシンが万国共通の機械であり、他方で、利用者とその服装、小鳥といった図柄が販売先固有の像であるという、両義的な広告戦略が採られていることである。カード表面には、上部に、「シンガー縫製機は最高品だと世界中で知られており、どの国の女性にも愛されています」という文章が、また、下部には世界中の全市街地に販売店があるとの一文が、それぞれ記載されている。

杉田の集めた広告カードには、フランス、スイス、英領インド、スペイン、ミクロネシア、イタリアを描いたものがある。[34] モード産業やファッション文化発祥の地といわれ、米国とならびミシン開発国の一つに列せられるフランスでさえ、シンガー社にとっては格好の市場であったことがわかる。杉田の持ち帰った別の種類の広告カード[35]では、フランス支店の広告に、チュニジアやアルジェリアなどでも販売網を広げているとの記載がある。支店設置先の国が他国を侵略し、保護領や植民地とした（している）場合、シンガー社製品や支店網が拡大するという連動性があった。シンガー社などのアメリカ多国籍企業の進出や製品普及に対し、一九世紀末にヨーロッパの新聞は、「ヨーロッパのアメリカ化」を憂慮した記事を挙って掲載するようになる。[36] 衣服史からみた場合、「ヨーロッパのアメリカ化」に対抗する最初期の保守的打開策は、手縫いのイメージを付与しつつ、ファッション誌を通じた誇大広告によって、ファッションやモードを産業や文化というかたちで展開したフランスの「婦人女児クチュール・コンフェクション組合」（一八六八年設立、現パリ・オートクチュール組合）が代表例としてあげられる。[37] また一九世紀末には、次項で触れるようなミシン関税の引き上げもみられた。

このような経緯を経た後、シンガーが日本に最初の支店を設立したのは第四代社長フレデリック・ボーン指揮下の一九〇〇年であった。

(3) シンガー社の対東アジア戦略

本項は、主にDon Bissellの著書を要約し、Mira Wilkinsの研究も部分的に参照する。まず、一八八〇年代以降にシンガー社が巨大市場として模索した地域の一つにロシアがあった。九〇年代初頭には市場調査を開始し、同年代中頃には四四の小売店を開店させた。販売成果は短期間で現われ、当地ミシン市場の約五〇%をシンガー社製が占めた。[38] ロシアを商圏に取り込み、一九世紀末には地球規模での多国籍企業化が実現しつつあったシンガー社は、既に販売圏内にあったインドを除くアジア進出へ関心を寄せることとなった。

その背景として、米国では七〇年代に普及しはじめた足踏式ミシンや、八〇年代末に実用化の緒に就いた電動式ミシンにも関心が移行していた点は見逃せない。一九世紀末のシンガー社は、同業者間の米国内ミシン競争での生き残りに限界を感じ、いまだ未開拓であったアジア市場の一部、すなわち、東アジア市場に対し広大な販路を模索していたのである。また、クライドバンク工場が設置された一八八三年までには、シンガー社は、「ヨーロッパのアメリカ化」阻止を目指すオーストリア・ハンガリー帝国のミシン製品関税引き上げをはじめとした、ヨーロッパ市場における保護政策に苦戦を強いられていた[39]。

そのため、生産工場の比重を米国内からヨーロッパへシフトさせつつも、販売市場については、ヨーロッパだけではなく未曾有の東アジアが試験的に選出された。この場合に試験的というのは、東アジアという新市場開拓における他社間との軋轢を避けるために、販売競争をできる限り回避しつつ、米国内で余っていた手廻式ミシンの在庫処分を行なうという慎重な方針を意味した。一九世紀中期のアヘン戦争に連動した銀貨暴落による金融危機の渦中にあった東アジア市場の開拓には、シンガー社にとって危険性の高いものと認識されていた。

まず販売先として焦点が当てられたのは清国であった。ウィルキンスによると、一八八三年、ロンドン支店は、上海に販売センターを開設させるために、ブリュッセルの代理人E.M. Sangを上海へ派遣した。派遣前にロンドン支店はSangに中国の事情を要約して伝えた。内容は以下の通りである。「先日、スコットランドの独立教会派(Free Church)宣教師Reverend John McIntireが清国から帰国した。McIntireの報告によると、〈長期にわたり十全に代理を務める仲買人が必要であり、少なくとも、信頼しきらず絶えず綿密に監視しなければならない〉[40]」。さらにMcIntireは、清国庶民の間で異文化への偏見と新しいものへの激しい憎悪が高まっている点を指摘しつつも、現地テーラーについてはミシンを違和感なく利用している現状と、彼らへの広い販売可能性を強調した。このようなMcIntireの報告をもとに、為替変動による危険性も含め、シンガー社は上海の販売センター開設にあたり、ミシンのような「開化手段」（civilizing medium）を宣教師が喜んで利用する限りは彼らを積極的に登用することとした。宣教師の自宅でミシンのデモンストレーションを行なうことで、新しいものへの違和感をなくせという示唆まで McIntire は行なっている[41]。

しかし、アヘン戦争を経た清国は一九世紀後半においても政情が不安定であり、日本と異なり開港後にヨーロッパ風のドレスやスーツが急速に普及するといった事態はみられず、衣服慣習の変化は激しくなかった。また、当時の清国ではミシン製衣服のタイトな感触が嫌悪されたという調査もシンガー社の東アジア進出を困難にしていた。先述したように、当時の清国では米国やヨーロッパから輸入された諸機械を「妖魔的化身」として拒否する傾向が多くみられた。結果的に、清国におけるミシン販売は大変厳しいものであり、ロシアの場合にみられた急ピッチの展開は清国市場では実現できなかった。シンガー社は以後も非常に限定的な市場模索を中国で継続することになるが、八八年六月には上海の販売センターを閉鎖し、清国での本格的な市場開拓を諦めることとなった[42]。九〇年代には再度清国市場の開拓を試み、一九〇五年には清国政府任命の欧米視察団をロンドン支店へ招聘した。しかし、同年に清国内で生じた米国製品のボイコットを通じ、シンガー社にとって清国への本格的な輸出・販売体制が依然として困難なものである点を認識するにいたった[43]。

一九世紀末、既に「欧米列強」を国家建設や経済システム構築の目標に定め政体変化を遂げていた日本に対し、シンガー社は、ほぼ連日出航していた上海・横浜間の定期便に目を付け、上海経由で横浜へ輸出する政策が注目された[44]。日本市場の開拓は清国市場放棄の代替策ではなく、機会があれば再び清国という大市場の開拓を再開する機会費用の損失を避けた政策であったと考えられる。一九世紀後半、清国に比べ衣服習慣を簡単に捨て去り、脱亜入欧・西洋化が流行となっていた日本が、同社アジア市場開拓の再出発点となった訳である。もっとも、世紀末、アジア危機の世界経済への悪影響が懸念されるなか、シンガー社は日本進出を急速に展開させたわけでは

図1　日本のシンガー推定値(1900～1937年)

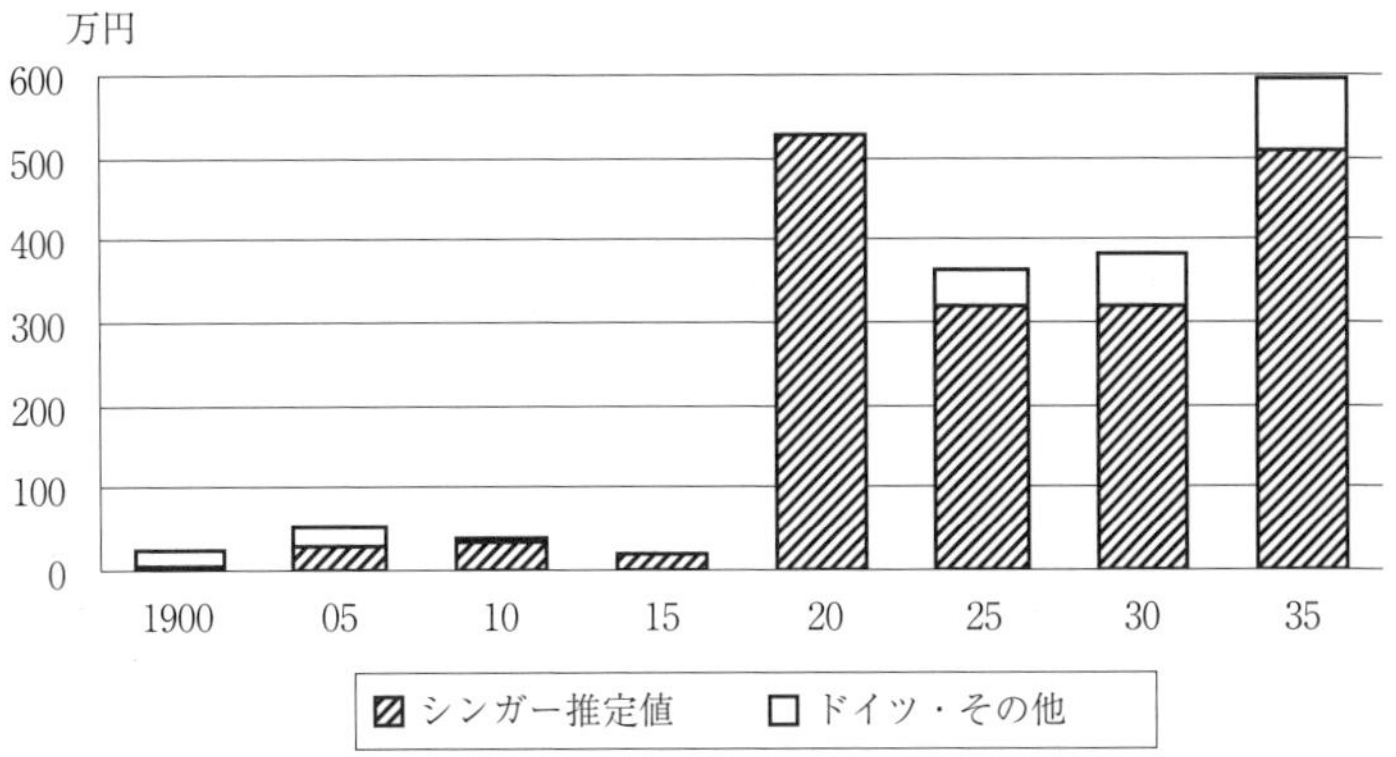

出典:『大日本外国貿易年表』大蔵省、各年版より作成。
注:米国(U.S.)からの輸入総額80%と、イギリス(U.K.)とカナダ(Canada)からの全輸入総額を「シンガー推定値」に計上した。なお、ユニオン・スペシャル社(Union Special)の海外工場は不在と仮定した。それ以外の輸入額はすべて「ドイツ・その他」に計上した。

なく、当初の対日販売は東京の富裕商人一名に販売を委託する程度に限られていた[45]。要するに、一九世紀末のシンガー社は、アジア市場開拓の模索期に立っていたわけである。

さて、東アジア市場開拓に向けて日本に焦点を当て直したシンガー社は、鹿鳴館に代表されるように、政府首脳陣や貴族層が挙って洋服を着用していることから、日本は急速に衣服変化が生じる市場であるとの判断を下した[46]。先述した通り、一九世紀末の米国内ミシン市場では、既に足踏式ミシンが普及し、電動ミシンの開発が終わり実用化に向けて注目されはじめていた。これが背景となり、シンガー社の対東アジア戦略は、清国という広大な市場確保とは異なり、米国内で溢れかえっていた手廻式ミシンの在庫処分を日本で行なうというかたちへ変化した[47]。

一八九九年に居留地貿易が撤廃され、関税自主権を部分的に回復させた日本では、外国企業の支店網が拡大した。翌年、シンガー社は横浜中央店・神戸支店の二店舗を開設し、日露戦争前後を通じて、一九〇六年までに全国七〇店舗へと拡大を遂げた[48]。同年の販売主要国の支店数は、「ロシアに七〇三店、イギリス五七七店、ドイツ帝国三九一店、イタリア二三七店、フランス二三六店、トルコ二一五店、メキシコ二一〇店[49]」であった。また、シンガー社の全外国支店に対し、日本の支店数七〇[50]が占める比率は、わずか一・三%に過ぎない。それでも、図1からわかるように、日本においては、二〇世紀前半を通じて他社間競争に入っていたとはいえ、シンガー社製ミシンのシェアは大きい。

二　東アジアにおけるミシンの普及

本節では、各種人名録を手がかりに、日本、台湾、朝鮮、中国の順で東アジアにおけるミシン普及の状況を探る[51]。

(1)日本列島

一九一四年に刊行された『増訂五版　日本全國商工人名録[52]』と、一九三〇年刊行の『大日本商工録[53]』から、日本におけるシンガー社支店網の広がりを確認する。

まず、『増訂五版　日本全國商工人名録』から筆者が確認できた一〇年代中期シンガー社の支店（分店）が表1である。一九一〇年代にシンガー社は、地球規模での船便輸送体制を完備させ、結果的にはミシン輸入諸国の衣服産業化を促進させることになった。日本の場合、ミシン本体と技術は、月賦販売、支店、学校、教科書、ラジオ講座、婦人雑誌といったさまざまな経路で急速な普及をみせた[54]。そして、職業目的と自家消費目的、いずれの用途であろうとも、家庭で使用することが可能であった点がミシンの特徴であり、この点が、工場へ集中的に投入された他の諸機械とは異なる[55]。

表1　日本のシンガー社分店・ミシン販売店の一部(1910年代)

①兵庫県・大阪府

国名	市郡	分　類	店　　名	住　所
摂津国	大阪市	外国人商館	シンガーミシン会社船場支店	東区南久宝寺町4丁目
			シンガー、ソーイング、ミシン、コンパニイ大阪心斎橋分店	
			シンガー裁縫株式会社	北区堂島船大工町
			シンガーシーイング、ミシン、コムパニイ上本町分店	上本町2
			シンガー、ソーイング、ミシン、コンパニー日本橋支店	日本橋筋3
			シンガーミシン会社天神橋分店	東区京橋3丁目
			シンガー、ミシン裁縫機械会社福島分店	上福島2丁目
			シンガー、ミシン会社玉造分店東区	東雲町1丁目
			シンガー、ミシン裁縫機械会社梅田支店	北区梅田町
	神戸市	株式会社	シンガ裁縫機械会社	西町
			シンガーミシン裁縫機械会社	相生町1
		各種営業	永塩長太郎	福原町
播磨国	姫路市		シンガーミシン会社姫路分店	東二階町

②その他

国名	市郡	分　類	店　　名	住　所
武蔵国	東京市	外人商館	シンガー裁縫機械会社支店	尾張町2-23
	横浜市	外国商館	シンガーミシン会社日本中央店	山下町23
美濃国	岐阜市	株式会社	シンガーミシン裁縫機械会社	七軒町
讃岐国	高松市		シンガ裁縫機械会社高松分店	丸亀町
下野国	宇都宮市	各種営業	シンガーミシン宇都宮分店	大工町
加賀国	金沢市		シンガーミシン会社金沢支店	金沢市下堤町35
越前国	福井市		シンガーミシン会社福井支部	福井市大和中町
	敦賀郡		シンガー会社敦賀分店	敦賀湊晴明
若狭国	遠敷郡		シンガー小浜分店	福井県小浜港清□
備中国	都窪郡		仁科玄一	倉敷町
阿波国	徳島市		シンガーミシン会社出張所	西新町
伊予国	松山市		シンガーミシン会社松山分店	港町
紀伊国	和歌山市		坂口勝次郎	本町2丁目

出典：①②とも、東京合資会社商工社編纂『増訂五版　日本全國商工人名録』1914年(所収は、渋谷隆一編『都道府県別資産家地主総覧』各府県版、日本図書センター)より作成。

注1：横浜市の「シンガーミシン会社日本中央店」の箇所に「資本金100万円、本社　米国紐育ブロード街149。東洋総支配人アールエスコール。Singer sewing Machine co.」との記載がある。

2：本表が当時のシンガー社全分店を示していない点は留意されたい。桑原哲也「初期多国籍企業の対日投資と民族企業——シンガーミシンと日本のミシン企業、1901年～1960年代——」(『国民経済雑誌』第185巻第5号、2002年5月)によると、06年時点で日本国内シンガー社分店総数は70店舗存在した。

表2　兵庫県・大阪府のミシン販売店(1930年)

①兵庫県

分　類	店名・業者名	住　所
ミシン機械(附属品)	池本鍛冶松	神戸、山本、1-11
〃	吉井百蔵	神戸、荒田、2-155
〃	東京屋(大野宗太郎)	神戸、布引、3-71
〃	網市商店	神戸、兵庫川崎、26
〃	シンガーミシン会社神戸営業所	神戸、三宮、3-60、三宮神社西入

②大阪府

分　類	店名・業者名	住　所
ミシン機械(附属品)	井上清太郎	北区中野町2-173
〃	辻米次郎	北区末広町22
〃	南ミシン商会(合名)	北区梅ヶ枝町144
〃	安達繁次郎	東区下味原82
〃	中佐右衛門	東区内久宝寺町1-17
〃	成尾ミシン店(成尾精亮)	東区空堀通3丁目42
〃	松村信造	天王寺区上本町7-57
〃	東洋ミシン商会(合資)	南区上本町2-28
〃	中島ミシン商会	浪速区恵美須町4丁目26
〃	島川永太郎	浪速区元町3-168
〃	宮本国造	浪速区難波元町2-80
〃	奥田定次郎	東淀川区天神橋筋8-4
ミシン機械	岡上久一	西区阿波座上通1-32
〃	山口庄太郎	西区北堀江二番町27
〃	廣瀬松太郎	西区江戸堀下通3-1

出典：大日本商工会編纂『大日本商工録』(1930年)

日本におけるシンガー社の展開は、直営支店網の拡大というかたちで進められた。表1をみると、一〇年代中葉のシンガー社主要分店には、大阪市のように「外国人商館」といった区分がなされる場合があり、類似したものに東京市と横浜市がある。また、同じ分店でも、高松市の場合は株式会社に分類されているのに対し、松山市では各種営業に区分されている。

ミシンは一九世紀末に陸軍被服廠へ導入され、民間でも仕立業者や足袋業者などに知られていたが、二〇世紀に入ってからも、道具類の一つとして考えられることが多く(56)、製造用の機械としての名称や、販売店の業種が特定されにくかった。たとえば、表1の拠りどころとした『増訂

五版 日本全國商工人名録』の場合、「各種営業」に含まれている「牛乳」「新聞」「化粧品」などと同レベルで、「家庭用、工業用、裁縫機械及附属用品一式」[57]「和洋服裁縫シンガーミシン販売（月賦）商」[58]「シンガー」[59]といったように記されている。すなわち、シンガーが牛乳や新聞と同一の業種レベルで記載されている。

次に、兵庫県と大阪府のみの事例になるが、一九三〇年に刊行された『大日本商工録』によると、表2のようなシンガー社支店の表記は少なく、個人業者名が前面に出ていることも多い。表には反映させていないが、中には中古品の販売を手掛けている店舗も存在した。

店舗住所から、表1と表2で近似しているのは、「東洋ミシン商会（合資）」（上本町）である。これが表1の「シンガーシーイング、ミシン、コムパニイ上本町分店」の後身であるかどうかは確認できていないが、一九三〇年までに、シンガー社の支店網が縮小傾向に入ったか、表2の業者の大半がシンガー社製ミシン以外の製品も扱うようになったかのいずれかであろう。現段階では、シンガー社の直営販売店方式に変化があったのかどうかについて明確な根拠を持ち合わせていないが、おそらくは、後者のケースが多かったと思われる。『大日本商工録』では、たとえば、兵庫県の「東京屋」の場合、「各国新古ミシン売買並修繕。創業大正一三年」というように簡単な店舗紹介が記されている。また、大阪府の「成尾ミシン店」も「各種ミシン、附属品部分品、中古品売買。創業明治四十年」と記されており、複数メーカーのミシンを取り扱っている。

表1に示した一〇年代の『日本全國商工人名録』との直截的な比較になるが、そこでは店名にシンガーの文字が多数確認された。しかし、三〇年刊行の『大日本商工録』ではミシン販売業者名からシンガーの文字は減少した。このような変化と逆のパターンがみられたのが、次に紹介する台湾である。台湾の『大日本商工録』からは、かつて一九〇〇・一〇年代の日本がそうであったように、遅くとも二〇年代にはシンガー社支店が集中的に進出したことがわかる。

(2)台　湾

一六年刊行の『日本全國商工人名録』[60]では、同年版の朝鮮や旧満州、それに一五年版の日本と異なり、台湾にミシン販売店を確認できない。ところが、三〇年刊行の『大日本商工録』ではミシン販売店名にシンガー社支店が多数確認される。

『大日本商工録』の「ミシン機械」に登載されている店舗は三一を数える。そのうち、「シンガーミシン会社台湾本部」(台北市太平町)以下、同社販売店は二三にのぼる。内訳は、「北港郡」や「旗山郡」など南西部が多く八店舗、ついで、「苗栗郡」や「大甲郡」など中西部に七店舗、「台北市」や「基隆市」など北部に五店舗、「花蓮港街」や「台東街」など東部に三店舗であった。シンガー以外のミシン販売店九店舗のうち五店舗は中西部に集まっている。

第一次世界大戦後から二〇年代にかけて、シンガー社の国外販売高は、総販売高の四分の三を占めていた。ほぼ二〇世紀前半に重なる四十数年間、第五代社長を務めたダグラス・アレクサンダーは、国内販売の強化を図り、各高等学校へマニュアル本を付して格安にミシンを供給した。家庭でミシン裁縫を行なう若年需要層を新たに獲得することが目的であり、大きな効果があったという[61]。景気減退の二〇年代から三〇年代初頭にかけて、米国内で同業他社が倒産していくなか、シンガー社は、既に一九世紀後半に展開させていた家庭へのミシン浸透を一層促進させることに成功した。

米国内市場の模索というシンガー社の危機意識からは、対東アジア戦略に変化が生じても不思議ではない。日本国内のミシン滞留を見越し、東アジア市場の新規開拓先として、シンガー社が二〇年代に台湾を選択した可能性は高い。

表3　朝鮮のミシン輸入（1934年）

縫衣機（Sewing machines）　（単位：kg）

	仁川	京城	三峰	釜山	新義州	平壌	その他1	その他2	合計
満州国					41		146		187
露領亜細亜		108					12		120
北米合衆国	303,801	75,742		57	326	41		42	380,009
合計	303,801	75,850		57	367	41	158	42	380,317

縫衣機部分品及付属品（Parts and accessories of sewing machines）　（単位：kg）

	仁川	京城	三峰	釜山	新義州	平壌	その他1	その他2	合計
北米合衆国	415	513	42	0	30				1,000

出典：朝鮮総督府『朝鮮貿易年表』（1934年）。
注1：重量は、1斤＝600gでグラム換算した。
　2：「その他1」は「豆満江地方」、「その他2」は「鴨緑江地方」。

（3）朝鮮半島

『日本全國商工人名録』訂六版（一九一六年刊）によると、（1）日本列島で指摘したように、種々の業種に登載されている。朝鮮の場合では、「シンガーミシン」「各種営業」「商事株式会社」の三種である。「新幕沙里院　新幕本町」の「中野清助」や釜山「弁天町」の「シンガーミシン株式出張所」など、シンガー販売店を三件確認できる。同様に、『大日本商工録』（一九三〇年刊）ではミシン販売店が三件、そのうちシンガーは二件確認できる。「大邱上町」と「清津弥生町」には「シンガーミシン会社」、すなわちシンガー支店があり、一件は、『日本全國商工人名録』訂六版にも登載されていた「千国徳重」（平壌）である。千国は、『大日本商工録』で「シンガーミシン、婦人小供服地、カタン糸一式」を扱うと記されており、直営店ではないにしろ、シンガー販売店であると同時に、裁縫道具店の様相を呈している。『日本全國商工人名録』訂六版と『大日本商工録』のいずれにも、シンガー系列か否かを問わず、ミシン販売店そのものが京城には掲載されていない。一九一九年七月二四日付けの『東京日日新聞』によれば、「紐育に本店を有し京城に満鮮総司部を有するシンガーミシン会社に属する内鮮人社員、販売店主任其他の雇人等四千名」が同盟罷業を行なったという[62]。この記述にもとづけば、一

○年代には京城に広範なシンガー販売店網が存在したということになる。とくに朝鮮の場合、人名録にもとづいた類推の限界が大きい。

そこで、一九三四年の『朝鮮貿易年表』[63]から、ミシンの輸出国と輸入港を紹介する（表3参照）。一九三四年には米国から京城へ約七万六〇〇〇キログラム（米国占有率九九・九％）のミシンが輸入されている。おそらくは、京城の裁縫工場が多分にシンガー社製ミシンを利用していたであろう。他地域では、仁川で約三〇万四〇〇〇キログラム（同一〇〇％）、釜山五七キログラム（同一〇〇％）、新義州三二六キログラム（同八八・九％）、平壌四一キログラム（同一〇〇％）、鴨緑江地方四二キログラム（同一〇〇％）となっている。

ただし、京城をはじめとする朝鮮各地のミシン輸入とミシン販売店分布との関連性は現段階では説明できない[64]。後述する丁子屋の例から、朝鮮へのミシン普及は、ミシン販売店の展開だけでなく、日本からの移動（持ち込み）も多少は作用しているのではないかと推論するのが限界である。

朝鮮半島の場合、スーツを代表とする洋装の普及は日本からの移植要因が大きく、日露戦争以降を中心に、二〇世紀初頭から、丁子屋・三中井・三越・大丸などの日系百貨店が、半島主要都市において衣料製品の販売体制を確立させていった。これら百貨店の場合、洋服店起源と呉服店起源があり、前者が丁子屋、後者が三中井・三越・大丸であった。そのうち、日本の店舗網を拡大せずに、朝鮮半島へ本店設置と支店網拡大を行なったのが丁子屋と三中井であった。両者は、いずれも店舗販売用衣料の生産部門、すなわち、裁縫部門・裁縫工場を京城府その他の地域に構えた[65]。

『朝鮮工場名簿』[66]では、一九四一年に職工五名以上を擁した衣服工場が登載されている。この名簿から「主要生産品目」別に区分した裁縫工場の地理的分布をまとめたのが表4である。『朝鮮工場名簿』は工場主・工場の国籍について明記されておらず、現地系工場・日系工場を問うていない[67]。

表4　朝鮮における裁縫工場の分布（1941年）

主要生産品目	京畿	慶南	咸南	平南	慶北	黄海	全南	全北	忠南	総計
シャツ類		1								1
学生服		2	1							3
学生服、労働服		1								1
学生服其他				5						5
裁縫	92					6				98
裁縫品				2						2
作業服		2	1							3
子供、学生、婦人服		1								1
東紡スレン、作業服			1							1
被服		3								3
被服裁縫	13									13
洋服		8	13	5			5	3	3	37
洋服外套類					1					1
洋服及外套					7					7
総　計	105	18	16	12	8	6	5	3	3	176

出典：朝鮮總督府殖産局編『朝鮮工場名簿』（朝鮮工業協會、1941年）
注：職工５名以上工場が登載されている。

表5　朝鮮半島における三中井と丁子屋の工場・店舗（1941年）

①三中井

工場名	所在地		創業年	主要生産品目	職工数
三中井和服研究所	京畿	京城府	1922	裁縫	A
株式会社三中井百貨店洋服工場	慶南	釜山府	1929	洋服	A
三中井洋服工場	忠南	大田府	1931	洋服	A
株式会社三中井洋服部	全南	木浦府	1932	洋服	A
三中井被服工場	京畿	京城府	1933	被服裁縫	D
三中井洋裁部	平南	平壌府	1933	洋服	A
株式会社三中井洋服工場	慶北	大邱府	1934	洋服及外套	A
三中井婦人子供洋裁部	慶南	釜山府	1935	子供、学生、婦人服	A

②丁子屋

工場名	所在地		創業年	主要生産品目	職工数
丁子屋用達部	京畿	京城府	1905	被服裁縫	B
丁子屋	咸南	元山府	1914	洋服	A
合資会社丁子屋洋服店裁縫工場	平南	平壌府	1916	洋服	A
丁子屋第一工場	京畿	京城府	1921	被服裁縫	B
株式会社丁子屋商店釜山支店	慶南	釜山府	1921	洋服	A
丁子屋鄭工場	京畿	京城府	1926	裁縫	A
丁子屋和服裁縫所	京畿	京城府	1931	裁縫	A
丁子屋呂工場	京畿	京城府	1932	裁縫	A
丁子屋用達部分工場	京畿	京城府	1934	被服裁縫	A
丁子屋商店用達部第三工場	京畿	京城府	1937	被服裁縫	C

出典：朝鮮總督府殖産局編『朝鮮工場名簿』（朝鮮工業協會、1941年）
注：職工数Aは５名以上50名未満、Bは50名以上100名未満、Cは100名以上200名未満。

さて、裁縫工場[68]は京畿に集中している。それらの大半が京城府にあり、ごく一部は開城府や仁川府に展開していた。慶南の場合は主に釜山府、咸南の場合は咸興府、平南では平壌府に集中する傾向が強い。これらのうち、三中井と丁子屋の店舗と工場を一覧にしたのが表5である。先述の通り、両社は小売部門である百貨店が著名であるが、一部に自社工場を備えていた。近江の呉服・小間物商であった三中井は、一九〇五年に「三中井商店」として大邱で創業した（のち〇七年に三中井呉服店へ改称）[69]。京城本店の開店は一九一一年である。株式会社化した二二年には「和服研究所」も開設し、以後、二〇年代末から三〇年代前半にかけて七軒の裁縫工場を建設した（表5参照）。

三中井と異なり洋服商から朝鮮進出を果たした丁子屋（創業地は三重県）の場合、軍隊、警務庁、宮内府、朝鮮各官庁など、政府諸機関の御用達を受けた点が強みであった。以下、『丁子屋小史』[70]をもとに展開を要約すると、一八六六年に二代目小林源右衛門によって、それまでの家業であった「武具装束」から洋服裁縫へ転換し、「手縫ひより遙かに早き機械あることを聞き、直ちに〈カン縫ミシン〉を買求め裁縫を為した」。一九〇四年、日露戦争開戦とともに、二代目源右衛門は朝鮮へ視察旅行に向かい、一旦帰国した後、種々の商品群・必要設備を乗せ、店員・職工二〇数名とともに、大阪川口から全勝丸で出航し、釜山で四月に開業したという。直後に京釜鉄道の「驛員被服用達及尉山、大邱、統營にある韓國陸軍鎭營隊の御用達を受け」る。九月には京城に支店を開店し、京城支店開店とともに、京釜鉄道の京仁間御用、韓国軍隊及び警務庁の被服用命、宮内府・朝鮮各官庁・大臣・各高等官の御用等を受命した。さらに一九〇七年、純宗が朝鮮国王になったさい、韓国宮内府にて侍従以下の礼服と、日本宮内省第一公式服制に似た服装類全部を受命し、京城店で全て調製納品する。以後、朝鮮における警察官、鉄道局、逓信局など、各官署の被服調製の需要が増大し、用達部を独立すると同時に電動力を利用した「裁縫機械」（ミシン）の運転を開始し、納品点数は一年間で一〇万着にのぼったという。表4にある通り、丁子屋の工場が三中井に比べ京城府に集中しているのは、このような御用達の面が大きい。

その後、第一次世界大戦の勃発により、ヨーロッパ、「極東サイベリア及び北満地方」への輸入途絶を見越し、毛織物などの欠乏を睨んだ。一九一五年に店員を哈爾浜へ派遣させ、羅紗類の欠乏を確認させたうえで、当地をはじめ、シベリア鉄道沿線のイルクーツク、オムスク、モスクワへ取引網・商圏を拡大させた。さらに、ウラジオストックに支店を開店させ、羅紗類販売に成功し、「ハルピンのブフマン商會及びチユウリン百貨店、イルクーツクのフトロア百貨店等へも既製服」を販売し、売れ行きは良好であったという[71]。

(4)中国大陸

中国大陸では、日系工場だけでなく現地工場においてもシンガー社製ミシンが広く導入された。端緒はアヘン戦争以後の洋服普及にあり、一九世紀中期の東沿岸部をはじめ、一九世紀末には内陸部にも広範にミシンが普及した。大日本帝国の膨張が中国におけるシンガー社製足踏式・電動式ミシンの普及に役立ったのは二〇世紀の第2四半世紀のことである。

一九世紀末内陸部にみられる状況は本稿で論じる余裕がないため、大丸弘の指摘を紹介する。「エリアス・ホウによって発明された現在のミシンの原型をふくめて、七〇くらいの特許がうまれている。そして、そのころには中国でも沿海の大都市で、たぶんアメリカ製のシンガー・ミシンがつかわれるようになり、やがてそれは長江(揚子江)や西江を船でさかのぼり、内陸の小さな都市、ときにはおもいがけない山の村にも、小さな〝文明〟のよろこびをもたらした[72]」。大丸の指摘するのは一九世紀末の状況であるから、およそ長江沿岸や西江沿岸に広まったのは世紀転換期、動力別にみれば手廻式ミシン、そして一部は足踏式ミシンであったと考えられる。

①東沿岸部

日本より一足先にミシン・洋裁・洋服が普及したのは、一九世紀中後期の寧波・上海・天津など、東沿岸部にみられた仕立業である。アヘン戦争以後、西式衣服（日本語でいう洋服）の仕立職人、いわゆるテーラーを中心に展開した。顧客層は比較的明瞭で、一八四〇年代に上海を租界としたイギリス、アメリカ、フランス各国から来た人々や一部の中国人であった[73]。

上海をはじめとする開港都市部にシンガー社（胜家公司）が上陸した当初、電燈や汽車などと同様に、中国では「妖魔的化身」としてミシンは理解された。「妖魔」が人間のものであると認識されるために、シンガー社は中国人工女を雇用し、無料でミシン利用の場を提供し縫製技術を伝えたという。その後、工女たちは路上でミシン縫製のデモンストレーションを行ない、ミシンを馴染みあるものにさせていった。ミシンは家内道具という認識が強く、本体内部構造は分解することによって知られ、問題は自分で修理可能かどうかに向けられた[74]。

②旧満州

清末民初期、遅くとも一九一〇年代には、旧満州でシンガー社製「足踏ミシン」が広範に普及したとの桐澤信六の報告がある[75]。ミシンの普及によって、一一年の辛亥革命前後から、下請型・家内生産の衣料縫製が活発化した[76]。民間工場や、その下請だけでなく、辛亥革命や一連の動乱において、ミシンが軍服生産目的で利用されたり、自家生産目的で利用されたりした場合も考えられる。一九一六年刊行の『日本全國商工人名録[77]』では、「奉天」（現遼寧省瀋陽市）に、軍衣荘とよばれる軍服その他の衣料生産に従事する工場がいくつか確認できる。また、当人名録には、旧満州におけるミシン販売店四店舗が掲載されている。いずれも「各種営業」に区分されており、大連が「ミシン（竹本壽八）」の一店舗、「奉天」が「裁縫器械（勝家公司シンガーミシン司荘）」「ミシンキカイ（勝家公司）」の二店舗、遼陽（現遼寧省遼陽市）が「ミシン機械（シンガーミシン会社、伊地知松吉）」の一店舗である。これらのうち、シンガー社（勝家公司）支店は少なくとも三店舗を確認できる。

塚瀬進によると、日本人の経営する洋服店で修業を積んだ現地中国人の仕立業者の独立操業が二〇年代に増加し、日本の洋服業者と顧客争奪に入ったという[78]。旧満州では、神戸・横浜の場合のように中国人が日本人へ洋裁技術を伝授したケースと逆パターンが一部でみられた。当該地域が一九三〇年代に日本の植民地「満州国」として機能するようになってからは、シンガー社製「動力ミシン」が普及するようになった[79]。旧満州は、日本人が最大規模で中国に居住した地域であり、一九三二年で約二六万九〇〇〇人を数え、上海の約一〇倍にのぼった[80]。日露戦争後の一九一〇年代から、工場生産と家庭内生産（下請生産）によって、南満州鉄道株式会社職員や日系商社従業員へ支給される制服は広く普及していたが、移民子息向け学生服の供給は遅延し、三〇年代に本格的な導入が検討されることとなった。シンガー社製動力ミシンを導入した日系工場設立の必要性はここにあった。

表6は、三七年刊行の『滿洲工場要覧』の「関東州工場名簿」と「鉄道附属地工場名簿」のうち、「其他の工業（二）裁縫業」に区分されている工場をまとめたものである。投資額でみると、洋服部門では、「洋服、シート、ロープ、天幕、其他の覆布」を生産する大連工業株式会社（大連）の約四八万円から、三〇〇円の同発成衣局（新京、現吉林省長春市）まで、「支那服」部門では、一万円の茂記成衣局（新京）から三〇〇円の雙興隆成衣局（同）まで、いずれもさまざまな規模の工場が存在している。

工場名も個人業主に近い「洋服店」から、組織化された株式会社や工場までさまざまである。生産品については「洋服」と「支那服」しかわからないが、大きな顧客層が存在したことであろう。これらの工場の設立年をみると、一九〇〇年代の、大連一工場、旅順二工場、一〇年代には、大連の工場が増加する一方で、奉天・撫順・新京へも微少ながら工場が新設されていった。とりわけ、大連工業株式会社は当該地域で大規模な縫製工場で、「満鉄用度事務所々管の雨覆、ロープ、家具等の製造事業を継承独立せるもの」であった。ミシン一二〇〜一三〇台を有し、満鉄用度部の下請を行ないながら、「電業、瓦斯、国際、交通会社等の支給服を引受」け、「中等学校、

表6　『滿洲工場要覧』登載の「裁縫業」(1937年)

所在		工　場　名	設立年月	投資額(円)	生産品
関東州	大連	徳海屋被服工場	1905年08月	100,000	洋　服
関東州	大連	大連工業株式会社	1918年09月	476,513	洋服※
関東州	大連	松本洋服店	1919年03月	10,000	洋　服
関東州	大連	勝又洋服店工場	1920年08月	60,000	洋　服
関東州	大連	大連羅紗貿易商会付属被服工場	1920年11月	10,000	洋　服
関東州	大連	丁子屋洋服裁縫工場	1920年11月	40,000	洋　服
関東州	旅順	中山洋服店工場	1906年04月	6,000	洋　服
関東州	旅順	岩崎洋服工場	1906年09月	50,000	洋　服
関東州	旅順	吉野洋服工場	1871年03月	5,000	洋　服
関東州	旅順	井本洋服店	1917年10月	3,000	洋　服
関東州	旅順	高田洋服店	1928年03月	15,000	洋　服
鉄道附属地	奉天	富永洋服裁縫工場	1911年12月	10,000	洋　服
鉄道附属地	奉天	つるや洋服店工場	1919年01月	10,000	洋　服
鉄道附属地	奉天	丁子屋洋服店工場	1920年09月	30,000	洋　服
鉄道附属地	奉天	雙和福縫工場	1924年12月	500	支那服
鉄道附属地	奉天	毛原洋服工場	1925年06月	15,000	洋　服
鉄道附属地	奉天	奉天被服工場	1934年04月	100,000	洋　服
鉄道附属地	撫順	中馬洋服店	1913年09月	35,000	洋　服
鉄道附属地	撫順	日華洋服店	1927年11月	3,000	洋　服
鉄道附属地	新京	井上洋服店	1932年05月	10,000	洋　服
鉄道附属地	新京	犬上洋行	1933年11月	30,000	洋　服
鉄道附属地	新京	奉盛洋行	1934年03月	15,000	洋　服
鉄道附属地	新京	丁子屋商店新京支店	1935年08月	50,000	洋　服
鉄道附属地	新京	同発成衣局	1919年10月	150	洋　服
鉄道附属地	新京	茂記成衣局	1931年04月	10,000	支那服
鉄道附属地	新京	雙興隆成衣局	1933年07月	300	支那服
鉄道附属地	新京	恒順昌洋服店	1933年11月	500	支那服

出典：長永義正(大連商工會議所調査部)編『滿洲工場要覧』(大連商工會議所、1937年)
注1：所在は出典表記の通りにした。
　2：「洋服※」は「洋服、シート、ロープ、天幕、其他の覆布」。

青年学校の指定商」をも兼ねていた[81]。

さて、三〇年刊行の『大日本商工録』では「関東州」にシンガー社の支店を二店舗確認することができる。いずれも「ミシン器械」に分類された「勝家縫□機器公司シンガーミシン」（大連西崗街）と、「シンガミシン大連支店」（大連浪速町）である。両店舗とも、二〇年代に集中的に建設された大連の裁縫工場へミシンを販売していたと考えられる。「満州国」建国前後の三〇年代初頭は明らかに首都「新京」の工場が増加している。桐澤報告を表6に付き合わせると、一九三八年時点での「法人経営」のみをとりあげた旧満州の縫製工場には、一部創業年の違いはあるが、「毛原洋服工場」「丁子屋」「奉天被服工場」「大連工業株式会社」の四工場を再度確認することができる。桐澤報告では、新京が三工場、奉天が七工場紹介されており、「毛原洋服工場」を除くと、両地域の裁縫工場はすべて三〇年代に設立されている。

以上、紹介した名簿録は裁縫工場を全てカバーしたものではないが、工場設立の趨勢は、一〇年代から三〇年代にかけて、現行行政区域でいう遼寧省から吉林省へ北上した。この段階では、哈爾浜をはじめとする黒竜江省内への本格的な工場設置はあまりみられなかったと思われる。

さて、表6では、大連・奉天・新京の三地域に丁子屋の文字が確認される。（3）朝鮮半島で紹介した通り、丁子屋は京城に本店を置く日系商店であった。表6からは、丁子屋が二〇年代以降、旧満州方面へも販路を拡大させていく展開を読み取ることができる。桐澤報告にも記載された丁子屋をはじめとする先述の四工場に限らず、表6の工場にはミシンが導入されていた。三〇年代後半の当該地域におけるミシンは、「工場式のもの将又洋服店のものも[82]」すべてシンガー社製という状況にあった。桐澤報告から一例を挙げると、一九三五年五月に奉天で設立された橋本被服廠では、「動力」七〇台、「足踏」四〇台、「特殊」一〇台におよぶ「密針」（ミシン）が導入された。ミシン構成は、「閂貫」二種類（六八型・五二型）、「穴」かがり二種類（七一型・九九型）、「釦付」一種類（型番記載なし)、「地縫密針」一種類(三一型・四四型)、「製帽用(環縫)」一種類であり、シンガー社カタログと付き合わせると、これらのミシンは同社製の型番に対応していることがわかる。[83]

③西北部(陝甘宁方面)

一九三六年に陝西省で西安事件が発生して以来、翌三七年にかけて第二次国共合作が成立した中国大陸では、のち六〇年代の三線建設に連なる工業化政策が大陸西北部へ導入された。いわゆる工業合作社運動、または失陥地区の内地移転をめざした奥地工業化である。[84]現在の陝西省・甘粛省・寧夏回族自治区(旧寧夏省、以下「陝甘宁」と略す)が中心地となった。[85]これらの地域が注目されたのは、日中戦争の主戦場となった東沿岸部はもちろんのこと、ソ連や東南アジア国境帯をも避けたためである。

それまで東沿岸部のうち、辛うじて工業地帯として機能していた浙江省の寧波が、日本側の南下、とりわけ蕭紹作戦によって陥落する可能性を憂慮した中国側は、寧波に集中していた種々の工場設備を西北部へ移送し、分散設立させる計画を立てた(一部は浙江省内の西進も含まれた)。[86]「陝甘宁」のうち、とりわけ共産党軍の根拠地となった「陝甘宁辺区」では、重工業や軽工業の起点として地域内全面自給が期待された。なかでも、軍需・民需ともに重要な資材となる鉄と布が重視されたが、布の場合、四〇年代初頭に入っても、民間紡織品を含め三分の一が自給可能であったに過ぎず、不足分は周辺地域からの移送に頼っていた。[87]被服の大量生産も困難を極め、三七・三八年時点でも周辺地域に多くを依存し、自給生産は不可能であった。共産党軍が建設した被服工廠の生産力も極めて乏しいものであり、被服生産・製靴ともに少量にとどまり、材料糸の段階、すなわち紡績においても自給は少量に過ぎなかった。[88]

三九年になると婦人合作社が設立され、社員は合作社家族を中心に現地採用された。紡織関連では、被服製造(裁縫部門)を担う「婦女縫紉合作社」が、寶鶏に一社、雙石舗に一社、西安に二社設立された。[89]なかでも、寶鶏

（現陝西省寶鶏市）の場合、学生数二〇名という小規模ながら女子職業訓練学校も併設され、紡績・織布・裁縫が教授された[90]。女性向け職業訓練学校の設立は当該地域で活発化し、紡織関連部門の女性産業予備軍が形成された。四〇年になると、工業合作社運動にもとづいた寧波工場の強制移転が、いよいよ本格化した。そのうち、ミシンを導入した工場に軍服部門があった。寧波の軍服三工場が軍服合作社として、第一期（三月一〇日から末日）に同じ浙江省内へ一工場、第二期（四月）に安徽省へ二工場が移転し合作社となった。三社の職工数は六五名、ミシンは五〇台であった[91]。

当地の被服製造が大規模に展開されたのは当年末のことであった。真珠湾攻撃に端を発した太平洋戦争の開始とともに日中戦争も激化し、これに備えて、当該地域内外の物流を停止させたことがきっかけであった。ここに、被服、靴、織布、羅紗、毛皮、染織など、被服・靴、他の関連部門が連鎖的に工業化した。そうして、四二年九月、それまで地域内に散在していた各工場は、政府管理へ移行した[92]。

三　ミシンの普及性と東アジアの共時性

(1)ミシンの普及性

①ミシンの特質からみた普及性

ミシンの特徴を一言でいうと小型ゆえの可動性にある。小型という特徴は、紡績機や力織機に比べ工場だけでなく家庭へも設置しやすく、集中的生産組織だけでなく、分散的生産組織を容易にさせる[93]。生産財がこのような配置方法を可能にさせたケースは珍しい。

もっとも、家庭への設置という点は編機についてもいえることであるが、ミシンの方が広く普及したと思われる。なぜなら、ミシンは、織地縫製だけでなく、メリヤス製品等の編地縫製にも利用され、最終製品を家庭で生産する機械として、編機に比べミシンの方が二点目の特徴を大きく有するからである。また、小幅力織機の場合、電力普及とともに中古品として家庭に設置される場合があったが[94]、力織機とミシンとを比べると後者の方が普及性は高いとみてよい。ミシンの小型ゆえの可動性は、特に手廻式ミシンの場合に最も顕著であり、日中戦争時に朝鮮軍の従軍女性たちが、炊飯器や薬用コカインとともに携帯したという[95]。

②軍需からみた普及性

フランス中部のサンテティエンヌではバルテルミー・ティモニエ（Barthélemy Thimonniér）が、一八二五年に仕立屋を開店し、二九年にミシンを開発した（特許取得は翌三〇年）。ティモニエの開発には、国立高等鉱業学校サンテティエンヌ校の教師M・フェラントがパトロンとして控えていた。財政的支援と自身の開発が嚙み合った事例はシンガー創業者のアイザック・M・シンガーにも当てはまるが、当時のフランスでは、熟練度による需要と報酬の高さが魅力とされた職業は仕立業（tailor）であり、フランス軍隊のお抱え仕立業者となったティモニエは、四一年に手縫い仕立業者たちによって商店が破壊されるという事態を経験する。フランスではミシン開発は早期に着手されたものの、ミシン産業としての展開は不拡大に終わった[96]。手工的熟練と機械工的熟練との確執がフランスとアメリカでは反対の結果になった点が、ミシン導入によるその後の服飾史的展開の違いに影響を与えることとなる。マルクスの叙述を参考にすると、イギリスやドイツなどにおいても、一八六〇年代の段階では衣服産業は端緒が開けたばかりだと考えられ、「die Produktion von "Wearing Apparel"」（「既製服」生産）[97]とドイツ語文章の一部を英語で記す以外に適当な用語が存在しなかったのである。

日本に当初輸入されたミシンにはドイツ製が多かった。日本の場合、一八八〇年代に設立された陸軍被服廠でドイツ製ミシンが利用されたが、一九〇〇年にシンガー社が日本上陸を果たした後、ドイツ製は減少の一途を辿った。このような傾向も影響し、ドイツ製ミシンの実情はあまり知られていない[98]。武田佐知子によると、明治天皇の洋装は軍服という力強いイメージで国民に発信され、洋装の模範はプロイセン帝国の軍服にあったという。[99]この点が、ドイツ製ミシンの初期輸入に関わると考えられる。

そして、日本の場合、一八九四年の日清戦争ではドイツ製ミシンによる軍服が着用されたとみてよいが、陸軍被服廠は遅くとも一九二〇年代にシンガー社製ミシンへ全面的に変更した。被服廠以外にミシンを活用した工場や業者には居留地で展開していたテーラーを挙げることができるが、彼らが居留地等の部分的な地域を越えて日本列島各地に展開していくのは、二〇世紀に入ってからのことであった。[100]中国の場合も、日本と大差なくミシンは浸透し、一九世紀中葉のアヘン戦争によって、上海や寧波などの海港都市においてテーラーが勃興した。既に確認した通り、軍事目的で集中的に利用されたのは、遅くとも一九一一年の辛亥革命前後であり、これにはシンガー社製足踏式ミシンが主に利用された。この間、台湾や朝鮮でも、シンガー社製ミシンが、直営店や日系商店・現地系商店によって販売された。

このようにみてくると、一部は実証の困難さがあるものの、東アジアにおける衣服産業化の開始は、シンガー社を筆頭に米国のミシン・メーカー数社の販売によって、主に、軍服生産から着手されたことが共通していたと考えられる。軍服という品目は画一的なものであり、この意味で、軍服生産を支えたミシンは、手縫いに比して、運針速度の大きさが要求されたと考えられる。

なお、第二次世界大戦でシンガー社が蒙った被害のうち、最大はドイツにおいてであった。多国籍企業が自社工場や支店網を外国へ張り巡らせた場合、当該国が戦場になるかぎり被害を受ける。この間、シンガー社は、ヨーロッパで多くの職工や店員を失った。[101]また、米国内のシンガー社工場は三〇年代以降に軍需工場化していき、職工たちはB29大量生産用コンピュータの開発や砂漠戦用防砂マスクの生産に従事した。他方、一九世紀末のシンガー社にとって最後の大型市場であった東アジア諸国は、一九〇〇年の日本支店開設以後、日本の侵略・植民地政策に付随した形で同社の商圏に入った。ポーツマス条約成立後に米国が国際関係上の構想として打ち出した東アジアの「敵意の均衡[102]」のもとで、シンガー社は遅くとも一九三〇年代に地球規模の市場圏を完成させた。

③衣服産業からみた普及性

一八世紀以降、イギリスを筆頭とするヨーロッパ諸国の工業化は、紡績業や織物業から開始されることが多かった。二〇世紀にいたる二五〇年の間に、両産業は高度な機械化を伴った資本集約的側面を強め、二一世紀に工業化に着手する第三世界にとっては相応しい部門ではなくなっている[103]。これら繊維二部門に比して、衣料生産の場合は労働集約的側面の強い産業部門であり、要請される機械操作の熟練度が低く、資本投資の調整も容易である。したがって、衣料生産の場合、低廉労働力が供給可能な地域へ移動する傾向が長期的に確認される。ミシン普及とともに開始された衣服産業（または広義に衣料品産業）の勃興は、力織機の普及によって展開した織物業に比べ一世紀近くも産業化が遅れたが、産業化が実現した地域は比較的広範に及んだ。

繊維二部門（とりわけ織物業）の資本集約性と衣服産業の労働集約性は、織物生産の集中性に対する衣服生産の拡散性として、「cloth」と「clothes」の違いに如実に現われる。衣服産業の勃興国である米国の場合、一九世紀後半のニューヨークで移民の人口増加が最初の産業化要因となった。近年では第三世界がそれを担っており[104]、現在、自由貿易協定、ノルマ、組合圧力、採算性といった諸問題を抱え、リスク回避のために自国政府の監視が及ばない搾取的労働条件に満ちた諸外国へ工場を移転させるケースが急増している[105]。二〇世紀末のリーバイ・ストラウスにみられたように、急速な国内工場買収と、直後の海外工場移転といった流れに対する米国居住労働者の反発をはじめ、「大量生産の大量出国[106]」という事態は深刻な国際問題となっている。

衣服産業においても万国の労働者は団結せず、多国籍企業ないしはメーカーの海外工場が、外国の廉価労働力を吸収しつつ消費者に変容させるという転換が実現した。経済学や歴史学が国別に分断されている現状では、このような国際問題に関心が払われることは少ない。劣悪な労働事情は、当地の政府か当該企業や労働者自身の問題というわけである。

さて、日本経済史研究においては、これまで、産業化の成功の指標として輸出化がとりあげられることが多かった。輸出化は、紡績業、製糸業、織物業の場合、輸出先を確保するという一定の計画性を有していた。これらの産業の場合、植民地支配は輸出先確保の意味を持ち得たが、衣服産業の場合は、②で述べた通り、軍需に直結した産業化が勃興当初に多くみられるため、植民地化そのものの一環という特徴を有した。孫子の「迅速さこそ戦争の本質」という指摘は、普及速度や普及パターンの多様性からみて、紡績機や力織機よりもミシンにこそ相応しい。

④国産化という神話

このようにミシンの浸透力をみてくると、工業化に必須事項とされてきた生産財国産化という観点は、きわめて限定的なものであったといえる。松田学士は、ミシン史の定番である『日本ミシン産業史』(107)や、戦後日本のミシン会社にみられたアセンブル方式を高評価する桑原哲也の研究(108)を参照しながら、ミシン生産のうち、とくに部品製造が大正期に活発化した点を指摘している(109)。確かに、一九二〇年代末にミシン部品の対米輸出が実現し、三四年には米国の「裁縫用ミシンの部分品」総輸入に占める日本製の比率は五八・八％にまで伸びたが、米国にとって「輸入は輸出に比して極小」であった(110)。

図2は、一九一二（大正元）年以後、「縫衣機　部分品及附属品」としてミシン本体から別計上されるようになったミシン部品の輸入動向である。表からは、大正期にむしろ部品が輸入増加傾向にあることがわかる。なかでも「米利堅（北米合衆国）」からの輸入は例年大きなウェイトを占めており、二一年・二五年を除く大正年間、ミシン部品輸入額の三七〜九九％が米国からの輸入であった(111)。したがって、一五年から一七年にわたる部品輸入額

図２　ミシン部品の輸入動向

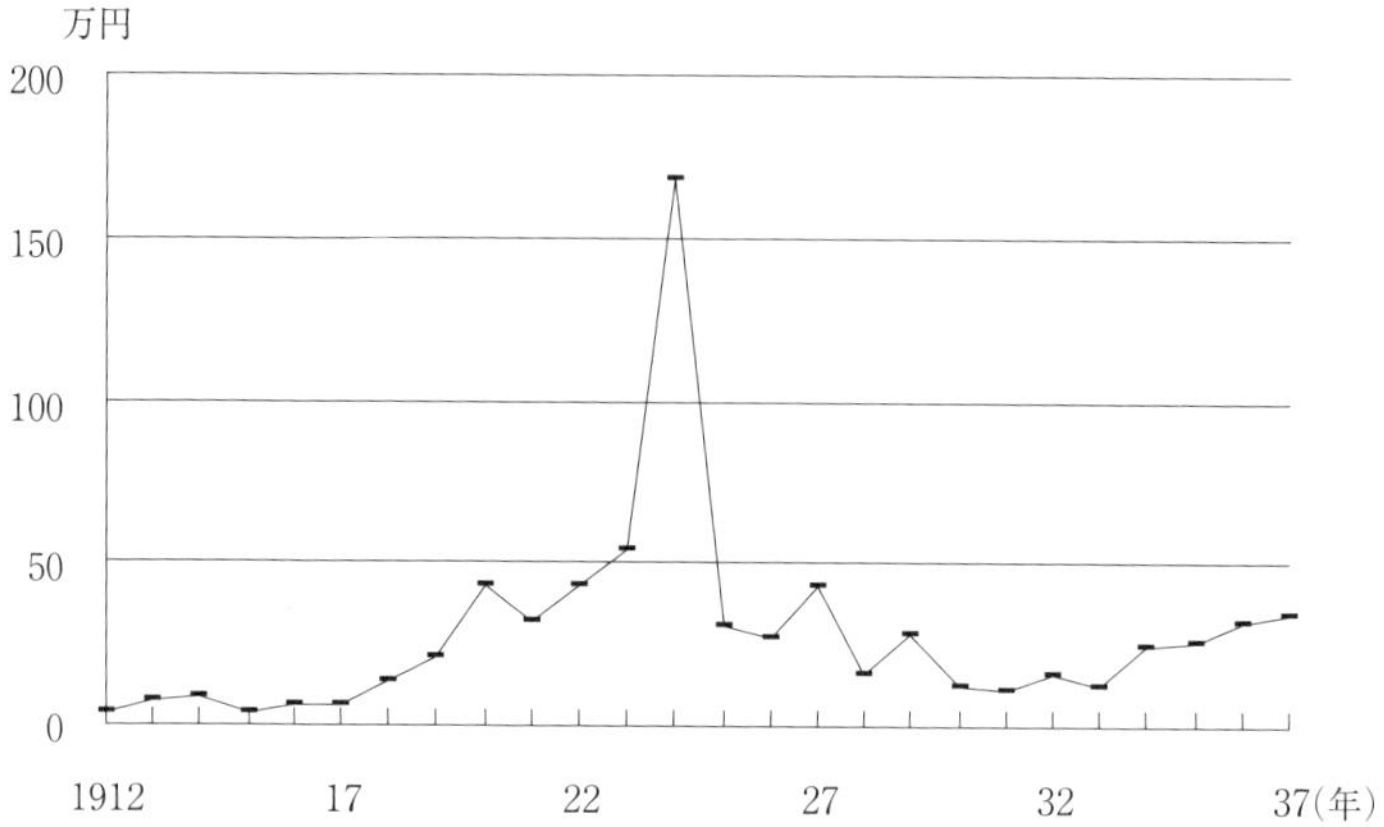

出典：大蔵省『大日本外国貿易年表』各年版より作成。

の減少について、第一次世界大戦の戦場となったヨーロッパからの輸入減という要因は考えにくい。また、日本国内でミシン部品の国産化が本格化していたとすれば、以後の輸入増加傾向が説明できない。

ミシン本体の国産化は一九二〇年代末に本格化し、当時、ミシンの心臓部といわれたシャトル・フック（ミシンの糸を掛ける舟受）は「ミシンの最も重要な部品で、国産化の重大な鍵を握るものだった」[112]という。二〇年代末に麦藁帽子製造ミシンの開発・販売に着手した安井ミシン商会（現ブラザー工業）は、その実用化で得られた資金をもとに、三二年に家庭用ミシン製造を実現させ、部品製作機械の製造も手がけることとなった。シャトル・フックの研究開発に立ちはだかっていたのは「シンガー社製かドイツ製」であったが、このような経緯によって三〇年代にはミシンの自社生産が可能となった。安井ミシン商会創業者である安井兼吉の孫にあたる義博は、「必要なキーパーツは自分たちでつくる」、「キーパーツを製造するための機械も自社でつくる」と述べている[113]。外国産は存在しているが国産が存在していない、まさに工業化の時期に「国産」という幻想的目標は存在しえたが、それは「自社でつくる」という目標の時代的代弁であったといえる。このように考えると、国産化と自社生産化という事態は区別して用いるべきである。

すなわち、国産とは、既に外国産が利用されている特定国内（ここでは日本）において、その国内企業が自社で生産できるという意味である以上、外国産機械の仕組みを理解したうえでの模倣化ないしは改良に過ぎない。いいかえれば、外国産製品の自国内（または自社内）合法的コピー化・アレンジ化が国産の意味となる。

また、一種の製品や品目をとりあげれば国産化は当該企業にとっては経済的意義の強いものであるかも知れないが、たとえば、国産ミシンの場合、国内縫製業などのミシン利用産業に対し、好影響を与えたとは一概にいえない。

研究史上、国産化には高評価が与えられてきたきらいがある。どのような時代においても貿易・交易や物流が存在することを無視できないことを踏まえれば、国産化という着想には国民経済学的な影響が大きいことがわかる。日本経済史や日本史学において、国産（国産化）という用語は、あまりにも根拠のない用語の一つであるにも関わらず、厳密な定義が行なわれずに利用されてきた。欧米工業化社会に対する憧憬、経済学的にいえばキャッチアップ型工業化論が、日本経済史学や日本史学の土台を大きく形成してきた。ミシン会社にみられる多国籍企業化、あるいは、多国籍企業一社の製品の普及性からみた場合、このような欧米指向型の歴史観が東アジアの歴史と現状のなかにどれほどの説得性をもつものかは、極めて疑わしい。

(2)東アジアの共時性

①ミシンの普及からみた共時性

米国のミシン・メーカー数社によって、二〇世紀転換期には、衣服産業が地球規模で同時に展開した。これには、ミシン普及と小規模仕立業の急速かつ広範な勃興・展開がタイアップした面が大きい[114]。

他方、とりわけ急速な普及は軍需による側面も強く、一九世紀後半におけるヨーロッパ諸国の植民地拡大と、二〇世紀前半における大日本帝国の植民地拡大によって実現した。日本と中国では、ともに四〇～五〇年代にミシン国産化が実現した。規模からみても、日中ともに、小規模縫製業者や下請業者が無数に存在する一方で、軍服生産を中心とした大規模工場も建設された。

②最終消費財市場形成からみた共時性

次に、大阪・京城・上海における百貨店の普及をみよう。三地域における百貨店の形成は、ともに一九〇〇～一〇年代に本格化した。地域によって、百貨店の業態出自（呉服店系・古着店系・洋服店系など）や投資元国籍（華僑資本・日系商店など）は異なるが[115]、小売店を誘致し、さまざまな商品を一箇所へ集中・管理する販売システムを導入している点は、いずれもが、フランスのボン・マルシェ[116]を代表とする一九世紀中葉に創業した百貨店にまで遡ることができる。

朝鮮半島、とくに京城の百貨店については、三中井や丁子屋を既に紹介したので、ここでは、上海を一例にとりあげる。上海への百貨店進出は香港系企業が強かった。オーストラリアで果実販売によって巨利を得たという郭氏が一九〇五年に香港で永安百貨公司を開店させ、上海へ進出したのは一九一八年のことであった。別の香港系華僑資本が前年に開店させた先施百貨店とともに、現代でも最大の繁華街となっている南京路で向かい合わせて営業を続けたという[117]。その後、断髪をしたモダンガールが旗袍を着用して徘徊するようになった[118]。

モダン・ガールは、一〇～二〇年代のヨーロッパや東アジアで流行となった機能性の高い衣料品の最たる消費者であり、巨大商業地に百貨店が設立され、衣料製品や日用雑貨などの買物自体が目的になる現象とともに、世界の商業地域で広くみられるようになった。フランス出自のマニッシュ・ルック（ギャルソンヌ・ルック）は、一〇～二〇年代にかけて東アジアでも流行した。このような流行の経済史的要因には、当該時期に、織物に代わり衣料品が最終消費財市場の根幹をなしはじめた点があげられる[119]。

③衣服史からみた共時性

一九一〇年代は、衣服産業が各国で活性化し、軍服以外で、統一的衣装への動きは男女差としても出現した。端的にいえば、スーツや柔道着のような男性向け衣料が定着すると同時に、女性に国民性を表わす象徴的衣服があてがわれるパターンが形成された。衣装の表象的側面からみれば、洋装と和装というダブル・スタンダードが形成された。このことは、先述したように、日本の場合では、明治天皇（軍服）と皇后（振袖）との服装差に顕著であった[120]。中国の場合では、一九一一年の辛亥革命によって服制が敷かれ、これを機に、男性は弁髪が禁止、スーツが統一的衣装とされた。女性の場合、纏足が禁止され、清朝由来の旗袍も変化し始めた[121]。女性の旗袍を細かくみると、一〇年代は「上衣下裙」、すなわち、下がスカートのツーピースが主流となり、一九年の五四運動以後は「上衣下褲」、すなわちズボンとのセットが流行した。ワンピースが本格化するのは、二〇年代中期である[122]。台湾においても、一一年以降、高学歴や留学帰りの若者を筆頭に、男性では断髪にスーツ、女性の場合も断髪に西洋風のドレスや、ジャケットにスカートやズボンというツーピースが流行になった。革靴も同時に普及した。二〇年代になると男性の大半と子供が西洋風のファッションを取り入れはじめた。富裕層の若年女性も纏足をやめ革靴を履くようになった。旗袍（長衫）が大陸や香港経由で台湾へ普及しはじめたのは三〇年代になってからのことで、西洋風ドレスや伝統的なツーピースとともに選択肢の一つとなった[123]。

〔補〕模倣――衣服および衣服史研究の抱えた問題点

工業化・資本主義化とよばれた経済的な転換について、一八世紀以降、漸次的にその転換主体が地球上を移動している。日本の場合、その転換が積極的になされることになったのは一九世紀後半のことである。その時期に、従来の衣装は和装、新種の衣装は洋装と称されるようになった。

民族衣装（または民俗衣装）は、数百年にわたって着用習慣が維持されたものと思われがちである。しかし、二〇世紀の一〇〇年間において長大な歴史を塗り替える事態に直面してきた。いわゆる民俗衣装が染料・繊維の変化やミシンの導入等によって受けた影響に関し、道明三保子は以下のような変化を指摘している。「天然染料から化学染料へ、天然繊維から化学繊維へ、手縫いからミシンへ、自家生産から商業生産への移り変わりは民族衣装の質的低下をもたらした」[124]。道明の指摘は、従来の衣服史的または経済史的な着想を抜け出す手がかりになる。

多くの日本衣服史では和装が従来からの伝統衣装であると認識されてきた。しかし、一六世紀以後に急速に普及した木綿が、当所は唐木綿と称した外国産織物に大きく依存し、江戸時代を通じて日本木綿との併存状態に入った点[125]を考慮すれば、和服地一つをとりあげても、伝統という用語が示す範囲は時代によって異なり、多分に限定的な着想であるといわざるをえない。また、衣服産業の点からみると、足袋のように和装の一環として位置づけられる衣料品は、二〇世紀初頭に、むしろ、生産量が増加する傾向がみられた。

逆に、洋装研究では、フランスのオート・クチュール文化が形成されるまでの道程を遡及するパターンが多く、古代のオリエント、ギリシア、ローマから始まり、フランスとイギリスの服飾史として論じる研究が溢れかえっている。典型的な例は深井晃子監修による『世界服飾史』[126]にみられ、タイトルに関わらず、内容はイギリス・フランスを中心とした服飾史となっている。服飾史家にとっては世界とはヨーロッパなのである。しかし、服飾の歴史を論じるにあたり、どれほどヨーロッパの過去に遡及しようとも、詰まるところ人間の衣服は、①寛衣型（寛袍形式・前開き形式）、②懸衣型（貫頭衣形式・巻衣形式）に大別されるし[127]、また「ズボンかスカートか」という衣服の起源に関わる問題[128]も、地域の寒暖差や従事する作業内容によって異なるという程度の話にまで簡略化できる。

古代の中国大陸・朝鮮半島・日本列島の衣服には立体構成の発想がなく、平面構成によって製作されていたが、立体構成のルーツは中央ユーラシアに辿ることが可能である。加藤定子によると、西洋に立体構成が現れたのは一四世紀後半のことであった。それに対し、「中央ユーラシアの数々の古墳から出土した衣服、および出土した美術工芸品に描かれた人物像の衣服を調べてみると、これまで推測されていたより遥かに昔から立体構成の衣服が着用されていることが判明した」[129]。立体構成は、二〇世紀初頭のフランスでマドレーヌ・ヴィオネが人体模型を用いてバイアス・カットを行なったことが著名である。ガブリエル・シャネルはジャージ素材を用いることで衣服に伸縮性をもたせたが、ヴィオネの場合は、経糸・緯糸が垂直・水平に交差することを逆手に取り、斜めに織物生地を裁縫することによって伸縮性をもたせたのであった[130]。加藤の論点と深井の叙述を比較すると、「先祖探し」は得てして説得性のないものとなる。もっとも、加藤と深井の場合、衣服の現物から論を立てた加藤に分があることはいうまでもない。

とりわけ「世界服飾史」や「西洋衣服史」等の分野では、立体裁断や立体構成という技法がヨーロッパに起源があり、西洋的衣裳の伝統を生んだと見る傾向が強いが、このような服飾史におけるヨーロッパ先進史観は極めて限定的な視野に立っている。西洋・東洋、あるいはヨーロッパ・アジアといった二分法的な着想は、服飾史理解の弊害である。上記の諸点を考慮せずに詳細にヨーロッパの服飾史を論じようとも、それは、経済学でいわれるところのキャッチアップ工業化論と同様、ヨーロッパに対する憧憬に過ぎない。この点に関し、汤献斌編著による『立体与平面─中西服饰文化比较』[131]が、平面裁断と立体裁断を中国とヨーロッパという二分法で理解する一面性はあるものの、日本の衣服史が闇雲に洋服・和服の差異に拘泥してきた姿勢とは異なり、衣服形態の類似性・同一性にも着目している点で評価できる。

さて、和服の場合、伝統衣装として捉えられる傾向が強く、民族衣装として語られることは少ない。しかし、一九世紀後半に始まった洋装、または洋服の普及性そのものとの関連からみれば、普及性が地域・一国家や一国民に限定されたものだという意味で、日本の伝統衣装は民族衣装であるとも考えることができる。

上記のような衣服史の経緯と服飾用語に対し疑問を呈することによって、数世紀にわたる工業化・グローバル化のもとで、広く民族衣装とよばれてきた事物のうち、どの点が保持されてきたのか、あるいは変化を被ったのかが、検討すべき課題としてみえてくる。

その上で、法的問題も重要となる。世界各地で蓄積されてきた織物デザインや衣服形態（便宜上、総じて民族衣装）がパリ・コレクションをはじめとするモード産業に影響を与えてきたことは広く知られるが[132]、サンディカ加盟ブランドやデザイナー側から、民族衣装の技術蓄積そのものや生産者に対し著作権や特許が適用されてきたのか。逆に、そのようなブランドやデザイナーの衣装デザインが、民族衣装や衣料製品に利用された場合には特許料や著作料が発生するため、通常はライセンス契約を行なう必要が生じ、法的手続を経ない場合は偽造や模造という問題にまで展開する。著作権や特許が存在しない文化からの模倣には料金が発生せず、模倣に対する法的保護が存在する国において製品化されれば著作権や特許が発生するという落差をどのように考えるべきか。そもそも、模倣とは創造の出発点であり、衣服においても同様である[133]。この観点に立ちながら、民族衣装とブランド製品（または、広く衣料製品）との位置づけの違い、あるいは、民族衣装とブランドとの間に生じている落差を直視する必要がある。

おわりに

東アジアのミシン普及は、米国企業製手廻式ミシンの在庫処分から始まった。二〇世紀前半には、大日本帝国の膨張によって、米国製を主とする足踏式ミシンや動力ミシンの利用地域が拡大した。米国の同一メーカーのミシンによって国別に軍服が作られ、それを着用して戦争を行なうという事態を踏まえた場合、国民国家的発想から出てくる中国・朝鮮国・韓国・中華民国・日本国といった国家名による分断が希薄に感じられる。また、そもそもミシンは、労働集約的な状況さえ保証されれば、動力も労働者も選ばず、それを製造したり販売したりする主体や地域さえ選ばない。その意味で、ミシンは資本の無国籍性を有する。

近世来の国境を敷衍しつつ琉球処分から始まった東京政府の膨張過程は太平洋戦争降伏をもって終結した。GHQによる一時的占領からはじまった「戦後」は、極東国際軍事裁判を通じ政治上・国際法廷上の戦後処理として終了した。しかし、既に日露戦後のポーツマス条約で米国の思惑通りに形成されはじめていた「敵意の均衡」のもとで、東アジアにおける国民意識・民族意識・隣国嫌悪意識の形成は、二〇世紀後半にも広くみられた。このように考えると、戦後処理はおろか、戦後そのものが終わったのかどうかを判断することが、東アジアの歴史を検討するうえで課題として残る。また、一八世紀の産業革命以来、資本主義化、西洋化、近代化、工業化、重化学工業化、市場経済化、民主化といった、実にさまざまな呼称でよばれてきた経済転換や政治転換においても、革命処理が行なわれたといえるだろうか。産業革命の量的側面に注目し、その側面を前提とした上で、生産主体・組織のもつ効率性、合理性、利便性の高評価などに即した諸研究は膨大な量にのぼるが、質的影響が留意されることは比較的少なく、この点についても再考する必要がある。(134)

本稿では、米国内ミシン競争と、東アジアにおけるミシン利用主体の散らばりを論じた。本論をグローバリズムの文脈で捉え直すとしても、スティグリッツのように、米国という国家そのものに責任を問う姿勢が重要であるとは考えない。それよりも事態はやや深刻であるように思われる。既に一世紀以上も前にグローバル化＝合衆国化という等式が成立し、この等式をもはや崩すことの困難な歴史段階に人類が到達したという観点から東アジア経済史を捉え直す必要がある。人類は視野の限界(135)を多分にもちながら、二一世紀を迎えた。「今後テクノロジーの社会は相当、様々な反省を迫られるでしょう[136]」。

幻覚から覚めると、私が立っていたのは原野のほんの「断片」部分であることを、否応無く気づかされた。しばらく続いたモンシロチョウが飛び交う草むらが途切れると、そこは金水河の岸辺であった[137]。

産業革命以来、人類が工業化に邁進した二五〇年近くの間、私たちは図らずも過ちを犯してきたに違いない。中国の工業化への「邁進」が、一九世紀末以後、一世紀以上にわたり日本が持ち続けてしまった「過信」に陥らないことを祈り、本稿を終える。

(1) カール・マルクス『マルクス・コレクション5 資本論 第一巻(下)』(筑摩書房、二〇〇五年)一五一頁。

(2) 本稿で紹介するミシン販売店や裁縫工場は大半が日本側史料である点と、ミシン普及を論じるに欠かすことのできない貿易統計を扱うことは叙述段階で時間的に困難であった点を予めお断りしておく。日本でみられたミシン輸入動向と普及パターンの多様性については、岩本真一「一九世紀後半~二〇世紀前半の日本におけるミシン普及の趨勢と経路――マルクスのミシン論に触れて」(『経済史研究』第一一号、大阪経済大学日本経済史研究所、二〇〇八年三月)、同「日本におけるミシン輸入動向と衣服産業の趨勢――二〇世紀転換期の大蔵省主税局編『外国貿易概覧』を中心に――」(大阪経大学会編『大阪経大論集』第五九巻二号、二〇〇八年七月)を参照されたい。なお、本稿執筆後に、堀和生(京都大学大学院経済学研究科教授)氏からは、ミシン普及を論じるさいには中国大陸・台湾・朝鮮半島の貿易統計をも考慮する必要性を、また、やまだあつし(名古屋市立大学大学院人間文化研究科准教授)氏からは日中戦争期の中国西北部の状況をご教示頂いた。本稿にはそれらを反映させる余裕はなかったが、機会を改めて、随時、研究に反映させていきたい。

(3) 長崎雅樹「一九世紀前半アメリカにおける衣服産業の発展――ニューヨークの既製服産業を事例として」(アメリカ経済史学会編『アメリカ経済史研究』第五号、二〇〇六年九月)。

（4）若尾祐司「第一次大戦前ドイツにおけるミシンと女性労働」（長谷川博隆編著『権力・知・日常——ヨーロッパ史の現場へ——』名古屋大学西洋史論集二、名古屋大学出版会、一九九一年）。
（5）小原博『マーケティング生成史論』増補版（税務経理協会、一九九一年）。
（6）Don Bissell, *The First Conglomerate: 145 Years of the Singer Sewing Machine Company*, Audenreed Press, 1999.
（7）小原博、前掲書「第三章 シンガー社のチャネル活動」。
（8）亀の背中に似た設計デザインのために、このように呼ばれた。
（9）安井義博『ブラザーの再生と進化』（生産性出版、二〇〇三年）。
（10）以上、小原博、前掲書「第四章 シンガー社の需要創造活動」を参考にした。
（11）Don Bissell, *op. cit.*, p.116. なお、Don Bissellと小原博の両者は、シンガー社のデータに関し、Robert Bruce Davis の文献を数点利用している。本稿では Davis の諸研究を確認していないが、シンガー社の販売状況に関する先行研究として、Bissellと小原の提出データを基本的に信頼した。アンドリュー・ゴードンに対しても同様である。
（12）Don Bissell, *op. cit.*, p.119.
（13）小原博、前掲書、一四九頁。
（14）アンドリュー・ゴードン「ミシンの宣伝と利用から読み取る女性像」（京都橘大学女性歴史文化研究所『女性歴史文化研究所紀要』第一四号、二〇〇五年）。ゴードンの論考は、シンポジウム原稿であり、データ出典元を明記していないが、Don Bissell, *op. cit.*, p.224. にも一八九〇年に世界シェア八割という年表が付されている。
（15）岩本真一、前掲論文（二〇〇八年三月）。
（16）Don Bissell, *op. cit.*, p.88.
（17）The lithograph by R. Teller, *The Battle of the Sewing Machines*, Sheet Music, composed and arranged by F. Hyde, published by Wm. A. Pond & Co., N.Y., 1874.「National Museum of American History」所蔵。http://americanhistory.si.edu/collections/object.cfm?key=35&objkey=194（参照年月日は二〇〇八年三月二日）。
（18）以上、ウィキペディア英語版「E._Remington_and_Sons」（http://en.wikipedia.org/）。
（19）以上、小原博、前掲書「第4章 シンガー社の需要創造活動」を参考にした。
（20）Don Bissell, *op. cit.*, p.223.
（21）小原博、前掲書「シンガー社略年表」。

(22) 一九〇〇年にクライドバンク工場へ改称した（Don Bissell, op. cit., p.224）。

(23) Don Bissell, *op. cit.*, p.82.

(24) 小原博、前掲書「シンガー社略年表」。

(25) 両社の日本市場における相克については、岩本真一、前掲論文（二〇〇八年七月）を参照のこと。

(26) ハンブルク支店開設には、シンガー社が南北戦争による損失を避けたとの見方もある。この点については、Ruth Brandon, *Singer and the Sewing Machine : A Capitalist Romance*, Kodansha America, Inc., p.139. を参照のこと。

(27) 一九〇一年に米国ニューヨーク州バッファローで開催された汎アメリカ博覧会で二つの金メダルを受賞したシンガー社は、女性向けファッション雑誌『ハーパース・バザー』（一八六七年、N・Yで創刊）で、「The Singer Seam UNITES TWO CONTINENTS」（シンガーは二大陸を縫う）というキャッチコピーを記し、南北アメリカ大陸をシンガー社が縫合する趣旨の広告を掲載している。そこでは、両大陸の中程、のちに本格的に開通工事に入るパナマ運河周辺を白色ドレスの女性が足踏式ミシンで縫い合わせている絵が描かれている（以上、Robert & Patty Mondore, *Singer Castle: Images of America*, Arcadia Pub, 2005, p.57）。このような『ハーパース・バザー』誌におけるミシン広告は、二〇世紀になると漸次減少したと考えられる。現在の同誌は、筆者の確認した限り、英語版をはじめフランス語版・香港版・中国語版・台湾版・日本語版において、ミシン広告は皆無である。女性向けファッション雑誌におけるミシン広告や型紙付録の減少と消滅は、裁縫習慣・裁縫労働の減少を示す重要な指標である。

(28) Don Bissellのいう、七〇年にイングランドで設立された販売・物流センターと考えられる。

(29) Mira Wilkins, 'Impacts of American Multinational Enterprise', Ernest R. May & John K. Fairbank ed., "America's China Trade in Historical Perspective: The Chinese and American Performance", Harvard Univ Press, 1986, p. 266.

(30) 発行人田島常太郎『北米シカゴ府万国大博覧会記』閣龍世界博覧会記事抜粋、一八九三年。

(31) 裏面については、Smithsonian Institution Libraries のウェブ・ページ内、「Sewing Machines: Historical Trade Literature in Smithsonian Collections」(http://www.sil.si.edu/DigitalCollections/Trade-Literature/Sewing-Machines/) を参照した（参照年月日は二〇〇八年二月一八日）。

(32) Robert Mondore, Patty Mondore, *SINGER CASTLE*, Arcadia Pub, 2005. 表記国名や地名を原文通り詳細に記すと以下のようになる。アフリカ大陸の三ケ所はAlgeria、Tunis、Zululandで、東南アジア諸島はCeylon、Manilaの二ケ所、ユーラシア大陸では、イタリアが、Neapolitan、Ancona、Florentine、オランダはIsland Marken、スウェーデンはDalarne、

スペインはSevilla、Valencia、ポルトガルはVianna、ミャンマーはBurmalt、以下、中国がChina、日本がJapan、ハンガリーがHungary（Austria-Hungary）、ボスニアがBosnia（Austria-Hungary）である。

（33）「絵付シンガー工業社広告（The Singer Manufacturing Co.）」（大阪経済大学所蔵「杉田定一関係文書」整理番号０２８-００８-００２）。

（34）フランスはBoulogne、スイスはVaud、英領インドはBombay、スペインはSeville、ミクロネシアはCaroline Islands、イタリアはLombardy。

（35）「Machines À Coudre, Singer（シンガー足踏みミシン広告）」（大阪経済大学所蔵「杉田定一関係文書」整理番号０３４-０７４）。

（36）Don Bissell, *op. cit.*, p.106.

（37）フランス革命によってギルド制が崩壊し、一九世紀中期のミシン普及によって、それまでフランスでみられた宮廷の衣服調整という職業が、手縫い工と機械工という相克段階に入った経緯と、それに付随した組合の成立については、仁野覚『フランスファッションの光と影』（繊研新聞社、二〇〇〇年）、川村由仁夜『「パリ」の仕組み――ファッションで頂点を保つ理由がここにある』（日本経済新聞社、二〇〇四年）を参照のこと。また、サンディカ加盟ブランドをはじめとするモード産業の大手企業が製造工程を秘匿することによって、消費者が抱く錯覚を自社付加価値として利用する点を指摘した研究に、塚田朋子『ファッション・ブランドの起源――ポワレとシャネルとマーケティング』（雄山閣、二〇〇五年）が挙げられる。

（38）Don Bissell, *op. cit.*, p.121.

（39）以上も含め、イタリア、オーストリア・ハンガリー帝国、ドイツ間の三国同盟や、イギリス＝植民地経済ブロックをはじめとする、シンガー社のヨーロッパ市場拡大経緯や、それに付随する諸問題は、Don Bissell, *op. cit.*, pp.105-106を参照のこと。

（40）Mira Wilkins, *op. cit.*, p.267.

（41）*Ibid.*

（42）*Ibid.*, p.269.

（43）*Ibid.*, p.268. なお、米国製品ボイコット運動が生じたさい、シンガー社は清国側へ手紙を送り、中国向けシンガー社製ミシンはスコットランド製であるため米国製ではない、との文面を記している。

（44） *Ibid.*, p.267.
（45） Don Bissell, *op. cit.*, pp.107-108.
（46） Don Bissellは、衣服変化の敏感さについて触れているに過ぎず、本稿でも洋服の普及とミシンの普及が共進化したとの観点に立っており、いずれも洋服とミシンが相互補完の関係にあると認識している。しかし、いわゆる「洋服」に限らず、ミシン導入以前から各地で着用されていた服装の多くに、一九世紀後半以降、部分的にはミシン縫製技術が導入されるようになったことは間違いない。ミシン普及、衣服産業の勃興、衣服習慣の変化といった観点から、筆者は、今後本格的に研究を行なう予定である。なお、三節2項「④衣服および衣服史研究の抱えた問題点」で述べるが、従来から日本衣服史でいわれてきた和服・洋服の二分法的な分析枠組みで理解しうる範囲は非常に限定的である点は留意しておくべきである。通常、和服や和装と称される場合、振袖や羽織りのような表着だけでなく、帯、襦袢、足袋などが組み合わされる。また、一九世紀までの日本で日常着・普段着として機能していた衣料を和服や和装と称しつつ、それらを振袖に代表させるような衣服史的観点に疑問を呈する見解もある。たとえば、一九世紀中期以前の和服と以後の和服の構造的差異や着装方法の差異に迫った大丸弘「現代和服の変貌——その設計と着装技術の方向に関して」（『国立民族学博物館研究報告』第4巻4号、国立民族学博物館、一九八〇年三月）、同「現代和服の変貌Ⅱ——着装理念の構造と変容」（同前、第10巻1号、一九八五年七月）、また、「和」そのものの歴史性を問うたものに、網野善彦『「日本」とは何か』（講談社、二〇〇〇年）が挙げられる。また、本稿末尾でも強調した二分法的研究視角の限界は、一九世紀後半に日本が陥った諸問題に端緒を求めることができる。この点については、岩本真一「一九世紀後半の日本絹織物業における機械化過程と世界史的背景——杉田定一の海外視察旅行に関連して」（『経済史研究』第一二号、大阪経済大学日本経済史研究所、二〇〇八年一二月）を参照のこと。
（47） Don Bissell, *op. cit.*, p.107.
（48） 桑原哲也「初期多国籍企業の対日投資と民族企業——シンガーミシンと日本のミシン企業、一九〇一年〜一九六〇年代——」（『国民経済雑誌』第一八五巻五号、二〇〇二年五月）。
（49） 同右。
（50） 同右。
（51） 一九世紀後半から二〇世紀前半にかけての両地域の国名は、主に、日本列島が日本国・大日本帝国、中国大陸が清国・中華民国、そして、一部は一時的に「満州国」であったが、便宜上、以下では現在の国境と国号を念頭に、日本と中国と略称する。
(52) 東京合資會社商工社編纂『増訂五版 日本全國商工人名録』一九一四年（所収は、渋谷隆一編『都道府県別資産家地主総覧』各府県版、日本図書センター、一九九一年）。
(53) 大日本商工会編纂『大日本商工録』一九三〇年（所収は同右）。
(54) 岩本真一、前掲論文（二〇〇八年三月）。
(55) 同右。
(56) 岩本真一、前掲論文（二〇〇八年七月）。
(57) 法人名「シンガーミシン会社福井支部」（『増訂五版 日本全國商工人名録』福井県版）。
(58) 法人名「シンガー会社敦賀分店」（同右）。
(59) 個人名「仁科玄二」（同右、岡山県版）。
(60) 商工社編『日本全國商工人名録』訂六版、一九一六年。
(61) Don Bissell, *op. cit.*, p.135.
(62)『東京日日新聞』一九一九年七月二四日「各方面に現われた同盟罷業」。引用は「神戸大学電子図書館システム」による。
(63) 朝鮮総督府『朝鮮貿易年表』（一九三四年）。
(64) この点、梁京姫（京都大学非常勤講師）氏から問題提起をしていただいた。記して感謝する。今後、日本からの移植だけに留まらず、朝鮮半島における衣服産業化の具体像を検討してきたい。
(65) 百貨店史研究では、旧態の営業体制から百貨店化（デパートメント化）するにあたり、取扱品目種類の増加に着目した商業面での研究が多いなか、工業面、とりわけ、自社裁縫部門の設置を要約したものに、富澤修身「三越一二〇年と東京のファッション・ビジネス」（『経営研究』第五八巻三号、大阪市立大学経営学会、二〇〇七年一一月）が挙げられる。富澤によると、一八八八年に裁縫部門にあたる「三越洋服店」が開業したが、九五年末には時期尚早を理由に一旦閉鎖された。三節2項「②最終消費財市場形成からみた共時性」に関わるが、一九〇六年に、紳士服裁縫を中心とした洋服部の再開と洋服裁縫工場（東京日本橋区）の新築が行なわれた。大阪の裁縫工場として、南玉造の敷地を買収するのは一〇年後、一九一六年のことであった。同時に、全国から紳士服の技術者を公募したという。富澤は三越の百貨店化について、一九〇四年から二四年の時期を「デパートメントストアへ」と特徴づけている。日本橋に設立した裁縫工場を「常盤洋服工場」と改称した二四年を、百貨店からの裁縫工場の分離とみるならば、富澤の特徴づけは的確なものであるといえよう。

(66) 朝鮮總督府殖産局編『朝鮮工場名簿』(朝鮮工業協會、一九四一年)。

(67) 本来ならば、依拠した『朝鮮工場名簿』に記載された「工場名」や「工場主ノ氏名又ハ名称」を網羅させることで、日系工場や現地系工場の具体像と混合性を記すべきであるが、反映させなかった。本名簿には、二名の工場主名に平仮名と片仮名がある以外、全てが漢字表記されており、その中から、どの工場名や工場主が日本人(日系)か朝鮮人(現地系)かという区分は、戸籍や国籍の確定と同様に不可能である。アルファベット表記やアラビア表記などの場合にもいえることだが、そもそも、名字による国籍区分に妥当性や説得性が存在するとは考えられない。なお、混合性や雑居性そのものは本稿の課題の一つであるので随所で論じている。

(68) 『名簿』の「主要生産品目」は便宜上の区分であり厳密なものではない。「裁縫」が最も多く九八工場、ついで「洋服」が三七工場となっている。本名簿に限った話ではないが、現代でも衣料雑貨とよばれるように、衣服はそもそも品目区分が難しく、衣料品を扱う業種名も特定しにくい。衣服形態は同じでも商品名が異なる場合がアパレル部門では頻繁に見受けられる。他方で、足袋業・帽子業が別の品目を製造・販売することもしばしばであった。

(69) 林廣茂『幻の三中井百貨店』(晩聲社、二〇〇四年、二七四頁)。

(70) 小林源六『丁子屋小史』(丁子屋商店、一九三六年、所収は、波形昭一・木村健二・須永徳武監修『社史で見る日本経済史　植民地編　第一一巻(下)』、ゆまに書房、二〇〇二年)。

(71) 同右。

(72) 大丸弘「ミシンで縫った民族服」(国立民族学博物館『月刊みんぱく』第八巻七号、千里文化財団、一九八四年、一三頁)。

(73) 時期は下るが、上海の場合、租界南部に位置する法大馬路(現金陵東路)で「胜家缝纫機」(シンガーミシン)の看板を掲げた店舗が、清末民初期の写真から確認される(冷芸『裁缝的故事――从小裁缝到大师』、上海書店出版社、二〇〇五年、一〇〇～一〇一頁)。なお、この写真は、蕭文嫻(大阪経済大学非常勤講師)氏からご紹介いただいた。記して感謝する。

(74) 以上、冷芸、前掲書、一〇〇頁。当時、ミシンをはじめ、ヨーロッパからもたらされた諸機械が「妖魔的化身」とみなされた状況について、閻立(大阪経済大学経済学部准教授)氏にご教示いただいた。記して感謝する。

(75) 桐澤信六『調査第十七輯　満洲に於ける綿洋服及服地』(満洲輸入組合聯合會商業研究部、一九三八年、六〇頁)。

(76) 同右。なお、旧満州地域における当該時期の足踏式ミシンをシンガー社製と判断した理由はアンドリュー・ゴードンの研究も踏まえた。一九〇〇年の段階で、シンガー社製ミシンは、アメリカ合衆国内で約五割、世界中で七~八割の市場を独占していた(アンドリュー・ゴードン、前掲論文)。

(77) 商工社編『日本全国商工人名録』訂六版、一九一六年。

(78) 塚瀬進『満洲の日本人』(吉川弘文館、二〇〇四年、一四七頁)。本書は旧満州地域における日本人の職業など、人間像に迫った研究として評価できるが、日本人と中国人という短絡的な二分法で論じる傾向が強く、広大な中国における地域差や、個人的特質を見落とす可能性は否定しがたい。

(79) 桐澤信六、前掲書、四四頁。なお、本項目の旧満州における裁縫工場の展開について、筆者は、前掲論文(二〇〇八年三月)にて、桐澤報告をもとにやや詳細に要約した。そちらも参照されたい。

(80) 以上、熊月之・马学强・晏可佳选编『上海的外国人(一八四二―一九四九)』(上海古籍出版社、二〇〇三年)所収「上海的日本人居留民」。

(81) 以上、桐澤信六、前掲書、四七頁。

(82) 同右、六〇頁。

(83) 蓮田重義『工業用ミシン総合カタログ』(工業ミシン新報社、一九五八年)。当カタログによると、たとえば、穴かがり用ミシン七一型の場合、糸切装置付、セーター用、メリヤス類用、釦穴かがり等、数種類に細分されている。

(84) 菊池一隆「湖南・広西両省の中国工業合作運動――都市方式の農村への導入と農村社会経済改造の実践――」(大阪教育大学歴史学研究室『歴史研究』第三四号、一九九七年三月)。なお、工業合作社運動と六〇年代の三線建設については、イスマイル・アビリミト(司馬義・阿布力米提)氏から大阪市立大学大学院経済学研究科後期博士課程在学中に明瞭な説明を頂いた。記して感謝する。

(85) この地域における共産党軍側の「抗日反蒋」国防政府、蔣介石の国民政府、大日本帝国の華北経済提携要求という三者の錯綜的な動向については、本稿の力量を超えるため、以下に参考文献をあげるにとどめる。光田剛「冀察政務委員会と中国共産党」(同『中国国民政府期の華北政治――一九二八~三七年』第六章、御茶の水書房、二〇〇七年)。

(86) 財団法人東亜研究所編『中国工業合作社運動の全貌』(一九四四年、原著は、張法祖編著『工合與抗戰』星群書店、一九四一年、所収は『二〇世紀日本のアジア関係重要研究資料(一)東亜研究所刊行物[第三期]四七』、龍渓書舍、二〇〇二年)。
(87) 以上、陝甘宁辺区財政経済史编写组・陝西省挡桉馆编『抗日戦争时期陝甘宁辺区財政経済史料摘编 第三编工业交通』(陝西省人民出版社、一九八一年、七八頁)。
(88) 以上、同右、二八八~二八九頁。
(89) 財団法人東亜研究所編、前掲書、二六一頁。
(90) 同右、二六八頁。
(91) 同右、二〇七頁。
(92) 陝甘宁辺区財政経済史编写组・陝西省挡桉馆编、前掲書、二八八~二八九頁。
(93) ミシンの小型という特徴から種々の生産組織が可能となった点は、岩本真一、前掲論文(二〇〇八年三月)を参照のこと。
(94) 斎藤修・阿部武司「賃機から力織機工場へ――明治後期における綿織物業の場合」(南亮進・清川雪彦編『日本の工業化と技術発展』、東洋経済新報社、一九八七年)。
(95) 従軍女性のミシン携帯については、大阪経済大学日本経済史研究所主催「第一回 東アジア経済史研究会」(二〇〇七年一二月八日・九日開催)において参加者からご教示いただいた。記して感謝する。なお、戦時における軍服移送の困難さや軍服修理班の必要性などが如実に記された史料については、以下が存在する。金正柱編『朝鮮統治史料 第二巻 間島出兵』、韓国史料研究所、一九七〇年、三二一・一四七・一四八・一八二・一八三頁。
(96) 以上、ティモニエの略伝については以下を参照した。Don Bissell, *op. cit.*, pp.50-52.
(97) *Karl Marx - Friedrich Engels - Werke, Band 23*, Dietz Verlag, 1962, S.494.
(98) 日本語文献でドイツにおけるミシン産業の勃興に触れた研究は若尾祐司のものを挙げることができる(若尾祐司、前掲論文)。
(99) 武田佐知子『衣服で読み直す日本史――男装と王権』(朝日新聞社、一九九八年)。
(100) 以上、岩本真一、前掲論文(二〇〇八年三月)。
(101) 以上、Don Bissell, *op. cit.*, pp.138-139.
(102) 三輪公忠「満洲をめぐる国際関係」(中見立夫他『満洲とは何だったのか』、藤原書店、二〇〇四年)。
(103) John Steele Gordon, *The business of America*, Walker Publishing Company, 2001, p.52.

(104) 以上、織物業と裁縫業との違いについては、以下を参照した。John Steele Gordon, *op. cit.*, pp.52-53.
(105) ミシェル・リー『ファッション中毒――スタイルに溺れ、ブランドに操られるあなた』（和波雅子訳、日本放送出版協会、二〇〇四年、二二五～二七六頁）。
(106) 同右、二四六頁。
(107) 日本ミシン産業史編纂委員会編『日本ミシン産業史』（日本ミシン協会、一九六一年）。
(108) 桑原哲也、前掲論文。
(109) 松田学士「ミシン」（日本産業技術史学会編『日本産業技術史事典』、思文閣出版、二〇〇七年、三八二～三八三頁）。
(110) 大阪商科大学商工経営研究会遣米経済視察団編『大阪商科大学遣米経済視察団報告書』（大阪商科大学商工経営研究会、一九三七年）所収「米国に於ける日本商品の競争性別索引」六七頁。
(111) 大蔵省『大日本外国貿易年表』各年版。
(112) 「ブラザー工業株式会社 創業者 安井正義――先駆者たちの大地」（IRマガジン二〇〇〇年九―一〇月号 Vol.45 野村インベスター・リレーションズ）http://manabow.com/pioneer/brother/3.html.
(113) 安井義博、前掲書、一五九頁。
(114) 岩本真一、前掲論文（二〇〇八年三月）。
(115) 代表的なものをあげておくと、大阪については、藤岡里圭『百貨店の生成過程』（有斐閣、二〇〇六年）、京城については、林廣茂（前掲書）、上海については、菊池敏夫「戦時上海の百貨店と都市文化」（髙綱博文編『戦時上海――一九三七～四五年』、研文出版、二〇〇五年）。
(116) ボン・マルシェの設立経緯と店内構造については、鹿島茂『デパートを発明した夫婦』（講談社、一九九一年）に詳しい。
(117) 高橋孝助・古厩忠夫編『上海史――巨大都市の形成と人々の営み』（東方書店、一九九五年）。
(118) 劉建輝『魔都上海――日本知識人の「近代」体験』（講談社、二〇〇〇年）。
(119) 性別による標準的な衣装が国民レベルで形成される点については、商品、フェティシズム、権力との関係から論じられることが多い。このような観点には、古くはフェティシズム概念を経済学に導入したカール・マルクスが挙げられる。また、マルクス以後に商品のもつセックス・アピールに着目した数名の思想家・経済史家らの議論、たとえば、大都市形成とフェティシズムとの関係を論じたヴァルター・ベンヤミン、資本主義経済下におけるモードと恋愛・不倫の関係を検討したヴェルナー・ゾンバルト（「不倫」とは、マックス・ヴェーバーのいう「禁欲」の対概念と理解できる）、威信獲得の欲求から衣服に課せられる顕示的消費を人間特質の一部として指摘したソースティン・ヴェブレンたちの議論については、ヴァレリー・シュティールが明瞭な要約を行なっている（Valerie Steele, *Fetisch: Mode, Sex und Macht*, Berlin Verlag, 1996, S. 55）。上記三者の場合、いずれも二〇世紀転換期に展開された点が留意されるべきである。

(120) 武田佐知子、前掲書。

(121) 謝黎『チャイナドレスをまとう女性たち——旗袍にみる中国の近・現代』（青弓社、二〇〇四年）。

(122) 以上、呉昊『都會風裳　細説中國婦女服飾與身體革命（一九一一—一九三五）』（三聯書店、二〇〇六年）。同書は旗袍形態の段階的変化について詳しい。

(123) Claire Roberts ed., *Evolution and revolution : Chinese dress 1700s–1990s*, Museum of Applied Arts and Sciences, 1999.

(124) 道明三保子「民族服飾序説」（文化学園服飾博物館編『世界の伝統服飾—衣服が語る民族・風土・こころ』、文化出版局、二〇〇五年、一〇九頁）。

(125) 永原慶二『苧麻・絹・木綿の社会史』（吉川弘文館、二〇〇四年）。

(126) 深井晃子監修『カラー版世界服飾史』（美術出版社、一九九八年）。

(127) 辻原康夫『服飾の歴史をたどる世界地図』（河出書房新社、二〇〇三年）、田中千代『世界の民俗衣装——装い方の知恵をさぐる』（平凡社、一九八五年）。両者には、呼称や着眼点に若干の違いがみられるが、いずれも、巻く、穿く、通す、懸ける、入れるという観点で、四〜五種の基本形に収めている。

(128) 村上信彦『服装の歴史1　キモノが生まれるまで』（理論社、一九九〇年）、武田佐知子（前掲書）、高田倭男『服装の歴史』（中央公論社、二〇〇五年）、上記三著書で議論は出尽くしたとみてよい。

(129) 加藤定子『中央ユーラシア古代衣服の研究——立体構成の起源について』（源流社、二〇〇二年、三二六頁）。

(130) 深井晃子『ファッション・キーワード』（文化出版局、一九九三年、一八頁）。

(131) 汤献斌編著『立体与平面——中西服饰文化比较』（中国纺织出版社、二〇〇二年）。なお、衣服形態に着目する重要性については、岩本真一「衣服用語の一〇〇年——衣服史研究の諸問題と衣服産業の概念化——」（『産業と経済』第二三巻三・四号、奈良産業大学経済経営学会、二〇〇九年三月）を参照のこと。

(132) 代表的なものとして、ＮＨＫきんきメディアプラン・情報工房編『シルクロードの装い——パリ・コレに花開いた遊牧の民の美』（ＮＨＫきんきメディアプラン、二〇〇四年）。

(133) 技術や芸術が模倣から始まる点については、ヴァルター・ベンヤミン「複製技術の時代における芸術作品」(佐々木基一編/高木久雄・高原宏平訳『ヴァルター・ベンヤミン著作集二　複製技術時代の芸術』、晶文社、一九七〇年)、染織技術など民族衣装に模倣が果たした重要性については、吉本忍「プリント更紗に見る模倣の実態」(国立民族学博物館編『更紗今昔物語——ジャワから世界へ』、千里文化財団、二〇〇六年)、人類が歴史の主体となって以来、とりわけ二〇世紀の二度にわたる大戦の反復・模倣に敏感な歴史意識を看取する必要性を唱えた対談については、蓮實重彥・山内昌之『20世紀との訣別』(一九九九年、岩波書店)を参照のこと。

(134) 岩本真一、前掲論文(二〇〇八年三月)。

(135) 塩沢由典『複雑系経済学入門』(生産性出版、一九九七年)。経済行動の局所的性格として、人間は他にも合理性の限界と働きかけの限界を有している(同書、二四〇頁)。学問が人間のものである以上、人間行動の限界は研究方法そのものにも当てはまる点を見落としてはなるまい。

(136) 講演・秋辺得平「アイヌの文化・歴史と日本社会」。引用元は、新家江里香「アイヌ民族問題に関する社会福祉研究——歴史的視点の必要性〈資料〉秋辺得平 アイヌの文化・歴史と日本社会」(同志社大学人文学会『評論・社会科学』第六五号、二〇〇一年三月、九六頁)。

(137) 島津克宏『哈爾濱のモンシロチョウ』(早稲田出版、二〇〇三年、二五六頁)。

植民地期共同体の規範の移植——朝鮮の山林管理と日本の入会制度——

李　宇衍（梁　炫玉　訳）

一　序　論

二〇世紀初め、朝鮮の山林は極度に荒廃していた。朝鮮を併合した日本が山林復旧を林政の最大課題としたのは当然のことである。ところが、植民地期の林野所有権の整理と朝鮮総督府の林政についての先行研究をみると、その焦点の多くは林野と山林資源の収奪に限られている。しかし、この「収奪論」は実証に基づいていなかったことが明らかになってきている。本研究の目的は朝鮮の山林荒廃化の原因が自由接近体制（open-access regime）という朝鮮固有の所有権制度にあり、二〇世紀山林復旧はこの自由接近体制を解体して近代的かつ代案的所有権体制を形成する過程であったことを明らかにすることである。第二節では、山林などの共用資源（common pool resources）の所有権に対する最近の理論的成果を紹介する。第三節では、歴史的背景としての朝鮮時代の山林所有権制度の発展とその特質に関して検討する。第四節と第五節は植民地期に関して述べ、第六節では独立以降の山林契について簡単に述べたい。これにより国家主導で組織された擬似共同体（pseudo-community）が共有財産体制（common property regime）形態で山林資源を管理し、それによって自由接近体制が否定されており、これが二〇世紀山林復旧史において独立以前と以降における共通の特性であることを示したい。

二　山林資源の所有権体制（property regimes）

山林をはじめ牧草地、漁場、地下水、公有水面、その他各種環境資源を「共用資源（common-pool resources）」というのは、私有財や公共財と区別される共通の特性を持っているからである。周知のように公共財というのは非競合的であり排除不可能でもある。共用資源は公共財と同様に（準）排除不可能性を持っており、私有財と同様に競合性を持っている。ある山林を農民たちが共同で利用していると仮定すると、ある農民の採取する量が多ければ多いほど他の農民たちが使用できる量は減少する（競合性）[1]。ある農民が山林から得た利益の対価を支払わなかった場合、その農民を山林の利用から排除することは他の私有財に比べて顕著に高い費用を必要とするのである（（準）排除不可能性）。共用資源の競合性は当該資源が枯渇し得ることを意味しており、（準）排除不可能性は対価を支払わない者を排除できる方法を考案できなければ、他の人々は山林の維持や保護のために投資しないということを意味している（McKean　2000: 28-9; Ostrom　2001: 132-3）。

共用資源を使用・収益・処分する形態、即ち他人を排除して所有権を実現するには、いくつかの方法がある。これを「所有権体制（property regime）」という。共用資源の所有権体制は通常四種類に分類される（Richards　2002）。第一は私有財産体制（private property regime）、第二は国有財産体制（national property regime）で、これは一人が山林を所有して他の全ての人を排除する場合と、国営で無料あるいは有料で全国民が用益できる国立公園とを想定できよう。第三は自由接近体制（open-access regime）、第四は共有財産体制（common property regime）である。共用資源研究者が特に強調しているのはこの二つの体制の区別である（Ostrom　1990: 190-1; Bromley　1992: 12-3; Ostrom　2001: 131-4; Perdue　2002: 21）。後述する朝鮮の無主公山もこの二つのいずれかに分類されることであろう。

所有権体制の四分類が理念型の分類とするならば、現実ではこれらの体制を組み合わせた多様な複合的所有権体制があり得る。私有林の所有者が他人の排除を諦めたり排除できなかったりして誰でも用益できる場合は、私有財産体制の上に自由接近体制が成立している複合的体制になる。国有林も国家が管理を諦めたり管理できなかったりした場合は国有財産体制の上に自由接近体制が成立する別の複合的体制になる。もちろん国有林の上に共有財産体制や私有財産体制などが成立するという組合せも可能である。朝鮮の山林でこのような複合的所有権体制の例を示すことができよう。

理念型としての自由接近体制と共有財産体制に関して述べたい。自由接近体制下では、「全ての個人、団体が自由に利用できる。利用できる権利は排他的でなく、譲与もできない。利用権は共有であり、全ての個人に対して接近が開放されている（従って誰の財産でもない）。non property ともいう」。共有財産体制では、「資源の利用は特定できるグループによって管理されており、私有でもなく、政府の所有でもない。誰がその資源を利用できるか、誰がその資源を利用できないのか、またはその資源をどう利用するのかに関する規則（rule）が存在している。common property ともいい、またはシステムとしては community-based resource management system ともいう」（浅子和美・国則守生　1994: 76）[2]。

自由接近体制では資源は誰でも利用できるし、それに関する規則などは存在しない。このような規則の不在は早い者勝ちという無主物先占（occupancy）または先着順（first-come first-served）の規則のみが存在している状態であるといえる。特にこの体制によって支配される資源は“non property”状態として「皆のことは誰のことでもない」という格言と同様に、全員のものだからこそ誰かのものではない。自由接近体制の“non property”は“no property rights”や“no one's property”と表現されたりもする（Bromley　1992: 4）。

浅子和美・国則守生（1994）は共有財産体制に存在している規則（rule）を説明するなかで使用・収益の主体と使用・収益の方法のみを述べているが、この体制には用益の客体に関する規則も存在している（Ostrom　1990:

188）。前近代社会の共有財産体制の例として広く知られているものは、日本近世の「入会」制度である。入会制度下で山林資源は持続可能な（sustainable）形態で長期間成功裏に管理された。入会山林の利用規則は地方ごとに慣習が異なるものの、その構成員、林産物の採取道具、採取の時期と期間、採取資源の種類と数量等について明確な規則があったという共通点を持っている。それぞれの村で使用・収益する行為の種類と程度は平等であることを志向しており、各家庭で使用・収益する山林の範囲は耕作面積、家畜数、家族数等によって決まっていた。全国的にみると、入会規則の多くは以下のような規定を含んでいる。

まずは、入会者の用益に関する規則である。

1　入山する人に対する制限（例えば、一戸当り一人に限る）
2　複数の村が入会する山林である場合は入会者の資格を示す標識として山札＝鑑札を所持（以下の内容をこの標識に直接記入する場合もある）
3　採取と運搬に利用する道具についての制限
4　入山の時期・期間についての制限（「口開」といい、山林の開放を意味する）
5　採取できる林産物についての制限（例えば、領主所有の「留木」、原木などは伐採できない）
6　採取できる量についての制限（例えば、草は一人で運べる量しか採取できない）
7　採取したものの用途についての制限（例えば、販売を目的には採取できず、自家用に限る）
8　出入りできる山林の範囲（道具と期間によって異なる）等々（杉原弘恭　1994: 112-3）

次は、入会者の義務に関する規定内容である。

1　山林の維持管理（樹木の植付け、下刈り、枝打ち、地拵え、林道や牧道の建設など）
2　山林の保護監視（盗伐、濫獲、濫伐、その他規則違反の監視と守護、火事や害虫発生の予防と対処など）

3　以上のことで必要とする集会への出席等々〔杉原弘恭　1994: 113〕

朝鮮の山林共有財産体制の例としては松契があげられる。下記の内容は現在まで発見された松契規則の中で最も詳細な条目を設けてあるものとして知られている。全羅南道霊岩郡鳩林里の大同契の洞憲の中の〝四山禁伐〟項目として一八世紀初に追加されたという。

巡山有司は中庶人が順番に担当する。巡山有司は毎月末日には下有司及び各里の座上らと一緒に四山を巡山する。もし斫伐〔伐採〕された所があれば、木を大小に区分し詳細に帳簿に記録して巡山記を作成して本有司に報告する。本有司がこの報告を受けて、翌月に各里の座上に通達して犯禁した者〔禁止事項を犯した者〕を捜し出させて報告するようにする。報告しなかった罪はその斫伐した松の木の多少によって杖数〔笞打ちの数〕を加減して処罰し、犯禁した者を報告すれば大松は笞打ち三十、中松は笞打ち二十、稚松は笞打ち十で懲治する。知りながらも報告しなかった者には犯禁した者と同様の罪で罰する。本有司は巡山有司の勤慢が皆同じではないはずであるから三ヶ月に一度ずつ特別に巡山して巡山有司の勤慢〔勤勉と怠慢〕を調べて大同契に知らせ論罪する。

契員の使喚奴が犯禁して発覚すれば使喚奴は笞打ち二十、その上典〔使喚奴の主人〕は誅罰に処する。また四山が頽落〔荒廃〕して稚松が育たないのは茅を育てているためであり、その罰は松を斫伐したのと同様に処する（『朝鮮時代社會史研究史料叢書』Ⅱ、四三九〜四〇）。

他の松契の規約に比べて盗伐の調査、犯人の捜しだし及び管理者の義務に関する項目が格別に詳細である(3)。朝鮮の松契規約をみると盗伐についての中心内容は処罰規定が中心であり、日本と違い用益や播植・育林に関する規定はほとんど見当たらない。主産物である松以外に広葉樹、落葉、草などの柴草についての規定がまったくないという点も重要かつ注目されることである。松契の規約違反者に対する処罰は相当厳格であった。処罰規定は違反者の地位や木の大きさによって画一的に決まっており、日本の入会制度で見られる加重処罰、即ち最初の規則違反に対しては軽く処罰するが、規則違反を繰り返すと厳重に処罰するという内容はない。

共用資源の長期的保存の可能性の可否と共用資源の貯量（ストック）から流れ出る流量（フロー）の規模、即ち共用資源の利用者たちの所有権体制の性格、特に共有財産であるかそれとも自由接近であるかという問題点が決定的な重要性を持っている。オストロム（E. Ostrom）は時間的・空間的に多様な事例の共用資源の経営に関する分析を総合し、長期間存続しながらなおかつ成功的に経営された共用資源制度（common-pool resources institution）から見出した八つの共通原理を提示した。その第一が「明確に定義された境界（boundaries）」であるが、これは共用資源から資源を搬出できる権利を持つ個人や世帯（household）並びに彼らが利用できる共用資源の境界が明確に定義されていなければならないというものである（1990: 188-210）[4]。境界が明確でない場合、利用者たちは規則の作成が難しく、投資の外部経済に対する期待（expectation）により過小投資が生じる。

資源の境界や資源を利用できる構成員の確定が不確かであるかぎり、誰もが誰のために何を管理すべきかわからない。共用資源の境界を規定して「外部人」にこれを閉鎖しなければ、現地の利用者たちは彼らの努力によって生産された便益がまったく努力も提供しなかった人々によって騙取されるおそれに直面しかねない。少なくとも共用資源に投資した人々は自分の期待通りの補償を受けることができなくなる（1990: 190）。

これとともに自身の消費増大に伴う費用を他人に転嫁する消費の外部不経済により過大消費があらわれて、過大消費と過小投資により資源体系が破壊されるであろうという期待が形成され、未来消費の現在価値に適用される割引率は一〇〇％に近接するようになり、従って共用資源の濫用が利用者の合理的な選択となるのである。

主体と客体に境界に関する規則のない自由接近体制では、過大消費と過小投資によって共用資源が枯渇されるのは必然的である。自由接近体制下で共用資源の枯渇と破壊が最も深刻であるという事実は経験的にも立証された次第である（Brander, J. A. and Taylor, M. S. 1998; Mckean 2000; Bromley 2002）。自由接近体制と共有財産体制の区分が重要な理由はこのためである。従って主体と客体の明確な境界の存在は共有財産体制を自由接近体制と区分する「端的に特定付ける構成要素」であり（Ostrom 1990: 191）、共用資源を成功的に経営するための最も重要な必要条件となるのである。

自由接近体制下の朝鮮の山林においても林産物への超過需要が増加しており、その結果異なった種類の財産権体制が成立、発展した。最近、山林などの共用資源に関する研究が活発であるが、オストロムの研究も代表的な成果のひとつである。一九七〇年代以降新たにあらわれたこのような研究動向を促したのはハーディン（G. Hardin）が一九六八年 Science 誌に発表した「共有地の悲劇（The Tragedy of the Commons）」であった。前述した多くの研究の関心は、この「共有地の悲劇」がいかなる場合にいかなる過程を経て発生し、またどのように危機を避けて持続可能な発展を成し遂げたのかにあったのである。ハーディンの論旨は次の通りである。

全ての農民が自由に利用できる一定面積の共有牧草地があると仮定しよう。各農民はこの共有地を利用して自分の牛を飼育しながらそこから最大の利得を得ようとするであろう。甲という農民は「もし私がもう一頭牛を飼育したら得だろうか？」と考えるようになるだろう。甲は牧草地を利用してもう一頭の牛を飼育することで得られる収入と費用とを比較し、もし収入が費用より大きいと判断すれば放牧する牛を増やすであろう。甲が共有地を利用して追加で飼育する一頭の牛、即ち共有地を利用して得られる収入は全て甲の分になる。ところが、牛一頭を追加で放牧することによって発生する費用は甲一人のみではなく他の全ての農民たちと一緒に分担することになる。従って、甲はできるだけ多くの牛を共有地に放牧しようとするのである。他の農民たちも甲と同様の論理で行動する。農民と家畜の数に比して共有地の面積が充分であれば問題にはならないが、時間が経ち人口が増加した場合、彼らは結局悲劇的な状況、即ち共有地の荒廃化に逢着することになる。

ハーディンによれば、牧草地で農民は自分の希望通りの頭数の牛を放牧できるので、人口増加とともに共有地を利用する牛の数は増加し続ける。これはハーディンのいう共有地が自由接近体制下の'non property'であることを意味している。共有地の悲劇は自由接近体制下で発生しており、共有地の悲劇を阻止するためにはまず自由接近体制の解体、即ち所有権の主体と客体及び用益に関する規則から定めなければならない。今まで蓄積されてきた研究から得られる最も重要な成果の一つであるといえよう(5)。

三　歴史的背景——朝鮮の山林所有権の発展——

朝鮮王朝の山林所有に関する基本原則は私占の禁止といえる。これは朝鮮王朝の国制としての『経国大典』に「私占柴草場者杖八十」と記されている。「柴場や草場などを私的に占有する者は笞打ち八十に処する」(『明宗實錄』明宗九年一二月一〇日、以下では明宗實錄 9/12/10と略記する)である。柴草場とは柴場と草場のことである。柴場と草場とは「柴」と「草」、即ち柴草のあるところである。私占とは、私的に占有して他人の接近を阻む行為、即ち私的・排他的に使用・収益する行為を意味している。

一三九一年、李成桂を始めとした改革派は高麗権力者らの私田を一挙に没収し全てを国田に編入するといった科田法改革を断行した。科田法改革により王土思想に基づいた土地国有制が朝鮮王朝になって再び国制として確立された(金泰永　1982; 李栄薫　1999)。科田法の実施とともに柴地の支給は中断し、新たな法制として山林私占の禁止が登場したのである。一三九五年、高官たちが「畿内の草木の生い茂った土地を占有して農民の採樵を禁ずることは妥当ではない(各占畿内草木茂盛之地禁民樵採甚為未便)」として、太祖はこのことを厳しく取り締まるよう司憲府に命令したのである(太祖實錄　4/11/7)。一三九七年には諫官が庶政刷新策一〇か条を建議しており、その一つに「山場と水梁は全国の人民が共に利得を得られるものである。が、権勢のある者が自分勝手に占有して利益を独占することがあるので、これは公義ではないために（山場水梁一国人民所共利者也或為権勢　擅輯執権利者有焉其非公義）」彼らを厳罰すべきとしており、太祖はこれを承諾した（太祖實錄　6/4/25）。私占禁止がより明確に表記されている例としては定宗の即位教書がある。いわゆる三禁の一つである牛禁について述べた後、山林について「山場と草枝は繕工監が管掌するものであるので、私占を禁止させるようにせよ（山場草枝繕工監所掌勿令私占）」と命じている（太祖實錄　7/9/12）。

山林の私占禁止が朝鮮王朝の法典に規定されたのは少なくとも一四一三年に公布された『經濟六典續典』までに溯及される。『實錄』によれば、その条文は「山場柴草勿令私占」だったといえよう（世宗實錄　4/11/10）。その後、『経国大典』刑典の禁制条項には「私占柴草場者杖八十」と規定し、朝鮮の最後の法典である『大典会通』にいたるまで不変であった。

朝鮮においては山林の私占は法律によって禁止されており、そういう意味では全ての山林は法的には国有であった。しかし、朝鮮王朝が実際に管理・経営した山林は一部の特殊国有林のみであった。では、私占が禁止された一般山林の事実上の所有関係はいかに規定すべきであろうか。一九九〇年代以前の研究者はこのような山林を「無主公山」と呼んでいた（池鏞夏　1964: 31-2; 權寧旭　1965; 胡乙瑛　1976; 慎鏞廈　1982: 278）。私占禁止下での無主公山においては無主物先占＝先着順（早い者勝ち）以外の如何なる規則も存在しない。従って、無主公山の所有権体制は自由接近体制として分類できる（『韓國林政史』、明秀社、一九六四年）。

朝鮮の発展経路を日本と比較すると面白い。入会権が全国的に発展する以前は「山野河海に関する方針の表明は、唐令の同文である「山川藪澤之利公私共之」（『養老律令』、七一八年）であり、山川藪沢に関する open access 先占主義による利用」を認めたという点である（杉原弘恭　1994: 106）。朝鮮において国田制の理念をもとに無主公山が開かれたのと同じ脈絡である。その後、一三～六世紀にわたって入会慣行が発展し、一六世紀に初めて

「入会」という言葉が確認できる。一六〇〇年頃「山林と未耕作山林平地は約二五〇〇万町歩あり、一八六七年頃これらの半分は農村の村落によって共同で保有・経営されていた。その後、大部分は公有または私有化されたものの、今日に至っても二五〇万ヘクタールの共有地が残っている」。「日本の伝統村落において数世紀にわたって存続し続けた共有地は共有財産の定義に合致しており、全ての人が利用できる、事実上誰もが所有できない規模の大きい自由接近型の公有地ではなく、共同所有者が確認できる共同体の共有財産」であり、「数千の日本の村落が数世紀にわたり「共有地の悲劇」に巻き込まれずに彼らの共有地を保護」して、「生態系を破壊せず集団的に経営」してきたのである（McKean　1992: 63-5）。

朝鮮と日本はともにまだ人口も多くなく、山林が豊富な状況では自由接近型所有権体制から出発したものの、その後の人口の増加とともに朝鮮においては私的所有権の発展と自由接近型の無主公山の存続という経路をたどった反面、日本は入会権という共有財産体制の発展という経路をたどったために、日本はドイツを除けば前近代社会の中では唯一山林保護と採取林業から育成林業への体制転換（regime shift）に成功した国家となった（Totman　1989; Diamond　2005）。

朝鮮開国以来発展してきた事実上の私有林と特殊国有林を除けば、その他の無主公山は自由接近の所有権体制下に置かれていた。自由接近体制は人口増加とともに山林の荒廃化を招き、その結果、発生する林産物に対する超過需要は国家と人民各自が特定山林に対して排他的な権利を形成しようとする動機を与えたのである。朝鮮後期、山林私占が拡散したり、朝鮮王朝が特殊国有林を設置・拡大して、それについての規制を強化したりしたのもその結果であるといえる。

耕地について国田制の理念を闡明した科田法改革とともに山林の私占も禁止されたが、一定面積の山林に関しては制限的ではあるものの排他的な権利が行使できる合法的な端緒が認められた。墳墓の設置がそれである。これに関する規定が『経国大典』に載っており、『大典会通』に至るまで不変であった。これを「歩数規定」としよう。

墳墓は限界を定め、耕作や牧畜などを禁ずる（墳墓定限禁耕牧）。宗親の場合、一品は四方各一〇〇歩、二品は九〇歩、三品は八〇歩、四品は七〇歩、五品は六〇歩、六品は五〇歩にする。文武官は宗親より一〇歩ずつ逓減し、七品以下及び生員、進士、有蔭子弟は六品と同様であり、女性は夫の官職に従う。埋葬する以前から耕作していた場合は禁止できない。

ソウルの城底一〇里及び人家から一〇〇歩以内には埋葬できない（礼典の喪葬条項）

墳墓の設置は右記の禁止区域や特殊国有林を除いた無主公山ならどこにでも可能であった。埋葬も先着順であった。墳墓を設置した墓主は「歩数規定」に基づいて一定の権利を持つようになる。他人から墳墓の尊厳を毀損される行為に対抗できる権利であり、原則的に国家権力によって郡県次元でその権利は保障された。もちろんこの権利は当該区域の地盤とその上にある林産物、即ち山林に関する物的所有権を規定しようとしたのではなく、先祖の墳墓の尊厳を維持できる権利として規定したものである。

墳墓の存在を条件として、他人の一定行為を禁止できる権利にとどめるという点では、墳墓所有者の権利は消極的かつ制限的であるといえよう。しかし私占を認めないという禁制下での「歩数規定」は、看過できない重要な意味を持っている。特定の山林の使用・収益のための条件として墳墓の存在を提示し、それにともなう権利の空間範囲を画定したためである。その後、状況の変化とともに墳墓設置者の権利はより積極的かつ包括的なものになったうえ、山林の私的所有権へ発展しかねない契機が「歩数規定」には内在されていた。またそのように展開していったのも実状であった。

政府及び六曹からは諸道の守令と閑散人から送られてきた様々な便宜事項を一緒に議論して報告するように

としたら、……襄陽郡都護府使辺處厚が言うには、「今国が大小の官吏から庶民に至るまで墳墓に関する歩数はすべて一定の規則・定例を定めており、他人がその山で樹木を伐採することを禁じているにもかかわらず、愚かな者たちがその土地の利益をほしがり（貪其地利）、古塚を掘り返してそれを無くしてしまうのとともに白骨が現われるまでに鋤き返しているのだから、今からは厳重に禁止すべきである」と言った。……以上一九ヶ条目を全てそのまま従った（世宗實錄　2/11/5）。

墳墓の毀損を阻止するために「歩数規定」を定めたものの、利益ばかりを追い求める者たちの行為により白骨があらわれるにもかかわらず、樹木を切り出す行為が一五世紀にも少なくなかったようである。このような状況では貴重な樹木のある区域の所有者なら、「歩数規定」に基づいて樹木に対する権利観念を持つようになるのはもちろん、先祖への礼とは無関係に先祖の墳墓を根拠に山林に関する自分の排他的権利を主張するようになるのは自然な結果であるといえよう。

『経国大典』の「歩数規定」以来、朝鮮王朝の法令において山林の私的所有権に関連して重要な変化が見られるのは一八世紀半ばの『続大典』である。刑典の聴理条の「龍虎」に関するもので、「歩数がない者でも龍虎内の養山処は入葬（葬儀をすること）を許さない。龍虎外はたとえ養山であっても広占は許さない。（雖無歩數之人　龍虎内養山勿許入葬　龍虎外則雖或養山勿許廣占）」としたのである。「龍虎」とは、風水地理説の左青龍右白虎のことである。これを「龍虎禁養規定」としよう。

一八世紀の『続大典』の「龍虎禁養規定」は一六七六年粛宗の受教（王の下す訓諭）によるものである。官纂史料の中ではこれを「丙辰受教」と呼んでいる。『続大典』ではただ一節の表現しかなくて、詳しい来歴はわかりかねるが、『承政院日記』を参考にすればこの新しい規定の背景と来歴がわかる（『承政院日記』、粛宗2/3/4）。この時、粛宗は「歩数規定」と「龍虎内養山處」全てを認めて、これを永遠に直すべからずと受教し、「龍虎禁養規定」

は後日『続大典』を経て『大典会通』に至る。

「龍虎」の規定は風水説の影響であることは周知のことである。「養山」という規定も所有制度の歴史からみるとその意義は格別であるが、まだ研究の対象外であるのが残念である。「丙辰受教」が下される二六年前の孝宗元年『備邊司謄録』の記事は次の点で注目すべきである。地方の軍営や官衙（官庁）では「松禁」規定を理由に松の伐採を「摘奸（不正の有無を調べること）」し、切り出した松の木を探し出しては一株につきいくらずつか贖銭（罪を免れるために出す金銭）を徴収しており、金銭を徴収することによっておこりうる弊害は極めて大きいので、松の伐採を禁ずることを廃すべきであると備邊司は主張している。民間人は松を家の裏山や墓の周りにある山などで育て（栽植長養）、他人の伐採を許さず（不許他人刈取）、それを利用して家を建てたり、垣を作ったりしているのに、「禁山の木を盗伐したならば罰するのは当然であるが、自分で育てた木を使って自分の家を建てるのがどうして罪になるのか（若偸取禁山之木　則罪之可也　以自己所養之木　造作自己家舍　有何罪乎）」ということである（備邊司謄録　孝宗1/2/12）。人民は他人の伐採を禁じて（禁伐）、育てた松（養松）は当然ながら育てた人の処分に任せるべきであるというのである。

朝鮮後期の各種官纂史料の中によくみられる「禁養」という言葉はこのような禁伐と養松を意味している。禁養とは、樹木を播植しそれを森に育成するため労動と資本を投下する積極的な投資活動のみではなく、ただ他人の伐採を禁止したり、未来の消費のために現在の消費を諦めさせたりする消極的な活動をも含む。朝鮮後期の実情からみて後者が支配的だったとは思うものの、この全てが投資活動であるという事実が重要である。「丙辰受教」の「養山」という言葉の中で「養」とは投資活動としての禁養を意味しているのである。(6)

禁養の対象は特殊国有林か、人民の山林かを問わなかった。一六七六年、「丙辰受教」の「養山」とは、『承政院日記』の文脈からみて「人民が禁養する山林」であることは間違いない。即ち、人民が彼らの利益のために投資をする山林を「養山」と表現したのである。禁養の語義からみると、「養山」と言う表現は不確実な表現である。「養山」よりもっと頻繁に使われている表現は禁養の主体を明示した「私養山」であり、「丙辰受教」やこれをそのまま移した『續大典』、後続の法典などの「養山」も私養山を指している。

備邊司から人民が禁伐養松した木に対する「摘奸」の弊害を指摘され、それを禁止するような意見が出されたその日、孝宗が大司憲の南銑を引見して交わした対話の中で「私養山」の用例をみることができる。これは『朝鮮王朝實錄』『備邊司謄錄』及び『承政院日記』などから「私養山」という表現が初めて見られる記事でもある。大司憲は「禁松」といっても特殊国有林の禁山と「私養之山」に対する禁制は違うものであるとしている反面、孝宗は「私養山」の松の木の利用を禁止しないように命じた。禁山と私養山の対照が鮮明である（備邊司謄錄 孝宗 1/2/12）。

「私養山」という言葉は一八世紀以降広く使われた。『實錄』の中で初めて「私養山」という言葉がみられるのも一七九八年のことである[7]。『備邊司謄錄』の中には国で使う木材を私養山から購入しているという記事も見られる（英祖實錄 32/4/14）[8]。私養山に近い表現として「私山」という言葉がある。「私山」の用例は肅宗二〇（一六九四）年の『承政院日記』の記事が最初であり[9]、一七一八～五七年の間に一〇件が確認されている。

官纂史料に山林私占の弊害に関する記事が頻繁にみられるのは一七世紀が中心である。この場合、問題になるのはほとんどが宮房であり、一部権力者も指弾の対象になっている。一八世紀になると山林私占の弊害に関する記事が著しく減少している。英祖初年に宮房と衙門（役所）に対しての折受が禁止された影響のように思われるが、その後は地方官僚が現地の山林を占有したという理由で弾劾されたという記事が目立っている（英祖實錄 6/12/17; 27/11/140）。

一八世紀以降、山林私占が無くなるどころか、逆に私占は拡散し、私権は強化された。一八世紀以降急増した山訟〔墓地に関する訴訟〕がこれを証明している。一方では、山林が私占されても、近隣農民たちの柴草採取は阻まないのがある程度の慣行になっており、一般農民の生計が深刻な脅威に陥ることはなかったようである。文禄・慶長の役以降再び始まった人口増加とともに一七世紀以降の私占は持続的に拡散し、それにともなって無主公山は蚕食されていった。

朝鮮の開国とともに山林私占の禁止が闡明されて以来、無主公山＝自由接近体制の資源用益は長期間持続し、これは確固たる慣行となった。私占の進行の中でも相変わらず無主公山は存在しており、このような慣行の物的土台として機能したのである。数百年にわたる無主公山型の資源用益の伝統と無主公山の実存は私養山という新たな制度に対しても影響をおよぼした。即ち、私養山においても無主公山の慣行が通用していたことと推論できよう。山林を私占した私養山の山主は近隣住民の生計のために柴草採取を許容・黙認し、近隣住民たちも長く続いてきた過去の慣行によってそれを自分たちの正当な権利として理解していたというのである。

朝鮮後期の私占拡大の中で私養山の上に伝統的な無主公山という新たな慣行が成立した。この新たな資源用益の様相を一つの制度であるというならば、この制度を可能にしたのは開国以来の伝統と無主公山の実存であった。一方、歩数や龍虎などは士族のみに該当する規定であった。人口の増加とともに山林を所有できず柴草を他人に頼るしかない人民が増え、これが新たな慣行の需要を形成したのである。一八世紀以降山訟が急増したが、その多くは大面積の山林を巡る両班や土豪らの紛争であった。山訟が身分の葛藤や階級対立の形で爆発しなかった理由も朝鮮前期の無主公山の慣行が朝鮮後期まで持続したという事実から見出すことができる。

朝鮮後期の史料の中でこのような推論を裏付けられる証拠をみることができる。次は一七六〇年、忠清道禮山に居住していた李氏両班家で樵軍〔きこり〕を告発して発生した山訟の記録である。李氏家では先山〔祖先の墓のある土地〕を侵害したという理由で県監〔朝鮮時代の小さい県の長官〕に訴訟を起こしたものの、樵軍の接近を禁止させる判決が出なかったため、李氏家は再び忠清監営に議送〔上訴〕した。次は監司〔各道の長官〕の指示に対する県監の答弁である。

謀報申し上げます。本県の儒学者である李シハクらが「樵軍が先山を侵害する」ということで監営に訴訟を起こしたことに関して道から下された題辞〔判決〕は、「驚く事案である。格別に頭を調査して謀報せよ」でございました。この事は県監である私がすでに調査して処決したので、今更改めて調査する事はございません。李氏一門が先山の禁養を称して四山を広占し、邑村の樵軍らが冬の市場に売り出すための焚き物を採取できる所は数十里も離れており、近くの山を利用できず恨んでおります。……李氏一門が樵軍たちを叱ったうえ出入りを禁じても止めなかったので、訴訟を起こしたと言うから、県監である私が故郷への帰りに自ら調べたところ、丘木〔墓の周りの樹木〕が叢生しているのが以前と比べて変わりはなく、訴状の訴えは誇張されたとしか言いようがございません。……近頃豪勢を誇る一族が養山を称して山を広占、発売している行為は誠に痛嘆の極まりであり…（「烏山文牒」、金仙卿 1999: 171-2）。

県監はたとえ販売のためであるとはいっても樵軍たちの生計がかかっている柴草の採取を禁ずることは行き過ぎであると判断していた。もちろん広占を理由に李氏の先山自体を否定したわけではなく、ただ樵軍たちの柴草採取により山林が深刻に毀損されたとはいえないので、そのことまでも禁止することは李氏家の過度な欲であるとみたのである。最終判決まではわかっていない。このような山訟の例からは、一つの山林の中に主産物と副産物に対する二つの権利が併存していると同時に、二つの権利は山林利用において、営利と生存という異なった目的を反映していることがわかる。

統監府統治下での不動産法調査会は土地に関する法律を制定するための準備作業で不動産についての慣例を調査し、その結果を要約したのが一九〇七年に刊行した『不動産法調査報告要録』である（宮嶋博史 1991: 364）。山林は「第一項、土地に関する権利の種類、名称及びその内容」の「第九目、入会権はあるのか、もしあるならばその種類及び効力」という項目に関して調査した。

従来、韓国においては人民が官有の林野に入り枯枝、落葉などを採取することはほとんど公認されていた。また私有地であってもこれら副産物については時々他人にその採取をまかせるのが当然のように思っていることすらある（放牧についても同様である）。従って、各地方の官有林野はまるで入会地のような形であり、民有地の場合でも時折同様のことがみられるが、これらはその採取者について制限がなく、また権利を持ってそれを採取するのではないので、まだ入会権として認めることはできない（法典調査局　1907: 15-6）。

他人の山林から副産物を採取しているが、それが「権利を持って」行う行為ではないということはそのような行為が不法か所有者の寛容によるものであることを物語っている。次は『土地調査參考書』の入会権についてのことである。

入会権というものがあるのか？　その権利の概要：各地の山林においてはその付近の村落に住居する住民が自由にその山林に入り採薪できることが非常に多いため、一見入会権が存在するかのようにみえるが、詳細に調査してみると、このようにその山林に入って採草することは決してそれを権利として行うものではなく、当該所有者の管理が不十分であることを利用して図々しく不法行為を犯すことに過ぎない場合が極めて多い（不動産法調査会　1907b: 72-3）。

二〇世紀初め、山林を所有していない者の行為が窃盗によるものなのか、あるいは山林所有者の寛容によるものなのかはケースによって異なるものの、山林を所有していない者が他人の山林を利用できるのは、日本人には一見自国の入会制度のように見えるほど当時の朝鮮では一般的であった。ただ、朝鮮の無主公山の伝統と所有制度に慣れていない日本人には他人の山林に入ってものを採取しながらも罪の意識を持っていないという事実が理解し難かったのである。[10] 当時朝鮮では他人の山林で林産物を採取するのが一般的な慣行であった。このような根深い無主公山の慣行は植民地期はもちろん独立後の一九六〇年代までも長期にわたり続いた。植民地期の山林所有権の整理過程を通じて近代的所有権が成立し、行政・警察組織が積極的に取り締まりを行ったが、数百年の伝統を一挙に根絶することはできなかったのである。

（植民地期に林野を所有できなかった朝鮮人たちは：筆者）以前の慣習から抜け出せずに所有権が確定した他人の林野に入って彼らの生活に必要な林産物を採取・利用するしかなかった。さらに古くから林産物に対しては私権の絶対性が欠けていたので……このような現実は現在に至るまで林業投資を回避させる最大の要因となっている（趙應赫　1966: 85, 91）。

私有林においても無主公山と同様に他人による副産物の採取慣行は一九六〇年代まで残っていた。[11] このような慣行の上に私的所有は成立していたが、投資の外部経済と消費の外部不経済は自由接近体制と同様に相変らず存続しており、それは過大消費と過小投資の様相を呈することを意味している。というように趙應赫もこの問題を指摘したのである。

朝鮮後期、山訟の急激な増加の中で、偸斫（盗伐）などの林産物によって起こされた山訟の比重は増加した。山訟において盗伐が確認できた場合、被害が少なければ謝罪や再発防止を約束してことをすませたが、そうでなければ「贖錢」即ち、金銭で賠償させるか体罰刑を加えることもあった（全炅穆　1996: 93-6, 125-8; 金景淑　2002: 198-211）。ところが、朝鮮王朝の法典には私養山の林産物を盗み取った者に対する処罰規定がない。『経国大典』の工典栽植条項には都城（首都）内外と地方禁山の盗伐に関する処罰が規定されており、これは『大典会通』の規定と同じである。刑典禁制条項の場合、『経国大典』には私占禁止の規定のみがあるものの、『大典会通』には都城内外、地方の封山（国が伐採を禁じた山）及び陵園墓の盗伐に関する処罰規定が非常に詳細である。ところが、歩数及び龍虎に属している山林や私養山の山林などの林産物窃盗に関する規定はみられない。「龍虎禁養規定」によって墳墓を設置して禁養〔伐採を禁じて木(松)を育てること〕した者には直接的に墳墓設置に対する排他的な権利が認められたうえ、林産物に対する排他的な権利も間接的に成立したが、後者については規定を明示していなかった。山林私占を禁止する法規が存続したという事実と無関係ではなく、私占禁止は林産物の排他的所有権を認めないというのが核心である。

朝鮮後期になって私占が拡散し所有権が強化されたが、事実上の所有の発展は無主公山の伝統を断絶したことによるものではなく、その伝統の上で発展し、その結果、私養山の上の無主公山の慣行という重層的権利が成立するようになった。私有財産の上に自由接近体制が重なり私有財産を支配したのである。私養山に関する全面的・排他的権利を規定し、その侵害についての処罰を法律で定めるならば、これは朝鮮後期に一般化した新しい慣行を否定するものとなるだろう。林産物の窃盗に関する法規を新設しないことにより結果的に私占禁止の原則を守り、私養山の上の無主公山という新たな慣行を黙認することとなった。

このような独特の所有権制度下で朝鮮の山林はどのように変化したのだろうか。朝鮮の人口は長期的に増加している。人口増加にともなって燃料と木材の需要が増加した。また耕地需要の増加にともなって焼畑開墾により山林の開発が拡大された。『朝鮮王朝實錄』などの官纂史料によると朝鮮後期は植樹と育林のない濫伐と乱開発の時代であった。略奪的というべき山林資源の濫用によって私有林と国有林を問わず山林は荒廃していった。山林の荒廃化はすでに一七世紀から始まっていたが、問題が本格的にとりあげられ、当時の知識人たちが深刻な問題として認識し始めたのは一八世紀以降のことであった。朝鮮の一八世紀というのは、人口が増加し都市と商業が発展した朝鮮後期の最盛期であるといわれている。このような繁栄の一方では、次世代までに深刻な影響を及ぼしかねない山林の荒廃化が進行しており、特に人口密度の高い南部地方が顕著であった〔李宇衍　2004〕。

今日の食糧危機下の北朝鮮や東南アジア、アフリカなど多くの第三世界にみられる「生態学的飢餓現象」から山林荒廃化の農業生産性におよぼす影響がわかる。朝鮮では山林が荒廃したことにより水利体系が毀損し、その結果一九世紀の農業生産性は下落した。朝鮮において人口増加が「採取林業」から「育成林業」へ転換する契機とならずに山林荒廃化に帰結したことは朝鮮王朝が林政や山林所有において制度的革新に失敗したためである。一五七〇年から百年余りの間日本の人口は急速に増加している。その結果、全国的に伐木が増え、開墾は最高水準となって山林は荒廃した。山林の用益権をめぐる紛争も全国的に勃発した。この時期に日本では一三世紀以来発展してきた制度が非常に精巧なかたちで全国的に確立された。入会制度がそれであり、これは自由接近体制ではなく共有財産体制下で山林を用益する制度である。入会制度、領主の山林に対する積極的・長期的視点での管理体制、各種営利的な林業経営と新たな契約形態の出現とともに、日本の山林用益は「採取林業」から植樹・育林して利用する「育成林業」への転換に成功した。

人口増加とともに林野や林産物の需要が増加して山林への圧力が増加するのは不可避である。しかし、その帰結が山林の荒廃化なのか、育成林業への体制転換なのかという問題は生態学ではなくその社会固有の制度によるものであることを、朝鮮と日本との対照的な事例から確認できよう。人口と自然資源の生態学的関係を制度、特に所有制度が媒介しており、その制度の如何によって経済的成就の結果はまったく異なるのである。共用資源の用益を規律・支配する所有権体制において朝鮮と日本は異なっていた。朝鮮では「共有地の悲劇」が不可避な自由接近体制を維持すると同時に私的所有権も成立・発展した反面、日本では自由接近体制から脱却して共有財産体制を確立することによって共用資源の持続可能な開発のための最も重要な条件を確保しており、その結果一七〜一九世紀、両国の山林は根本的に違う方向に変化していった。

四　植民地期(1)——「森林令」と「入会」——

一九一一年六月二〇日、制令第一〇号で「森林令」が公布された。本則二四か条と附則六か条で構成されており、附則第二六条によって一九〇九年「森林法」は廃止された。「森林令」が公布された翌月に開催された道長官会議で「森林令改正要旨」が配布された。要旨の始めは「朝鮮の従来の慣習に基づき、また時勢の推移にも適合させるという目的で、地方人民にも便宜を与えると同時に、植林の普及を図る一方、国有林野の整理及び経営を完成するために森林令を制定」するとしている。「森林法」は慣習に合わず、人民にむしろ不便を与えたうえ、植林の普及にも寄与できなかった。結果的に国有林の整理と経営のための方針としての実効があったとはいえない（岡衛治　1945: 上巻 160）。

「森林法」第一条では、森林を所有者により「帝室林、国有林、公有林、及び私有林」として区分したが、「森林令」にはこのような条項はなく、本則の各条項に必要な規定を設けている。「森林令」の主要内容は前述した「調査の効力」や「意見書」などとは大差はないものの、その問題意識は一層高まっており、その処置はさらに強力なものとなった。「森林令」は植民地期の林政の基本方針を定めている林政の母法である。林野所有権の整理方針と山林の管理方針とで区分し、内容と特徴を紹介したい。国有林において存続を必要とする要存続林野と存続を必要としない不要存続林野の区分は以下の二つの条項に基づいている。

第六条　国有森林として国土保安のためにまたは森林経営のために国有として保存する必要があるのは、公用または公益事業のための場合を除いて、売却、交換、または譲与できない。

第七条　朝鮮総督は造林のために国有森林の貸付を受けた者に対してその事業が成功した場合は特にその森林を譲与できる。

第六条は要存続林野に関する内容である。第七条は不要存続林野に関する内容で、国有で保存する必要がないので造林のために民間に貸付が可能であり、それに成功した場合には譲与して民有化できる林野である。第七条の規定は不要存続林野、即ち民間に処分する山林についてその処分の基本方針を述べている。「森林法」による部分林は設置実績が極めて少なく、それによって朝鮮の山林を緑化することは現実的に不可能であるという判断であった。不要存続林野の造林のためにはより強い誘因が必要であり、それが第七条に規定されたいわゆる「造林貸付制度」であった。

第七条での森林とは樹木だけではなくその地盤も含んだものであり、造林に成功すれば立木はもちろんその他の地被物とともに地盤までも無償で譲与できる。原木を販売できるまで長期間育成し、販売後に国家と収入を分割する部分林制度に比べて、造林貸付制度は造林する者に有利であった。無償譲与の条件は造林の成功であり、「森林令」とともに公布された「森林令施行規則」に「造林または牧畜のために貸付を受けた場合、事業の進捗がなかったり成功するめどがないと判断されたりする場合」は貸付地を返還すべきであり、貸付を受けた者がその間に得た利益は還収するとした（第一七条）。この制度の目的は名称通り迅速な造林＝山林緑化だったことがわかる。貸付料は非常に低い水準であり（裵在洙 1997: 97-8）、貸付料収入は総督府の財政収入では微々たる水準であった。造林の貸付制度は国有林の処分方針というのが山林緑化を最優先の課題としており、その実績如何によって山林を処分するという緑化主義を目指していることを示している。

緑化主義は国有林の保護においてはいわゆる「入会の慣行」に関する規定で表現された。入会の慣行とは「森林令施行規則」第三五条によって「現地民の全部または大部分が国有森林の一定の区域を限定して永年村落用または自家用として使用できる産物の採取または放牧の用途で使用した慣行」であると定義されている。入会の慣行について「森林令」では三か条項を設けている。

第八条　国有森林において入会の慣行のある現地住民は慣行によってその森林の副産物を採取できたりその場所に放牧できたりする。

朝鮮総督は前項で規定した入会の区域を指定または変更できる。

第九条　朝鮮総督は前條の現地住民に対してその入会区域に造林を命令できる。

前項の命令を受けた者が事業に成功した場合はその土地をその人に譲与できる。

第一〇条　朝鮮総督は現地民に国有森林を保護させ、その報酬として産物の一部をその人に譲与できる。

前項の森林の保護については現地民が連帯してその責任を負う。

現地民が故意または重大な過失によって森林に損害が生じた場合は賠償させることができる。

第九条は入会慣行林野を造林貸付制度により民有として処分できるというものであり、不要存続林野の処分＝所有権の整理と入会慣行の整理を連係させるという意味である。入会慣行を合法的に認める第八条については特別に注意すべきである。「森林令」と付属規定の入会慣行が何を意味しているのか、その実体を明確にすべきである。第八条の第一項は一見して朝鮮にも入会制度が存在し、これを法認するという意味に見える。ところが、このように法認すべき慣行——慣行という概念によって長期間持続したという意味を含む——のある区域を総督府が「指定または変更できる」と規定した第八条の第二項は理解しがたい。もし第八条の第一項「入会の慣行」が朝鮮において長期間広範に存続した慣行であったとしたら、第二項の内容と衝突することになる。

「森林令施行規則」第三五条の入会慣行の定義も日本のそれとは違っている。日本の入会慣行は領主の山林（御林）はもちろん、入会権者らの公有林、他の村の公有林または個人の私有林といったさまざまな民有林においても成立していた。しかし、「森林令」と「森林令施行規則」では入会慣行を「国有森林」のみに限定している。さらに重要な点は「森林令施行規則」の中で定義している入会慣行は朝鮮後期に広範かつ根深く存続した無主公山の慣行＝自由接近体制の慣行とは本質的に違うという点である。「森林令施行規則」において権利の主体は「現地住民の全部または大部分」であり、その対象となる林野は「国有森林の一定の区域」に制限される。林産物の用益の目的は「森林令」第八条により「副産物」や「放牧」の用途であり、「森林令施行規則」では「部落用または自家用」として限定している。すなわち、山林の主産物である樹木に対しては入会権者にその権利はなく、さらに副産物であっても販売目的では採取できないのである。

総督府はこのような意味の入会慣行が朝鮮の現実を反映しているとしてこれを法認したのであろうか。第一節と第二節で述べたように、朝鮮においてそのような慣行は一般的であるが、悠久の歴史を持つ伝統としては存在しておらず、無主公山の慣行＝自由接近体制の慣行が支配的であった。「森林令」を起草した斎藤音作と総督府はこのことをよく知っており、それが山林荒廃を招く重大な要因であると判断し、山林資源の無制限的な用益を制限された一定の範囲内に限定しようとしたのである。斎藤音作の「森林令及び関係法令案の説明要旨」からその証拠を見つけることができる（斎藤音作 1933a: 205-6）。この文書は「森林令」を発令した翌月に開かれた道長官会議で「森林令改正要旨」という題目の文書として配布された（岡衛治 1945: 上巻 162）。

7 入会慣行の容認。国有林野は封山、その他特別な保護をしたもの以外は大概無主公山と称して人民が自由に産物を採取できたが、ついに自家用のみでなく営利を目的とする者もいて結局今日の山林荒廃を招いた。旧森林法はこのような点を考慮に入れ厳重に産物の自由採取を禁じていたが、元来地方の細民が採草またはオンドル用の燃料として付近の国有林野で柴草などの副産物を採取するのは生活のためにはやむを得ないことであり、今さら従来の慣習を止めさせて買いとらせるべきであるとは酷であり憂慮を禁じえない。従って、森林令では入会の慣行である副産物の採取と放牧はそれを容認すると同時に、施行規則では入会慣行の意味を定め、入会した村落民が一定の区域を限定して他人を排除しながら村落用または自家用の森林を採取・放牧する慣行に限定することにより弊害を無くそうとしたのである。

8　入会地の整理。生活上やむを得ない入会の慣行は……これを容認するとしているが、その区域が必要以上に広いところやその位置が適当ではないところに対してはその区域を縮小、またはその位置を変更できる規定を設けており、さらに慣行に任せてそれを放置する場合には造林実行の目的を達成できない憂慮があるので、それに対しては造林を命じて成功したらそれを譲与できる規定を設けている。

「森林令施行規則」第三五条の入会慣行が実在したのではなく、無主公山として自由に利用する慣行が存在しており、短期間でこのような慣習を改めることは不可能であるにもかかわらず「森林法」ではこれを厳格に規制しようとしたのである。一方「森林令」の趣旨は、使用・収益者及び対象・用途を限定することにより人民たちに苛酷過ぎるなどの過去の弊害が持続されることへの憂慮を払拭することである。

入会慣行についてのこのような解釈は、総督府が「森林の保護・取締りに従事している職員等が参考できるうえ、講習会でも利用する目的で編纂」したという『朝鮮總督府校閲森林保護講演集　第一輯』に載っている総督府事務官の説明と一致している。冒頭に「私が最も不便と感じたことは朝鮮の森林法規に関して何らの著書も見当たらないということであった。このことがこれを書いた最大の根本的動機」であると述べているが、この本に載せられている内容は林務官吏らが熟知すべき「森林令」本来の趣旨であること意味している。彼は「入会権の意義」という題名のもとでまず「森林令」第八条と第九条について説明しているが、斎藤音作の「森林令改正要旨」と大きな違いはない（朝鮮山林会　1933b: 96-7）。新たな内容は次の通りである。

入会慣行は国有林野の一定の地域を入会地域とし、永年排他的に使用・収益を求めているものであるために、例え現地民の多数が一定の地域を限定せずに自由に任意で柴草の採取に来る慣習があったとしても、このようなことはいわゆる入会慣行とは認められない。しかしこのような慣習を直ちに廃止することは現地民の日常生活を脅かすことになりかねないので、ある程度はそれを尊重して国有林野を処分する場合にはこのような慣習を容認しなければならないという趣旨の内容が従来の例である[12]。

「森林令施行規則」第三五条の規定では、朝鮮人の従来の山林用益慣行を「入会慣行とは認められない」と断言し、「森林令」の趣旨は過去の慣習を「ある程度」認めているという。また「ある程度」の「尊重」は国有林野の処分、例えば造林貸付などでも貸付者がそれを認めるように求めていると付け加えた。実例は第二節で述べている。

要するに「森林令」が規定した入会の慣行は実存している伝統的慣行ではなく総督府が新たに生み出そうとした慣行であり、また既存の慣習的規範ではなく総督府が新たな「慣行」として定着することを望みながら法定した新用益規範を指すものである。第一節で述べたように、日本の入会慣行が自由接近型所有権体制ではないという事実を念頭に置けば、総督府は存在もしていない入会慣行を否定したのではなく、強いていうならば、入会慣行を「創出」しようとしたといえよう。これとともに総督府が望んでいる新慣行＝共有財産体制の慣行が定着して造林の成功に結びついた場合、その林野を当の村落に譲与するとしている。造林貸付制度を準用したものであり、これもまた村落公有林の「創出」に近い。

「森林令」の入会権に関する三つの条項は朝鮮の慣行を制限的に許容するとともに、当該村落の住民たちには造林を命令することもできた。その結果、造林に成功すれば譲与するという誘因（incentive）もあった。住民たちには連帯責任で山林を保護するように命令し、その対価として一部の林産物を譲与するという条項も同じである。これは全て国有林に対しての現地民の義務と権利を規定したものであり、住民たちへの誘因があるという点では共通している。

植民地期を通して伝統的な入会権の否定や村落公有林の解体などがあったという主張がある（朴文圭　1933：権

寧旭 1965; 慎鏞廈 1982; 金聖昊他 1990; 沈羲基 1991a; 裵在洙 1997; 林政研究会 1997; 姜英心 1998; 裵在洙 1998; 李景植 1999; 裵在洙他 2001; 趙錫坤 2003)。民有林収奪＝国有林創出論において朴文圭の研究以来、最も歴史がある大部分の研究者が同意しているのが、いわゆる入会権の否定である。

例外としては安東燮をあげることができよう。朝鮮の入会慣行は長年の伝統として「森林令による入会区域の指定、変更及び譲与、造林義務などの規制以外はそのまま旧来の慣習上の権利として認定」されたとしている(1960: 25)。林政研究会も「森林令」によって「強圧的な国有林の経営方法」として「入会慣行を容認」したことを指摘したが、先行研究に関する言及はない(1997: 30)。入会慣行が否定されたと主張する論者たちは、安東燮や林政研究会などから指摘された「森林令」第八条についてはまったく言及していない。

「入会慣行の否定」を主張するならば、まずその存在を証明しなければならないうえ、概念も明らかにすべきである。先行研究では入会慣行の定義はなく「伝統的」であるという表現を付け加えただけである。山林のような共用資源には私有財産体制、自由接近体制、共有財産体制など多くの所有権体制があり得る。前近代社会の成功的な共有財産体制の代表的な例としてあげられるのが日本近世の入会制度である。先行研究では日本独特のこの制度が朝鮮にも存在しており、従って朝鮮人は入会権を持っていたと主張しているのである。しかし朝鮮の山林は二〇世紀初めまでは自由接近体制や私有財産体制下に置かれており、松契などの共有財産体制が全国的に広範に成立していたという証拠は発見されていない。総督府が体系的に消滅させるべき入会慣行や入会権などは最初から存在していなかったのである。先行研究ではこのような独特の制度が存在していたということを証明せずに、その存在を前提にしたうえで、総督府が慣行を否定し権利を剥奪したと主張しているに過ぎない(13)。

「森林令」第八条第一項では現地村落民による国有林の用益を入会の慣行として認定し、第二項では総督府がその区域を選定・制限できるとしたのである。第九条では村落民に該当区域への造林を命令し、成功した場合は所有権を付与できるとしたのである。第一〇条では村落民に一部の林産物を譲与する一方、彼らに山林保護のための連帯責任を持たせられると規定している。国有林用益の主体と客体及び用益の方法が規定されたことによって過去の自由接近体制は不法とされ、日本の入会慣行と類似した制度が形成される法律的な契機となったのである。日本の入会慣行のように規則の形成や執行などが自発的なものではなく、総督府によって強制されたという点で両者間には根本的な違いがあるものの、これらの条項は朝鮮の伝統的な自由接近体制を否定し、日本の入会慣行と類似した制度を形成しようとしたのである。「森林令」の規定、村落林予定地の設定、村落民による組合設立とそれによる造林貸付の奨励などからみると、総督府は伝統的な入会慣行を否定したのではなく、強いて言えば、今までなかった入会慣行を「創出」しようとしたと言えよう。

村落公有林が解体されたという主張は「入会慣行または入会権の否定」を林野所有権の観点から再構成したのである。ここでも村落公有林が広く存在していたという「前提」の事実関係から確認しなければならない。村落公有林の証拠として提示されたのは松契の規約が大部分である。ところが、一九世紀末までも松契は決して全国的・一般的な存在ではなかった。一八世紀以降、松契が「全国的に一般化されたであろう」と主張した先行研究の中で証拠として提示した文書は二〇件にすぎない（沈羲基　1991c: 184）。現在までに確認された松契文書を網羅した最近の研究において確認できた松契の数は植民地期に結成された七件と族契であることが明らかな四件を入れても五五件のみである（朴種彩　2000）。一九三八年、朝鮮総督府が全国を対象として調査した契の総数は二万九二五七件であるが、そのなかで松契は三一件であった（金聖昊他　1990）。一方、今まで発見された山林を巡った所有権紛争、即ち山訟の資料を利用した研究で確認できた事件数は一一六七件である。朝鮮後期山林所有の多くは私占と表現される私有だったからである。これらの事件を原告と被告によって分類した結果（金景淑　2002: 201）を通じて松契がかかわっている可能性があると判断できる事件数は僅か二二件のみである。以上のことから朝鮮後期松契が全国的・一般的であったという主張には証拠がないと言わざるを得ない(14)。

五　植民地期(2)——共同体的規範の移植——

植民地期の林野所有権の整理過程で不要存続国有林野は第一種林野と第二種林野に区分された。第二種林野とは、まだ所有者として法的に認定できる資格はないものの、以後その所有権を認められるべき「縁故者」が存在している林野のことである。一方、第一種林野、すなわち所有者はもちろん縁故者も特定できない林野とは何だろうか。前述した私占禁止の物的表現である無主公山がこれに該当する。「森林令改正要旨」の中で「無主公山と称して人民が自由に産物を採取」するとした林野であり、「森林令」で制限・規制しようとした自由接近体制の使用・収益慣行が存在する林野である。また前述した『講演集』の中でその慣行を「入会慣行として認められない」と断言し、「一定の地域を限定せず自由に任意で柴草を採取」できる林野でもある。無主公山と称され、使用・収益権利の主体と客体そしてその方法に制限がないために処分権利の主体も確定できないので、無主公山は特定の縁故者の存在があり得ないため、林野所有権の整理過程で第一種林野として区分されたのである。朝鮮王朝の山林法制の体現といえる無主公山は植民地期の所有権整理過程で第一種林野として法定され、それが二〇世紀初めまで根強く存続し全国的な一般的慣行となって自由接近型の資源用益の物質的土台として機能したのである。

「林的調査」では「管理機関のない国有林野」は「主として公山と称するもの」として七三七万町歩、全国林野の四六%を占める大面積であった。しかし「区分調査」と「事業」を通じてその中の多くが実際には無主ではないという事実が明らかになった。処分においては私有林にあたる林野が自由接近型慣行により使用と収益の面では無主のように思われており、結果的に短期間の簡易調査で行った「林的調査」では所有者のない林野として調査されたのである。

管理機関のない国有林野は所有権の整理過程で国有であると確認できた場合は、要存続林野や第一種林野として、民有であると確認できた場合は第二種林野や民有林として区分した。『林業』一九二七年版付表1によると、全国の第一種林野は九三万四三六二町歩であった。この表は林野面積を所有別・林相別に区分したものであり、第一種林野の地域的分布はわからない。『朝鮮林野調査事業報告』(以下『報告』と略記する)には査定実績が道別に製表されているが、国有林野は要存続と不要存続にかかわらず縁故者のいる国有林と縁故者のいない国有林としてのみ区分してある。所有者や縁故者のいる林野が「事業」で要存続林野として査定された場合が多ければ、それに関する紛争が深刻だったに違いない。ところが、総督府と民間人との紛争の多くは縁故者のいる国有林を巡って発生した。従って、『報告』の査定結果から要存続林野は縁故者のいない国有林に算入されたといえよう。[15]

「事業」で査定事務が完了した後、要存続林野の道別面積が初めてわかるのは一九二七年である。これを利用し大部分が奥地に存在する要存続林野を除いて一般人が利用できる無主公山=第一種林野の分布が推定できる。『報告』での縁故者のいない国有林は要存続林野を含めていると考え、縁故者のいない国有林から一九二七年の要存続林野を差し引いて第一種林野の道別面積を推定することができる。全国合計は九〇万七〇〇〇町歩であると推定された。南部地方は二七万三〇〇〇町歩であり、北部は六三万四〇〇〇町歩である。第一種林野=無主公山の面積は北部地方が南部地方の二倍以上であるが、山林の絶対面積の差とともに、北部地方は南部地方より人口密度が低くて所有権の発展が相対的に遅れていたことを反映している。

一九二七年まで造林貸付による成功譲与、無償譲与および売却によって五五万六〇〇〇町歩の第一種林野が民有として移譲された。従って一九一〇年現在、第一種林野は約一四九万町歩である。しかしこれは第一種林野の推定面積の下限に近い。上限を推定してみよう。一九一〇〜三九年、第一種林野を処分したのは造林貸付を中心

表1　所有別1町歩当りの林木蓄積(1927〜39)　(単位：㎥)

年度	国有林			民有林
	要存続林野	第1種不要存続林野	第2種不要存続林野	
1927	33.6	3.2	5.4	10.8
1929	32.4	3.7	4.6	9.6
1931	30.9	4.8	6.6	9.1
1932	29.4	5.5	6.0	9.2
1933	29.6	6.4	6.7	9.0
1934	25.9	4.8	5.1	9.3
1935	23.5	4.9	5.4	9.6
1936	23.8	5.3	5.6	9.8
1937	23.7	5.4	5.9	10.3
1938	24.4	5.4	6.1	10.4
1939	24.8	4.8	5.9	10.6

資料：1927・1929・1939年は『林業』各年版、それ以外は『林野統計』各年版。

に約二二八万町歩であり、一九三九年現在で処分できなかった第一種林野は四三万町歩であり（『林業』一九三九年版、付表5）、最後に一九四〇〜二年に要存続が解除された林野が一三万町歩であった。合計二八四万町歩である。この中には一九一〇年当時、交通や林業技術の限界のために人が接近できなかったのが、その後利用できるようになったものも含まれているであろう。従って一九一〇年現在、第一種林野＝無主公山は二八四万町歩以下であったと思われる。要するに、最小一四九万町歩、最大二八四万町歩、暫定的に全国林野面積の一三％である二二〇万町歩は無主公山であったといえよう。無主公山の面積を第一種林野から推定したのは一九世紀末から二〇世紀初め、自由接近型所有権体制下に置かれていた山林の規模に関する関心のためであり、従って奥地の原始林は考慮に入れていなかったという点を強調しておきたい[16]。

第一種林野の林相が最も不良であったという事実は無主公山の所有関係＝自由接近体制から推測できよう。林相の測定には二つの方法がある。第一は、林木蓄積であるが、第三節で説明した通りである。林木蓄積がわかる最初年度は一九二七年であるが、第一種林野が最も低い（表1）。第二の方法は、

表2　第1種林野の処分と権利移譲(1910～42)　(単位：千町歩、%)

	譲与							造林貸付		売却(d)	権利移譲完了(a+c+d)		処分完了(a+b+d)	
	道模範林	面模範林	学校林	共同墓地	永年禁養	その他	小計(a)	貸付許可(b)	成功譲与(c)		面積	累計	面積	累計
面積	157.1	26.2	12.8	10.8	56.3	26.5	289.7	1761.8	979.2	353.2	1622.1	—	2404.7	—
権利移譲完了	9.7	1.6	0.8	0.7	3.5	1.6	17.9	—	60.4	21.8	100.0		—	
処分完了	6.5	1.1	0.5	0.4	2.3	1.1	12.0	73.3	—	14.7	—		100.0	

資料：1910～39年は岡衛治(1945)上巻421～31、1940～42年は『統計年報』各年版。

林野面積の林相別構成である。所有別林相構成がわかるのも一九二七年が最初である。

第一種林野の処分＝所有権の形成においては造林貸付制度が最も重要であった。第一種林野から民有化によって所有権が成立した面積は総一六二万町歩であり、造林貸付後の造林成功によって譲与された面積は九八万町歩で六〇・四％を占めている（表2）。まだ所有権は成立していないものの、造林貸付により貸付中にある林野を入れれば総処分面積は二四〇万町歩であり、造林貸付地は一七六万町歩となり七三・三％を占める。これは第一種林野が最も荒廃していたという事実に起因する。造林貸付は植民地期の山林緑化政策のなかで最も重要な制度であり、山林緑化に最も大きく寄与している。第一種林野の処分＝所有権の形成において山林復旧を最優先とする緑化主義が実現されており、これは治山緑化政策の一環として計画的に推進された事業であった。

無主公山二四〇万町歩中、一九四二年末現在、一六二万町歩はすでに所有権が形成されており、そのほかの造林貸付林野七八万町歩も造林成功により民有化を待っている状況であった。朝鮮王朝以来数百年間存続してきた無主公山は植民地期にこのように整理されており、無主地から所有権が形成されたのである。無主公山は自由接近型公用資源の客観的実体であり、国有林と私有林にかかわらず貫徹された自由接近型用益慣行の物的土台として機能していた。このような山林が法律によって解体されたのである。

無主公山の無制限的利用を常規としてきた慣行は、山林緑化を林政の第一の目標とした総督府も一挙に否定できない根深い長期持続的伝統であった。後でも述べるが、総督府が自由接近体制下の国有林に対して「森林令」と「森林令施行規則」を通じてその慣行を一定の範囲内で制限的ではあるものの許容すると同時に、村落民に育林への義務を課することにより共有財産体制の用益規則を強制しようとしたのもそのような理由からであった。

山林緑化を目的に施行した造林貸付制度下で日本人貸付者たちが長期間存続した無主公山の慣行を否定したさいは必然的に地域住民と摩擦が生じていた。日本人貸付者の視点からは「盗伐」であると認識するが、朝鮮の農民たちには長年の伝統であったこの慣行は荒廃林野の復旧に大きな障害となった。総督府はこのような状況を考慮して貸付を許可するさいは既存の慣行を一定の範囲内で認めるように要求した。次は「朝鮮林野調査事業」過程で作成された慶尚南道金海の「紛争地調書」の一部である（「紛争地調書」の番号は「紛〇〇号」の形式に略記する）。

貸付許可証

山第五三〇号内田竹三郎

明治四五年（一九一二年：筆者）七月二五日付願国有林野貸付について次のように許可する。

朝鮮総督府伯爵寺内正毅（印）

記

1　個所　慶尚南道金海郡　下東面上東面左耳面所在白龍山仙魚山

2　面積　一三九〇・四町歩

3　用途　造林

4　貸付期間　大正三年（一九一四年：筆者）四月―大正一五年（一九二六年：筆者）三月、一二年。

5　貸付料　一ヶ年　二八二ウォン四三銭。

……

9　管理者のいる墓地は従来通り使用できるようにすること。

10　植林事業に支障のない限度内で現地民の柴草の採取を認容すること。

11　植林や山林の管理に必要な人夫はできるだけ現地民を雇うこと（紛七一号：740）。

造林貸付者が現地民の協力を得られない場合は、人工造林の実績にも影響があった。次は造林貸付者である内田竹三郎の陳述である。

大正三年（一九一四年：筆者）五月下旬に土地を引き受けたので、その年には植林せず、一九一五年から植樹したが、監視が不十分だったため、現地民が柴草を刈り取る際に誤って刈り取ったものが多く、まだその成果を上げることはできずにいる。しかし今年（一九二〇年：筆者）からはもう郡庁勧業課で陳述した通り従来の方法を改良して現地民と協定を結び大大的に植林して造林の目的を貫徹しながら造林の模範を見せる覚悟として……（紛七一号：738）。

紛争地での造林実績が振るわなかったことを心配した日本人貸付者は陳述書に育林の覚悟を強調している。監視不足や苗木までも刈り取ってしまう度が過ぎた柴草の採取を成績不振の原因として指摘する一方、それに対する対策として、現地民との協定を計画していたことは注目すべきところである。独立以降、治山緑化事業の中でも確認できたように、山下住民に協力してもらわなければ造林の実績はあげられなかった。（李萬雨　1968; 李萬雨

1973)。

盗伐や誤伐などを防止するために監視を強化するだけでは造林に成功できない。無主公山の慣行に慣れた住民たちが公然にまたは隠密に抵抗するからである。慣行を維持するための抵抗手段として盗伐や乱獲をするが、それを完全に遮断するには非常に高くつく監視費用が必要であるに違いない。従って、住民たちと互恵関係を形成し、一定の規則を作ってそれに合意した方が効率的であった。日本人は入会制度という共有財産体制の用益制度を経験しており、これを朝鮮にも適用しようとしたのである。このような情況を示している例を紛一七八号にて参考人としての長有面の面長であった裵氏の陳述からうかがい知ることができる。

問　長有面及び菉山面にわたって蔵重豊蔵が貸付を受けた国有林野に関して貸付者と関係村落の有力者の間に締結された契約書に面長として立会して署名したのか？

答　そうだ。

問　その契約締結当時の事情を詳しく述べよ。

答　貸付当時の貸付条件に明記されているにもかかわらず、貸付者が現地村民たちの柴草の採取を禁止したために現地民たちは書面または口頭で面役所または郡庁に行って、それを採取できるように請願した。その結果、郡庁から届いた通知によって村落民及び関係者が林野の実地で協調した後、各村落から五―六人ずつ集めて面役所で契約書を作成した（102-3）。

長有面官洞里の座上と頭民はこの契約について「貸付処分後、随時入山や柴草の採取ができなくて困っていたので、里長、面長などが仲裁して貸付者の指揮に従い樹木を養護する一方、その見返りとして柴草を無償で採取できること」を内容とした契約書に官洞里の里民を代表して捺印した。契約当時その内容を全村落民が理解しており、それに対して異議を唱える者はいなかったと陳述した（紛一七八号：099）。この契約の締結には官洞里だけ

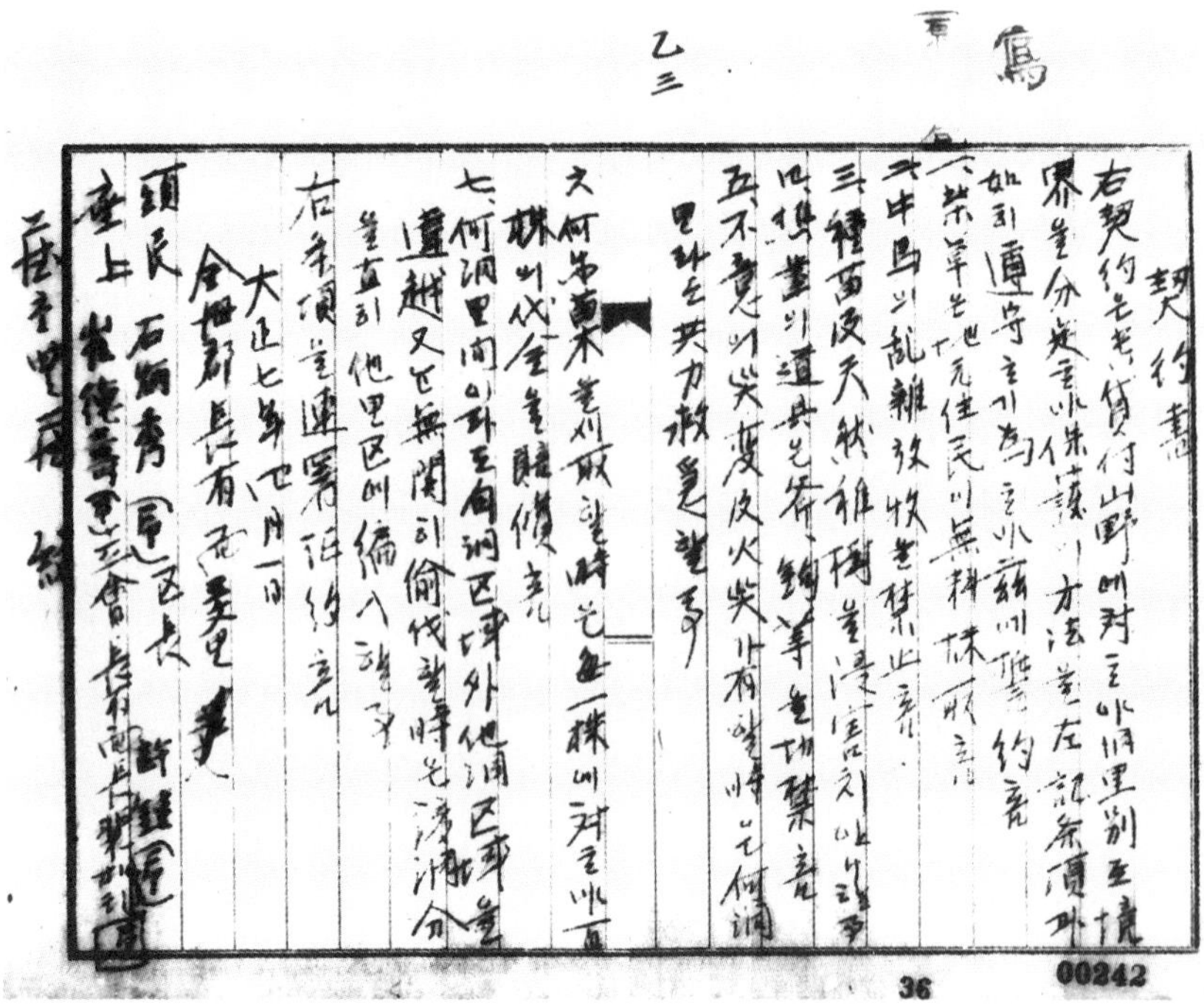

図１　契約書

でなく蔵重豊蔵が貸付を受けた九三五・二町歩に利害関係のある全村落が参加して、洞里別に樹木の保護責任を負ったうえで柴草の採取区域が割り当てられた。蔵重豊蔵が長有面大清里や進礼面山本里と締結した契約も内容と形式が同一である（紛一六一号：22；紛一五二号：117）。以下は官洞里契約書の全文である（図1参照）。

本契約は貴貸付山野に関して洞里別に境界を定め、保護の方法を次の条項通り遵守するためこれに誓約する。

1　柴草は現地住民が無料で採取できる。

2　牛馬の乱雑な放牧を禁止する。

3　種苗及び天然の稚木を害さない。

4　樵輩〔きこり〕の道具として斧、鉤などの使用を絶対禁ずる。

5　不意の災変と火災のさいは、全ての洞里が協力し合って救急すること。

6　いかなる場合でも苗木を刈り取ったときは、一株に対して百株の代金を賠償する。
7　全ての洞里において割り当てられた区域以外の他の洞区域に入ったり、盗伐したりした場合は、その洞の区域を直ちに他の洞里に編入する。
以上の条項を連署し証約する。
大正七年（一九一八年：筆者）四月一日
金海郡長有面官洞里
頭民　石炳秀（印）　区長　許鍾（印）
座上　崔徳壽（印）　立会　長有面長裵相璡（印）
蔵重豊蔵殿（紛一七八号：093）。

内田竹三郎が結ぶはずの計画であったと陳述した契約も大きく異なってはいない。「調書」によると、斎藤与作はすでに一九一六年に（紛五四号：191-4）、支岐信太郎は一九二〇年に（紛二四〇号：237-9）類似した内容の契約を締結した。斎藤与作が右部面三山・三渓両里の住民と結んだ契約書には蔵重豊蔵の契約書とは違っており、代表者のみでなく住民八〇人も連名、捺印している。契約内容は官洞里契約書六番目の条項のように非常に不平等な条項をも含んではいるものの、洞里別に保護義務と柴草の採取権利を持つ区域の境界を決めて該当林野の利用方法を詳細に規定した点は第一節で述べた日本の入会制度と非常に類似しており、朝鮮の無主公山には今までになかった新しい山林用益制度といえる。

要存続国有林では森林令第一〇条の規定により国有林保護組合が組織された。一九一六年、営業第三〇九号「保護を命令する国育森林調査上の注意事項」によれば、「保護を必要とする理由」としては「任意で入山する者に対して保護命令を下し、義務を与えると同時に権利をも与えるため」であるとし、ここで規定した国有林保護組合準則は次の通りである。

第一条　本組合は森林令第一〇条により保護を命令された国有林を保護育成し、その報酬として必要な産物の譲与を受けることを目的とする。

第二条　本組合は〇山、〇谷、〇洞（里）の保護組合と称する。

第三条　本組合は〇道、〇郡、〇面、〇洞（里）の住民で組織する。

……

第六条　本組合で行う業務は次の通りである

1　山林の保護に関する事項

2　譲与される産物採取の監督及びこれについての処分に関する事項

3　愛林思想の鼓吹に関する事項

4　その他、特に官から指示された事項

第七条　組合長は実地に関して評議員と協議して組合員の需要数量を参考にしたうえで、決められた採取区域及び期間を小規模で区分して各組合員が誠実かつ公平に産物が採取できるようにする。

第八条　組合員は協力し合って本規約の遂行に努力すべき義務があるのは勿論、組合では監視員を置いて保護区域を巡視させることによりその被害を事前に防止するよう努力すべし。

国有林保護組合の推移は次の通りである（表3）。

一九三〇年代以降、民有林を共同で保護・造林してその収穫物を共同分配する愛林契（地方によって植林契・巡山契などと呼ばれる）が洞里単位で組職された一九三三年、忠清北道では道内合計一五〇四洞里のうち五九二の洞里で愛林契が組職されており、一九三五年、全羅南道の場合、愛林契数は一〇七五、加入者数は八万七八一七名、加入林野面積は二五万一〇六町歩であった（同年、全羅南道の民有林面積は八〇万三二一五町歩）。愛林契の特徴は「林野の所有者はもちろん林野を所有していない者も構成員」になれるという点である（『朝鮮山林会報』一九三三年一〇二号・一九三五年一二六号）。このような愛林契の組織単位と構成員の資格は独立以降の山林契と同じであり、注目されるところである。一九三〇年代以降の独立直前まで愛林契組織は持続的に拡大したものと思われる。

表3　国有林保護組合（1916～39）

年度	組合数	戸数	保護命令面積（町歩）	要存続予定の林野面積（町歩）
1916	132	5,121	97,000	
1917	168	8,590	229,680	
1918	227	12,415	508,929	
1919	249	14,025	609,404	
1920	264	14,786	692,772	
1921	282	16,395	759,083	
1922	283	16,581	763,583	
1923	348	22,138	1,272,367	
1924	350	22,381	1,302,063	
1925	393	27,136	1,562,567	
1926				
1927	573		2,230,000	5,277,425
1928				5,149,606
1929				5,081,070
1930				4,790,823
1931				4,764,008
1932			3,577,823.4	4,669,142
1933			3,585,607.0	4,681,629
1934			3,866,144.7	4,654,778
1935			3,859,191.9	4,631,022
1936			4,277,799.0	4,602,760
1937			4,191,441.0	4,486,838
1938			4,173,934.6	4,340,255
1939			4,189,532.2	4,260,554

資料：岡衛治（1945：上360）

六　終わりに――独立以降の山林契の組職と役割――

植民地期に要存続国有林、造林貸付林野、民有林、道府邑面の林野において組職された各種組合と山林関連の契は独立以降、政治的・社会的混乱の中で活動を中止し、組職は有名無実なものとなった。国家主導で形成された擬似共同体は、国家による主導がなくなった状況下で水の泡のように消滅したのである。このような状況下で過去の無主公山＝自由接近の慣行が再び行われ山林は急速に荒廃していった。独立直後三年で韓国の林木蓄積の三分の一が減少した。

これを背景に一九五一年、「山林保護臨時措置法」が公布された。同法第四条では「農林部長官は林政上必要と認める場合にはその地方の住民と山林所有者に山林契の組職または解散及び監督上必要な命令を発することができる」と規定している。組職単位と構成員の資格は植民地期の愛林契と同一である。

一九六一年に公布された山林法はこのような山林契の組織に関して再び規定した。組織の単位は里洞であり、該当区域内に存在する山林の所有者と区域内に居住している者で構成される。山林を所有していない者でも該当区域の山林契には義務的に加入しなければならない。

山林法

第五七条（目的と地域）①契は山林所有者と現地住民が協調して造林事業の適確な成果を期することを目的とする……

②契の区域は里洞の区域にする……

第六〇条（契員）①契はその区域内に所在している山林の所有者とその区域内に居住している世帯主を契員にして構成する。

次の表4から林野を所有していない非所有者の割合が所有者の割合よりむしろ高いことがわかる。

第五八条（業務） 契はその目的を達成するために定款の定めにより以下の業務の全部または一部を行う。

1 自律的な山林保護と造林施業に関する業務。

2 本法または本法に基づいた命令による業務と営林計画施行上の必要によって実行する共同施業に関する業務。

3 契員の委託業務

4 その他山林に関する契員の共同利益を増進するための業務。

第五九条（収益分配契約） 契は山林所有者と収益を分配する条件で閣令の定めにより山林の管理、造林その他

表4 山林契の契員の構成

年度	所有者	非所有者	合計(人)
1977	958,302	1,157,076	2,115,378
1980	958,636	1,037,440	1,996,076
1981	958,636	1,032,465	1,991,101
1982	958,636	1,028,061	1,986,697
1983	959,741	1,014,068	1,973,809
1984	959,742	1,015,161	1,974,903
1985	959,742	996,973	1,956,715
1986	896,753	1,048,621	1,945,374

資料：朴璟碩(1989：110)

表5 山林契の推移

年度	山林契の数	山林契の契員数(人)
1953	21,570	
1959	21,628	2,241,652
1962	21,716	2,564,610
1963	21,825	2,601,732
1964	21,893	2,580,172
1965	21,895	2,569,749
1966	21,771	2,569,494
1967	21,735	2,566,010
1968	21,604	2,524,749
1969	21,546	2,512,624
1970	21,511	2,489,335
1971	21,493	2,421,448
1972	20,490	2,385,620
1973	21,424	2,354,344
1974	21,295	2,326,284
1975	21,109	2,275,309
1976	21,109	2,269,581
1977	20,930	2,115,378
1978	20,846	2,075,119
1979	20,453	2,019,871
1980	20,475	1,996,676
1981	20,433	1,991,101
1982	20,392	1,986,697
1983	20,138	1,973,809
1984	20,071	1,974,903
1985	19,940	1,963,464
1986	19,879	1,945,374
1987	19,545	1,914,589

資料：山林組合中央会(2002：936)

の施業のために一定の期間を定めて契約を締結できる。

植民地期の愛林契が行政的奨励と支援によるものならば、山林契は法律によって組織構成が義務化されたという点でその違いがある。表5からわかるように一九五三年山林契は二万以上であり、一九五九年と大きな差はみられない。これほど急速に組織が復元できたのは、植民地期の末期まで愛林契の組織が存続し、その活動も持続していたためであることが推論できよう。

表6　山林契の燃料林造成実績

年度	燃料林の造林面積(ha)
1959	68,346
1960	75,877
1961	3,840
1962	84,540
1963	51
1964	55,590
1965	47,558
1966	50,172
1967	363,766
1968	54,553
1969	50,331
1970	20,083
1971	14,800
1972	10,700
1973	10,037
1974	30,095
1975	40,618
1976	50,000
1977	77,000
1978	10,200
1979	5,115

資料：山林組合中央会(2002：944)

一九五〇年代の山林契の活動については知られていない。その活動が本格化されたのは燃料林の造林事業が始まった一九五九年以降である。山林契は治山緑化事業（一九七三～一九八七）において造林と保護を担当する組織として第一線で活動する

表7　年度別分配契約締結の実績(面積はha)

年度	件数	面積(ha)
1962	15,854	116,024
1963	18,077	55,411
1964	94,037	263,624
1965	25,908	80,831
1966	39,242	101,650
1967	87,267	265,435
1968	23,862	70,253
1969	13,391	41,404
1970	2,784	7,531
合計	320,422	1,002,163

資料：『山林』1970年10月、12頁。

表8　年度別私有林における収益分配造林の推移(累積)

年度	件数	面積(ha)
1975	211,284	566,956
1976	230,501	608,017
1977	259,182	671,070
1978	265,002	675,232
1979	260,232	665,724
1980	310,537	808,542
1981	233,686	560,359
1982	248,747	598,267

資料：민용준(Min, yong-joon)(1985)、282頁から再引用(原資料：山聯統計年報1977等)

朝鮮総督府と独立以降の韓国政府は共有財産体制と類似した組織と規則を利用して自由接近体制を除去した。（表6・7・8参照）。

朝鮮総督府の林政における最優先の課題は荒廃した山林の復旧であった。そのために前近代的な山林所有権を近代的所有権のかたちで整理した。国有林・公有林・不要存続国有林及び民有林において総督府は近隣住民に山林保護のための各種組合と契を組織するようにした。その構成員たちは山林を保護する責任を負う一方、それに対する報償として薪、飼料、緑肥の原料などの副産物を利用できる権利を得たのである。これは新しい秩序の導入であり、山林資源の用益において主体と対象、方法と目的を規定した。植民地期の山林緑化の成果はこのような制度的変化に基づいたものであった。

山林所有権の近代的転換は大体植民地期に完了した。ところが、無主公山の伝統は独立後、政治的・社会的混乱の中で復活した。無分別かつ不法的な山林の略奪が深刻化し、山林の荒廃が再び国家的な問題になった。これを契機に政府は山林契を組職することを法律で強制した。八六％の林野が私有林だったために政府は私有林に新たな規則を課した。農村地域の全ての住民は山林契に加入しなければならなかった。彼らは造林事業に参加する一方、燃料などを共同で採取して分配した。約二〇〇万戸を会員とした二万以上の山林契が組職されており、政府は山林契を財政的・技術的に支援した。山林契は一九六〇年代の燃料林の造成事業と一九七三〜一九八七年山林緑化計画の第一線で造林と山林保護業務を担当した。

朝鮮総督府と韓国政府は近代的山林所有権制度を共同体的規範を導入することによって補完したのである。過半数の農民が山林を所有できず、山林所有者の多くは五ヘクタール未満の小規模零細所有者であった。従って、山林資源の監視に対する報償は非常に少なく、私的所有者の山林に対する保護・監視活動を事実上諦めさせたのである。

政府もまた国有林を効率的に保護できる十分な資源を持っていなかったのが実情であった。これは民有林と国有林ともに自由接近体制の下で山林の荒廃化を招きかねないことを意味しているのである。

村落に共同体的な規範を要求しようとした政府の努力はこのような問題の効率的な解決に寄与した。このような規範によって特定の集団が特定の地域を保護するために協力し合うようになり、監視活動に対する報償を増大させた。これは二〇世紀に国家主導的擬似共同制とその共同体的規範により近代的所有権が補完されたことを意味しており、共有財産体制形態の山林資源管理体制による自由接近体制の解消が植民地期と独立以降の山林緑化においてともに寄与したことを意味している。

（1） 経済財と自由財との区分がある。自由財とは希少性がなく、従って経済的に価値のないものである。共用資源は経済学の対象になるほどの希少性と経済的な価値があり、従って競合性があるという点でその概念は自由財とは異なる。過去に自由財の代表であった空気は大気汚染の問題が台頭したことによって経済財に変化した。経済財としての空気は共用資源として分類される。

（2） 両体制に関する説明は以下に基づき浅子和美・国則守生が整理したものである。Berkes, F. and M. T. Farvar(1989), "Introduction and overview" in Berkes Fikret ed.,*Common Property Resources: Ecology and Community - Based Sustainable Development*. London: Belhaven Press. Bromley, Danial W. (1991), *Environment and Economy: Property Rights and Public Policy*, Cambridge: Basil Blackwell.

（3） 松契の規約は以下の通りである。
—三つの村の全員が禁松契を組織する。

—契を組織するためには財物がなくてはならないので、一人当たり籾一斗ずつ拠出する。

—全契員は春・秋に集まって禁松に関することを話し合う。

—契員のなかで有司を決め、山を見まわらせて松の木を保護するようにする。

—契員が木を切ると三〇回の笞打ちをし、その後重罰に処する。

—契員以外の者が木を切った場合は、官に告発して厳重に罰する。

—毎年春・秋の会合に理由なく参加しなかった者には次罰を与える。
—会合で契員の決定に従わない者には重罰を与える。
—重罰とは、籾一斗五升、次罰とは籾一斗である。（「松明洞禁松契帖」、一七六三年立議、林政研究会（1997: 97-98）から引用）。他の松契の規約に関しては朴種彩(2000)参照。

（4）他の七つの原理は以下の通りである。

第二、資源流量単位の時間、空間、技術、数量等を制限する私用規則（appropriation principle）は現地の条件と連携すべきであり、労働力と物資、金銭等を要求する提供規則（provision principle）とも符合すべきである。

第三、規則によって影響を受ける者はその規則を修正する過程に参加できるようにすべきである。

第四、共用資源体系の現況と私用活動を積極的に監視する取り締まり要員はその資源の私用者に対して責任が負える者か、その私用者から選ばれるべきである。

第五、規則を違反した私用者には他の私用者や責任者、または両者によって累進的な制裁措置（違反行為の軽重や背景によって異なった）により犯則金が策定される。

第六、私用者と彼等の為に働いている責任者は、私用者間の紛争や私用者と責任者間の紛争の解決のために低廉な費用で迅速に現地の審判機構に接近すべきである。

第七、自ら制度を考案できる私用者の権利は外部の政府当局によって阻害されるべきではない。

第八、共用資源体系が大規模体系の一部分である場合、私用、提供、監視、執行、紛争調停そして規律活動は重層的な整合的事業単位（multiple layers of nested enterprise）に組織される。

（5）共用資源の所有権体制に関する最近の研究としては以下を参照されたい。Bromley(1991), Seabright(1993), 宇沢弘文・茂木愛一郎編（1994）、de Janvry, Platteau, and Sadoulet, eds.(2000), Gibson, Mckean and Ostrom eds.(2000), Richards ed.(2002), Dolšak and Ostrom eds.(2003).

（6）次は一七六〇年、忠清道の山訟首領が監営に回答した内容の一部である。「李氏一族が先山の禁養を称して四山を広占して……最近勢力が強くなった一党が養山を称して広占し発売して」（傍線部分は筆者、「烏山文牒」、金仙卿（1999: 172）から再引用）。

（7）延日の県監が私養山のうち封山（注：国が伐採を禁じた山）に編入したものがあるが、禁養の得がないので封山から解除してほしいと訴えた内容である（正祖實錄　22/10/12）。

（8）思悼世子の陵を華城に移すさいに正祖が下した令も同じ内容である。「都監及び村の役所で使うために私有地から材木をきりだす場合は全てお金を支払うようにせよ」（正祖實錄　13/8/2）。

（9）七月一三日、工曹判書が「沿海三十里」内では「公・私山」を問わず禁松すべきであると主張した内容である。

（10）平熊友明は「村人の燃料の盗伐は常業」であるとした（17）。

（11）池鏞夏は「無断入山して副産物を無断採取」する一九六〇年代当時の慣習は「朝鮮時代の林産物軽視の遺風」であるとした（1964: 49）。

（12）筆者は、引き続きここで議論している入会権は国有林に関することであり、一般の民有林に関しては民法で共有の規定が適用されていることを指摘したうえで判例を紹介した。「森林令」のなかで入会を国有林に限定していると規定したのは、例えば村落共有林を否定・解体しようとしたのではなく、法理上「森林令」にそれを規定する必要がなかったからである。

国有林野以外の一般民有林野やその他の公有林に関しては当然ながら民法を適用し、「森林令」では規定を定めない。「洞里有山坂に洞里民が入会権を持つことができるのは朝鮮の慣習が認めているところである（一九二〇年六月一八日、高等法院の判決）」（朝鮮山林会　1933b: 98）

（13）沈義基は『慣習調査報告書』をもとに総督府が旧慣習調査事業を通じて「朝鮮においても入会権という団体的所有関係が存在していることを認識していた」にもかかわらず、その権利を否定したと主張している。第一節で述べた日本の入会慣行からみると、朝鮮に入会権が存在していたとはいえない。また日本人が朝鮮にそのような慣行が広く存在していると認識していることを示しているものでもない。

入会権に関する慣習はどうなのか、どのような種類の入会権があるのか、共有者が共有地で共同で採薪、採草、放牧等の権利を行使した例はあるのか、あるいは他人の土地でしかこのような権利は持てないのか、その他の入会権の内容はどうなのか、韓国に入会権としてみるべき慣行があるというのはすでに言及した。ところが、一部の地方しか調査しておらず、どのような種類のものがあるのかは明らかではない。従って、慶尚南・北道地方における二〜三の実例を示すにとどまっている。そしてこのような事例に関しても不明瞭なことが多く、軽率にその性質を断定することはできない（法制研究所編　1992: 164）

（14）「境内の両班と武断郷曲の輩が契をつくったと称して……庶民には手も出せないように」する弊害が指摘されているように（『朝鮮民政資料』、「先覚追録」、226）相当数の松契が存在したとは思うものの、それは局地的に点在する水準に過ぎなかった。存在が確認できた松契であっても、それが長期間存続しながら山林の保護・育成に成功したか否かはまだ確認できていないという点も指摘しておきたい。

(15)『報告』の査定実績の「縁故者のない国有林」は要存続・不要存続に関係なく縁故者の有無によって区分した結果であり、従って、第一種林野と同一の概念ではない。本稿の推論によると、『報告』の「縁故者のない国有林」は要存続林野と第一種林野を包括する概念である。

(16) 一九四二年現在、要存続国有林は四一八万町歩であり、その大部分は咸鏡北道・咸鏡南道と平安北道の鴨緑江・豆満江流域と江原道の太白山脈地域に集中していた。大部分は奥地の原始林であろう。要存続国有林を含めると無主公山の上限は七〇二万町歩となり、全国林野の四三・四%を占める。

〔参考資料〕

慶尚南道金海郡『紛争地調書』
金仁杰・韓相権編『朝鮮時代社會史研究史料叢書』Ⅱ（保景文化社、一九八六年）
内藤吉之助編『朝鮮民政資料』（一九四二年）
法典調査局『不動産法調査報告要録』（一九〇七年）
法制研究所『國譯慣習調査報告書』（一九九二年）
不動産法調査會『韓國に於ける土地に関する權利一班』（一九〇七年b）
朝鮮山林會『朝鮮山林會報』（各月号）
朝鮮總督府『朝鮮總督府統計年報』（各年版）
朝鮮總督府農林局『朝鮮の林業』（各年版）
『國譯備邊司謄錄』
『國譯朝鮮王朝實錄』
『受教輯錄』
『承政院日記』

〔参考文献〕

姜英心「일제의 한국 삼림수탈과 한국인의 저항（「日帝の韓国森林収奪と韓国人の抵抗」）」（梨花女子大学校、史学科、

博士学位論文、一九九八年二月）
金泰永「科田法의 成立과 그 性格（「科田法の成立とその性格」）」（『韓國史研究』37、一九八二年）四一～一〇七頁
金景淑「조선후기 山訟과 사회갈등 연구（「朝鮮後期の山訟と社会葛藤に関する研究」）」（ソウル大学校、国史学科、博士学位論文、二〇〇二年八月）
金仙卿「조선후기 山林川澤私占에 관한연구（「朝鮮後期の山林川沢の私占に関する研究」）」（慶熙大学校、史学科、博士学位請求論文、一九九九年八月）
金聖昊他「산지소유와 묘지제도 연구（「山地所有と墓地制度に関する研究」）」（『農経研究報告』二三六、一九九〇年）
朴璟碩「한국 산림조합의 성격규명과 개선방향에 관한 연구（「韓国の山林組合の性格究明と改善方向に関する研究」）」（東国大学校大学院、博士学位論文、一九八九年）
朴種彩「朝鮮後期禁松契山研究」（中央大学校、史学科、博士学位論文、二〇〇〇年八月）
裵在洙他『한국의 근·현대 산림소유권 변천사（『韓国の近・現代の山林所有権の変遷史』）』（林業研究院、二〇〇一年）
裵在洙「일제의 조선 산림정책에 대한 연구（「日帝の朝鮮山林政策に関する研究」）」（ソウル大学校、山林資源学科、博士学位論文、一九九七年八月）
裵在洙「일제하 慣習的인 山林利用權의 해체과정（「日帝下の慣習的な山林利用権の解体過程」）」（『韓國林學會誌』87（3）、一九九八年）三七二～八二頁
山林組合中央会『산림조합40년사（『山林組合40年史』）』、二〇〇二年
慎鏞廈『朝鮮土地調査事業研究』（知識産業社、一九八二年）
沈羲基「契（공동체）재산의 소유 이용관계와 總有――洞契（촌락공동체）를 중심으로――（「契（共同体）財産の所有利用関係と総有――洞契（村落共同体）を中心に――」）」（『社會科學研究』11（1）、嶺南大学校社会科学研究所、一九九一年a）、五九～八九頁
沈羲基「조선후기 토지소유에 관한 연구――국가지주설과 공동체소유설 비판――（「朝鮮後期の土地所有に関する研究――国家地主説と共同体所有説の批判――」）」（ソウル大学校、法学科、博士学位論文、一九九一年二月）
安東燮「韓國入會權에 關한 小考（「韓国の入会権に関する小考」）」（ソウル大学校、法学科、修士学位論文、一九六〇年）
李景植「山地共有의 傳統과 그 倒壞（「山地共有の伝統とその倒壊」）」（『社會科學教育』3、一九九九年）一～二三頁
李萬雨「山林契貸付國有林에 對한 考察（「山林契貸付の國有林に関する考察」）」（『忠北大学校論文集』2（別冊）、一九六

八年）九七～一〇四頁

李萬雨「山林契의 運營實態分析（「山林契の運營実態の分析」）」（『忠北大学校論文集』7（別冊）一九七三年）一九～三四頁

李榮薫「韓國史에 있어서 土地制度의 展開過程（「韓国史においての土地制度の展開過程」）」（『古文書研究』15、一九九九年）一～二二頁

李宇衍「18-19세기 산림황폐화와 농업생산성（「18-19世紀の山林荒廃化と農業生産性」）」（李榮薫編『수량경제사로 다시 본 조선 후기（『数量経済史で再考した朝鮮後期』）』、ソウル大学校出版部、二〇〇四年）

林政研究會編『韓國林政50年史』（山林庁、一九九七年）

全炅穆「朝鮮後期山訟研究」（全北大学校、史学科、博士学位論文、一九九六年八月）

趙錫坤『한국 근대 토지제도의 형성（『韓国においての近代土地制度の形成』）』（海南、二〇〇三年）

趙應赫「李朝時代의 林野制度에 關한 史的考察（「朝鮮時代の林野制度に関する史的考察」）」（ソウル大学校、修士学位論文、一九六六年）

池鏞夏『韓國林政史』（明秀社、一九六四年）

胡乙瑛「국유림 성립의 史的背景에 관한 고찰（「国有林成立の史的背景に関する考察」）」（『韓国林学会誌』31、一九七六年）、二一～九頁

岡衛治『朝鮮林業史』（朝鮮山林會、一九四五年）、임경빈（Lim, kyung-bin）他訳『朝鮮林業史』上・下巻（山林庁、二〇〇〇年）

宮嶋博史『朝鮮土地調査事業史の研究』（東京大学東洋文化研究所、一九九一年）

權寧旭「朝鮮における日本帝國主義の植民地的山林政策」（『歴史學研究』297、一九六五年）一～一七頁。

朴文圭「農村社會分化の起点としての土地調査事業に就いて」（京城帝大法文学会『朝鮮社會經濟史研究』、一九三三年）

宇沢弘文・茂木愛一郎編『社会的共通資本――コモンズと都市――』（東京大学出版会、一九九四年）

杉原弘恭「日本のコモンズ「入会」」（前掲『社会的共通資本――コモンズと都市――』）

斎藤音作「韓國政府時代の林籍調査事業」（朝鮮山林会編『朝鮮林業逸誌』、一九三三年ａ）

朝鮮山林会編『朝鮮總督府校閲森林保護講演集第一輯』（一九三三年ｂ）

浅子和美・国則守生「コモンズの経済理論」（前掲『社会的共通資本――コモンズと都市――』）

Brander, J. A. and M. S. Taylor (1998), "The Simple Economics of Easter Island: a Ricardo-Malthus Model of Renewable Resource Use", *The American EconomicReview* 88(1), pp. 119-38.

Bromley,D. W.(1992), "The Commons, Property, and Common-Property Regimes",Bromley et al., eds., *Making the Commons Work.*

de Janvry, A., J. P. Platteau, and E.Sadoulet, eds. (2000), *Access to Land, RouralPoverty, and Public Action*, Oxford University Press, Oxford.

Diamond, J. (2005), *Collapse How: Societies Choose to Fail or Succeed*, Viking, NewYork.

Dolšak N. and E. Ostrom, eds.(2003), *The Commons in the New Millennium*, The MIT Press, Cambridge, Massachusetts, London, England.

Gibson. C.C and M.A. Mckean, and E. Ostrom, eds. (2000), *People and Forests, Communities, Institutions, and Governance*, The MIT Press, Cambridge, Massachusetts.

Hardin, Gm. (1968), "The Tragedy of the Commons", *Science*, Dec. 13, pp.1243-8.

McKean, M. A. (1992), "Management of Traditional Common Lands (Iriaichi) in Japan," in Bromley, ed., *Making the Commons Work.*

McKean, M. A. (2000), "Common Property: What Is It, What Is It Good for, and What Makes It Work?" in Gibson, Mckean, and Ostrom, eds., *People and Forests.*

Ostrom, E. (1990), *Governing the Commons*, New York, Cambridge University, 윤홍근 (Yoon, hong-geun) 訳 (1999)『집합행동과 자치제도〔『集合行動と自治制度』〕』（自由企業センター、一九九九年）

Ostrom, E.(2001) "The Puzzle of Counterproductive Property Rights Reforms: A Conceptual Analysis" in de Janvry, Platteau, and Sadoulet eds., *Access to Land, Roural Poverty, and Public Action.*

Perdue, P. C. (2002), "Property Rights on Imperial China's Frontiers", Richards, ed., *Land, Property, and Environment.*

Richards, J. F. (2002), "Introduction", Richards, ed., *Land, Property, and Environment.*

Seabright, P. (1993), "Managing Local Commons: Theoretical Issues in Incentive Design", *The Journal of Economic Perspectives*, Vol. 7, Issue 4(Autumn), pp.113-34.

Totman, C. (1989), *The Green Archipelago*, Berkley and Los Angeles: University of California Press.

〔訳者注記〕〔　〕中の内容は訳者による説明である

第一次世界大戦と朝鮮貿易

宋　圭振（梁　炫玉　訳）

はじめに

一九一四年七月のサライェヴォ事件でオーストリアがセルビアに宣戦布告したことをきっかけに、躍起になって植民地獲得を目指していた帝国主義国家間に第一次世界大戦が始まった。ドイツ、オーストリア、イタリアの三国同盟側とイギリス、フランス、ロシアの三国協商側で対立したヨーロッパ列強が第一次世界大戦に参加した。トルコとブルガリアは同盟国側に加わり、日本は日英同盟を理由に協商国側に参加した。イタリアは三国同盟を破棄して中立を宣言した後に協商国側に参加した。

第一次世界大戦の勃発は日本経済の発展の大きな契機となった。第一次世界大戦がもたらした日本経済の発展を示すものの一つが貿易の膨脹と輸出超過であった。一九一四年に一一億八〇〇〇万円であった貿易規模は、一九一八年には三六億三〇〇〇万円に達するほどに膨脹した。なおかつ二〇世紀に入って慢性的貿易赤字に苦しんでいた日本の貿易は、一九一五年から一九一八年まで持続的に黒字を記録した。この四年間の貿易収支の黒字は約一四億円に達した。(1)

第一次世界大戦の勃発による日本経済の発展は朝鮮の経済にも一定の影響をおよぼすようになるが、その中でも朝鮮貿易の膨脹に大きな影響を与えるようになった。これは第一次世界大戦による世界経済の変化が日本経済にも影響をおよぼし、また朝鮮経済にも影響をおよぼしたことを意味する。

朝鮮總督府の度支部長官であった荒井賢太郎は、戦争中の一九一七年に第一次世界大戦が朝鮮貿易におよぼした影響を分析し次のように述べていた。(2)「輸出・移出は好況であったが、輸入・移入は円滑ではなかった。輸入・移入が円滑でないのはむしろ朝鮮にとって自給自足の契機になり、輸出・移出の好況は製造工業の振興の動機となるであろう。特に軍需品輸出で対ロシア貿易が発展するであろう」。ところが、このような楽観的な展望は現実化されなかった。それは朝鮮が植民地という限界を克服できなかったためである。

第一次世界大戦期間中に朝鮮貿易の植民地的性格は深化していった。歴史的に見ると、植民地の領有国は植民地を食料品や原材料の供給地として、また同時に完成品市場としても持続的に維持しようとした。したがって、領有国としては外国あるいは植民地との経済的競争を排除することにより、植民地経済政策の主眼点は領有国への必需品供給や完成品の販売となった。(3)必需品供給と完成品の販売という目的を果たすための最も重要な手段が領有国と植民地間の貿易であった。

本稿では、輸・移出入全体を総括し、第一次世界大戦期間中は朝鮮貿易の成長率が高かったことを具体的に示したり、また輸・移出と輸・移入の構造にどのような差があったのかを分析することによってこの時期の特性と、また一方で、アジアとアジア以外の地域との輸出入額の変化を通じて市場構造がどうであったかについても明らかにしたい。商品種類別構成を見た限りでは、以前と比べて根本的な変化はないものの、移出入では日本の食料品や原材料の供給地であると同時に完成品の販売地としての性格が強化されていたことがわかる。また個別商品の中では、最も重要な商品として輸・移出では米穀を、輸・移入ではシーチングと金巾を分析することでその意味も解明したい。

一　貿易規模の拡大と移出入の急増

近代以降、韓国の貿易は最近まで持続的に成長してきた(4)。朝鮮が植民地に転落してからも朝鮮の貿易は量的に飛躍的な成長を成し遂げた。植民地時代の朝鮮貿易史を四期に区分してみると、貿易が最も急成長したのは一九一〇年代である(5)。一九一〇年代における朝鮮の貿易推移を示しているのが表1である。このような一九一〇年代の朝鮮の貿易成長は「韓国併合」以前からみられた一般的傾向でもあった(6)。

一九一〇年代朝鮮の貿易で特に注目すべき点は第一次世界大戦時期に貿易額が急増したことである。一九一〇年と一九一四年を基準年度にして貿易額指数を示しているのが表2と表3である。表2によると、一九一〇年を基準年度にして一九一三年まで輸出は一・三一倍、移出は一・六五倍増加し、輸・移出総額は一・五七倍増加している。また輸入は二・一九倍、移入は一・五九倍増加し、輸・移入総額は一・八一倍増加している。したがって輸・移出入合計は一・七二倍増加した結果となった。朝鮮の貿易は「韓国併合」以降、第一次世界大戦が勃発する以前にも輸出、移出、輸入、移入など貿易全般にわたり量的には一定の成長を続けてきたことがわかる。

ここで留意したい点は、「韓国併合」で朝鮮が日本の植民地になったにもかかわらず、移入よりも輸入の増加率が高かったことである。この時期は「特別関税制度」の実施により大韓帝国の関税権がそのまま維持できたことで、日本製品と競争関係にあった外国製品を自由に輸入できたことが一因であった(7)。

この時期には貿易収支の赤字幅が拡大し、一九一〇年を基準年度にして一九一三年には二・〇五倍にまで増加した。朝鮮貿易協会ではこの時期の貿易収支の赤字に関しては、各種建設資材やその他の原材料など朝鮮の産業開発のための貨物の輸・移入増加によることなので悲観すべきことではないと評価した(8)。しかし貿易収支の赤字は朝鮮を統治した当局者としては早急に解決すべき問題であった。

表1　1910年代朝鮮の貿易額　（単位：千円）

年度	輸・移出			輸・移入			合計	輸・移入超過		
	輸出	移出	総額	輸入	移入	総額		輸入	移入	総額
1910	4,535	15,379	19,914	14,438	25,345	39,783	59,697	9,903	9,966	19,869
1911	5,516	13,341	18,857	20,029	34,058	54,088	72,945	14,513	20,718	35,231
1912	5,618	15,367	20,986	26,359	40,756	67,115	88,101	20,741	25,389	46,130
1913	5,565	25,314	30,879	31,151	40,429	71,580	102,459	25,586	15,115	40,701
1914	5,802	28,587	34,389	24,184	39,047	63,231	97,620	18,383	10,460	28,843
1915	8,591	40,901	49,492	17,664	41,535	59,199	108,692	9,073	634	9,707
1916	13,838	42,964	56,802	21,997	52,459	74,457	131,259	8,160	9,495	17,655
1917	19,050	64,726	83,775	30,191	72,696	102,887	186,662	11,141	7,970	19,111
1918	16,984	137,205	154,189	41,036	117,273	158,309	312,499	24,052	-19,931	4,120
1919	19,817	199,849	219,666	95,869	184,918	280,786	500,452	76,052	-14,931	61,121

出典：『朝鮮貿易年表』各年版

表2　「韓国合併」以降第1次世界大戦勃発直前の貿易額指数

年度	輸・移出			輸・移入			合計	輸・移入超過		
	輸出	移出	総額	輸入	移入	総額		輸入	移入	総額
1910	100	100	100	100	100	100	100	100	100	100
1911	122	87	95	139	134	136	122	147	208	177
1912	124	100	105	183	161	169	148	210	255	232
1913	131	165	157	219	159	181	172	260	152	205

注：貿易額指数と輸・移出入の比率、貿易増減率は貿易額の推移を基に作成(以下の資料も同様)

表3　第1次世界大戦時期の貿易額指数

年度	輸・移出			輸・移入			合計	輸・移入超過		
	輸出	移出	総額	輸入	移入	総額		輸入	移入	総額
1914	100	100	100	100	100	100	100	100	100	100
1915	145	143	143	74	106	94	111	49	6	33
1916	230	150	165	92	134	118	134	43	91	60
1917	214	226	242	147	186	163	191	61	76	67
1918	290	480	445	175	300	252	320	134	-191	16

表3によると、第一次世界大戦時期に朝鮮の貿易はそれ以前と比べて急増していることがわかる。第一次世界大戦が勃発した一九一四年を基準年度にして第一次世界大戦が終結した一九一八年までの輸出は二・九〇倍、移出は四・八〇倍増加しており、輸・移出総額は四・四五倍増加している。また輸入は一・七五倍、移入は三・〇〇倍増加し、輸・移入総額は二・五二倍増加している。その結果、輸・移出入合計は三・二〇倍増加した結果となっている。

朝鮮の貿易は第一次世界大戦が勃発してから輸入分野を除いた輸出、移出、移入分野では以前と比べて大きく増加していることがわかる。したがって第一次世界大戦によって対外貿易が中断されたという評価は修正されるべきである。[9] そして移出の増加が輸出の増加に比べて突出して高い点に注目する必要がある。これは次第に朝鮮の輸・移出市場が日本へ移行していく過程を示すものである。また「特別関税制度」が維持されており、日本との関税統合が行われていないにもかかわらず輸入分野より移入分野の成長が突出して大きくなったのは、第一次世界大戦中の朝鮮経済が日本経済と一層密接な関係になったことを意味している。したがって、貿易のみの結果をみる限り、第一次世界大戦は朝鮮の貿易において量的成長に寄与しただけではなく、構造的には日本への偏重傾向をより深化させる契機にもなった。

次は「韓国併合」以降第一次世界大戦勃発直前までの貿易増減率と第一次世界大戦期の貿易増減率とを比較する。表4と表5によると、年度ごとに若干の差はあるものの、全体的には第一次世界大戦期間中急増していたことがわかる。

朝鮮總督府は、第一次世界大戦が勃発する以前の輸・移出増加の要因として全産業生産額の飛躍的な成長を強調した。ところが、輸・移出増加を主導したのは農産物であり、その中心は米穀、豆などであった。特に米穀、豆などの商品は品質を改善して日本・満洲等で好評であった。一九一二年四月以降は大部分の輸・移出税が廃止

表4　「韓国併合」以降第1次世界大戦勃発直前までの貿易増減率

年度	輸・移出			輸・移入			合計
	輸出	移出	総額	輸入	移入	総額	
1910	9	27	23	-2	16	9	13
1911	22	-13	-5	39	34	36	22
1912	2	15	11	32	20	24	21
1913	5	65	49	20	-1	7	16

表5　第1次世界大戦期間中の朝鮮の貿易増減率

年度	輸・移出			輸・移入			合計
	輸出	移出	総額	輸入	移入	総額	
1914	9	13	12	-22	-3	-12	-5
1915	45	43	43	-26	6	-6	11
1916	59	5	15	25	26	26	21
1917	36	51	47	38	39	39	42
1918	-8	112	84	37	61	54	67

され一層、輸・移出の好況をもたらした[10]。特に米穀の輸・移出は一九一三年七月、日本が朝鮮米への移入税を撤廃したことによって好況を享受した[11]。

輸・移入増加の要因についても朝鮮總督府は輸・移出の好況等に基づいた資本の蓄積により生活必需品の需要が増加したと説明している。

輸・移入増加の原因についても朝鮮總督府は輸・移出の好況などによる資本蓄積で生活必需品の需要が増加したという点を強調した。また各種企業の創設及び日本資本の流入が機械、建材、原材料の輸・移入を促進したということも強調している[12]。しかし、後述の商品分析のところで説明するが、この時期の主な輸・移入商品は繊維製品と輸出米穀の代替となる補助食糧とがもっと大きな比重を占めている。

第一次世界大戦の期間中に朝鮮貿易に影響をおよぼした最も大きな要因も日本の経済状況と密接な関連を持っている[13]。第一次世界大戦が勃発すると世界各国の船舶不足により運賃が高騰しただけではなく、海上での危険などによって保険料が高くなり物価が急騰したのである。このような状況下で日本の物価も急騰し、これが朝鮮にも影響をおよぼす結果となった。日本の物価が急騰することによって朝鮮から日本に移出する鉱産物及び工業原材料がさらに増加したのである。

二　輸・移出入市場の偏重化過程

(1)日本市場への偏重深化

表6と表7は「韓国併合」以降の第一次世界大戦勃発直前と第一次世界大戦中の輸・移出入の比率を示しているものである。

表6と表7によると、「韓国併合」以降第一次世界大戦勃発直前までは輸・移出でも移出の比重が相当高かったことがわかる。しかし輸出と移出の比率が相対的に増減をしながらも輸出の比率は大韓帝国時代の輸出比率[14]とほとんど変わらない傾向を示している。[15] 一九一〇年二二・八%：七七・二%であった輸出と移出の比率が一九一三年には一八・〇%：八二・〇%となり移出の比率が増加したが平均は二三・四%：七六・六%であった。

このような状況が第一次世界大戦期間中には変わってくる。日本への比率は次第に増加し、一九一四年一八・四%：八一・六%であった輸出と移出の比率が、一九一八年になると一二・〇%：八八・〇%を記録しており平均でも一七・〇%：八三・〇%で移出の比率が増加していたことがわかる。

第一次世界大戦期間中の輸・移入の場合は輸・移出よりも日本への偏重現象が顕著であった。特に「韓国併合」以降第一次世界大戦勃発直前までは輸入の比率がむしろ増加している。一九一〇年には三六・三%：六三・七%であった輸入と移入の比率が一九一三年には四三・五%：五六・五%となっており、平均でも三九・六%：六〇・四%とむしろ大韓帝国時代よりも輸入比率が高かった。[16]

このような状況は第一次世界大戦中には一変した。一九一四年三八・七%：六一・三%であった輸入と移入の

表6　「韓国併合」以降第1次世界大戦勃発直前の輸・移出入比率（%）

年度	輸・移出			輸・移入		
	輸出	移出	合計	輸入	移入	合計
1910	22.8	77.2	100	36.3	63.7	100
1911	29.3	70.7	100	37.0	63.0	100
1912	26.8	73.2	100	39.3	6.7	100
1913	18.0	82.0	100	43.5	56.5	100
平均	23.4	76.6	100	39.6	60.4	100

表7　第1次世界大戦中の輸・移出入比率　（%）

年度	輸・移出			輸・移入		
	輸出	移出	合計	輸入	移入	合計
1914	18.4	81.6	100	38.7	61.3	100
1915	18.6	81.4	100	30.4	69.6	100
1916	25.7	74.3	100	30.2	69.8	100
1917	23.8	76.2	100	30.2	69.8	100
1918	12.0	88.0	100	26.9	73.1	100
平均	17.0	83.0	100	29.5	70.5	100

比率は、一九一八年には二六・九%：七三・一%となり移入の比率が増加していることがわかる。また第一次世界大戦期間中の輸入と移入の平均比率は二九・五%：七〇・五%であり、「韓国併合」以降第一次世界大戦勃発直前までとは違う様相であったことがわかる。

このように第一次世界大戦中には輸・移出のなかで移出の比重が増加したことはいうまでもなく、輸・移入においても移入の比重が増加した。この結果を踏まえて第一次世界大戦は朝鮮経済の日本経済への従属をより強化させる契機となったといえよう。

(2)アジア比重の拡大

朝鮮貿易は前述したように対日貿易が圧倒的であった。日本との貿易のみを一面的に強調してしまうと実質的な対外貿易の傾向を把握できかねるおそれがある。ここでは日本を除いた朝鮮の市場別貿易構造をアジアとアジア以外地域とに区分して述べたい。

表8は一九一〇年代の地域別・重要国家別輸出額を、表9は「韓国併合」以降第一次世界大戦勃発直前までの地域別・重要国家別輸出の比率を、表10は第一次世界大戦中の地域別・重要国家別輸出の比率を整理したものである。

これによると、アジアでは輸出が増加する傾向を示している反面、アジア以外の地域では一九一六年と一九一七年を除けば減少ないし停滞する傾向にあったことがわかる。重要国家別にみると、アメリカの場合は年度ごとに起伏が激しかった。イギリスの場合は第一次世界大戦勃発直前までは拡大傾向を示していたものの、第一次世界大戦勃発以降は一九一六年の急増を除けば急減している。このことは輸出市場としての安定性がほとんどなかったということを意味している。したがってこの時期の輸出が量的には増加していたものの、朝鮮の安定的な対外輸出市場は中国のみであったことがわかる。

一九一七年のアジア以外の地域でその他の国が急増したのはロシアへの輸出が急増したからである[17]。第一次世界大戦の拡大で参戦国の生産能力は減退する一方、軍需品の需要は増加の一途をたどった。その影響を受けて一九一五年以降は朝鮮からも皮革製品の輸出が激増し、また軍用米の輸出も行われたのである。ハルビンに輸出した米穀は中国人の需要を満たすためのものであったが、ロシア人も朝鮮の米穀を消費していた。ロシアの米穀の消費量は相当多く、以前はインド産の米穀を輸入していたものの、第一次世界大戦の影響で輸入が断絶されたために朝鮮の米穀を消費せざるを得なくなったのである。朝鮮總督府は、朝鮮米穀の販路が西部シベリア地方にまで拡大したことについて明るい将来を展望していたが[18]、世界大戦の終結とともにロシアへの輸出は急減したのである。

表11は一九一〇年代の地域別・重要国家別輸入額を、表12は「韓国併合」以降第一次世界大戦勃発直前までの

表8　1910年代の地域別・重要国家別輸出額　（単位：円）

年度	アジア			アジア以外の地域					総計
	中国	その他	小計	英国	米国	ドイツ	その他	小計	
1910	3,025,836	1,166,300	4,192,136	24,719	304,867	12,972	505	343,063	4,535,199
1911	3,009,012	1,525,174	4,534,186	1,217	953,344	20,444	7,213	982,218	5,516,404
1912	4,058,164	1,252,298	5,310,462	197,742	95,552	5,585	7,267	306,146	5,616,608
1913	4,183,561	1,035,635	5,219,196	234,618	89,600	3,144	18,489	345,851	5,565,047
1914	4,518,021	1,115,616	5,633,637	43,240	92,370	3,514	29,007	168,131	5,801,768
1915	5,599,280	2,914,635	8,513,915	12,185	32,323	1	33,063	77,572	8,591,487
1916	8,061,828	4,738,315	12,800,143	66,968	963,653	0	7,098	1,037,719	13,837,862
1917	11,953,667	3,477,714	15,431,381	9,691	336,822	0	3,271,887	3,618,400	19,049,781
1918	15,096,133	1,650,194	16,746,327	558	115,595	0	121,791	237,944	16,984,271
1919	17,039,549	2,379,151	19,418,700	14,797	336,182	0	47,208	398,187	19,816,887

出典：『朝鮮貿易年表』各年版

表9　「韓国併合」以降第１次世界大戦勃発直前の地域別・重要国家別輸出比率　（％）

年度	アジア			アジア以外の地域					総計
	中国	その他	小計	英国	米国	ドイツ	その他	小計	
1910	66.72	25.72	92.44	0.55	6.72	0.29	0.01	7.56	100.00
1911	54.55	27.65	82.19	0.02	17.28	0.37	0.13	17.81	100.00
1912	72.25	22.30	94.55	3.52	1.70	0.10	0.13	5.45	100.00
1913	75.18	18.61	93.79	4.22	1.61	0.06	0.33	6.21	100.00

表10　第１次世界大戦中の地域別・重要国家別輸出比率　（％）

年度	アジア			アジア以外地域					総計
	中国	その他	小計	英国	米国	ドイツ	その他	小計	
1914	77.87	19.23	97.10	0.75	1.59	0.06	0.50	2.90	100.00
1915	65.17	33.92	99.10	0.14	0.38	0.00	0.38	0.90	100.00
1916	58.26	34.24	92.50	0.48	6.96	0.00	0.05	7.50	100.00
1917	62.75	18.26	81.01	0.05	1.77	0.00	17.18	18.99	100.00
1918	88.88	9.72	98.60	0.00	0.68	0.00	0.72	1.40	100.00

表11　1910年代の地域別・重要国家別輸入額　（単位：円）

年度	アジア			アジア以外の地域					総計
	中国	その他	小計	英国	米国	ドイツ	その他	小計	
1910	3,845,274	297,665	4,142,939	6,226,524	3,204,668	488,281	372,259	10,291,732	14,434,671
1911	5,442,443	611,066	6,053,509	7,923,505	4,260,903	1,311,394	479,937	13,975,739	20,029,248
1912	7,027,454	789,936	7,817,390	9,802,015	6,459,891	1,591,759	688,369	18,542,034	26,359,424
1913	9,764,567	3,474,724	13,239,291	7,545,411	7,849,623	1,686,254	830,652	17,911,940	31,151,231
1914	7,760,909	3,289,143	11,050,052	5,434,130	6,127,035	917,719	655,491	13,134,447	24,184,499
1915	8,022,188	828,251	8,850,439	4,279,512	3,933,840	191,034	409,436	8,813,822	17,664,261
1916	9,565,355	780,146	10,345,501	4,592,967	6,551,944	121,185	385,889	11,651,985	21,997,486
1917	12,668,562	1,482,990	14,151,552	4,057,122	11,609,606	21,833	350,489	16,039,050	30,190,602
1918	22,725,491	3,836,639	26,562,130	3,506,365	10,341,043	3,255	623,157	14,473,820	41,035,950
1919	60,600,235	4,755,996	65,356,231	5,576,424	24,181,916	7,724	746,295	30,512,359	95,868,590

出典：『朝鮮貿易年表』各年版

表12　「韓国併合」以降第１次世界大戦勃発直前の地域別・重要国家別輸入比率　（%）

年度	アジア			アジア以外の地域					総計
	中国	その他	小計	英国	米国	ドイツ	その他	小計	
1910	26.64	2.06	28.70	43.14	22.20	3.38	2.58	71.30	100.0
1911	27.17	3.05	30.22	39.56	21.27	6.55	2.40	69.78	100.0
1912	26.66	3.00	29.66	37.19	24.51	6.04	2.61	70.34	100.0
1913	31.35	11.15	42.50	24.22	25.20	5.41	2.67	57.50	100.0

表13　第１次世界大戦中の地域別・重要国家別輸入比率　（%）

年度	アジア			アジア以外の地域					総計
	中国	その他	小計	英国	米国	ドイツ	その他	小計	
1914	32.09	13.60	45.69	22.47	25.33	3.79	2.71	54.31	100.0
1915	45.41	4.69	50.10	24.23	22.27	1.08	2.32	49.90	100.0
1916	43.48	3.55	47.03	20.88	29.78	0.55	1.75	52.97	100.0
1917	41.96	4.91	46.87	13.44	38.45	0.07	1.16	53.13	100.0
1918	55.38	9.35	64.73	8.54	25.20	0.01	1.52	35.27	100.0

地域別・重要国家別輸入の比率を、表13は第一次世界大戦中の地域別・重要国家別輸入の比率を整理したものである。第一次世界大戦が朝鮮の対外貿易におよぼした影響は輸入の面で特に著しく現われる。「韓国併合」以降、第一次世界大戦勃発直前までの朝鮮の輸入額で占めるアジア以外地域の比重は五〇～七〇%と大きかった。これは朝鮮の輸入と世界市場との緊密な関連を意味するものである。ところが第一次世界大戦が勃発して以来アジアの比重が急増し一九一八年には六四%を占めており、輸入の面でもアジアへの偏重現象は深化していった。

重要国家別には中国からの輸入が最も急増しており、一九一八年には五五・三八%を占めた。アメリカの場合でも一九一七年三八・四五%を占めるなど第一次世界大戦勃発以降も重要な位置を占めていた。一方、第一次世界大戦以前は朝鮮の重要輸入市場であった連合国イギリスは第一次世界大戦勃発とともに急激にその関係を失うこととなった。一つ指摘すべきことは、一九一三年までは増加の傾向にあったドイツからの輸入額が激減していることである。したがって、輸入市場の場合は第一次世界大戦の戦場であったヨーロッパ地域が朝鮮の重要輸入地域の位置を失っており、その結果、朝鮮の市場構造はいっそう脆弱になっていたことがわかる。

上述した内容を整理すると、輸出入市場構造を詳細に分析してみた結果、第一次世界大戦中は輸出入の量的な成長にもかかわらず逆に市場構造の脆弱性は深化していった。市場構造の脆弱性は朝鮮貿易の成長を阻害する要因となり、結局、第一次世界大戦以降は輸出入の量的成長さえも鈍化させる要因にもなった[19]。

三　植民地的輸・移出入商品構造の深化

(1)食料品・原材料供給地及び完成品販売地としての性格強化

この時期の輸・移出商品種類別構成をうかがい知ることのできるものが表14である[20]。輸・移出において圧倒的な割合を占めていたのは食料品と原材料である。輸・移出においての食料品及び原材料の占める割合は一九一四

表14　第1次世界大戦中の輸・移出における商品種類別構成　（単位：円）

年度	輸・移出		食料品及び原材料	完成品	その他	合計
1914	輸出	金額	4,666,073	189,445	1,592,935	6,448,453
		比率	72.36%	2.94%	24.70%	100.00%
	移出	金額	26,577,769	204,900	1,804,350	28,587,019
		比率	92.97%	0.72%	6.31%	100.00%
	合計	金額	31,243,842	394,345	3,397,285	35,035,472
		比率	89.18%	1.13%	9.70%	100.00%
1919	輸出	金額	13,182,071	1,581,050	7,335,523	22,098,644
		比率	59.65%	7.15%	33.19%	100.00%
	移出	金額	190,540,018	441,072	8,867,764	199,848,854
		比率	95.34%	0.22%	4.44%	100.00%
	合計	金額	203,722,089	2,022,122	16,203,287	221,947,498
		比率	91.79%	0.91%	7.30%	100.00%

出典：『朝鮮貿易史』附録5商品部類別輸・移出入価額統計表

表15　第1次世界大戦中の輸・移入商品種類別構成　（単位：円）

年度	輸・移入		食料品及び原材料	完成品	その他	合計
1914	輸入	金額	13,193,322	9,939,128	1,515,390	24,647,840
		比率	53.53%	40.32%	6.15%	100.00%
	移入	金額	11,419,833	22,869,671	4,757,458	39,046,962
		比率	29.25%	58.57%	12.18%	100.00%
	合計	金額	24,613,155	32,808,799	6,272,848	63,694,802
		比率	38.64%	51.51%	9.85%	100.00%
1919	輸入	金額	62,643,260	26,518,143	8,997,634	98,159,037
		比率	63.82%	27.02%	9.17%	100.00%
	移入	金額	39,375,418	119,575,202	25,967,058	184,917,678
		比率	21.29%	64.66%	14.04%	100.00%
	合計	金額	102,018,678	146,093,345	34,964,692	283,076,715
		比率	36.04%	51.61%	12.35%	100.00%

出典：『朝鮮貿易史』附録5商品部類別輸・移出入価額統計表

年八九・一八％から一九一九年九一・七九％に増加した[21]。これを輸出と移出で区分してみると若干の違いがあり、輸出での食料品と原材料の占める割合は一九一四年七二・三六％から一九一九年五九・六五％にむしろ減少していたことがわかる。それにもかかわらず全体の割合で占める食料品及び原材料の割合が増えたのは日本への移出によるものである。日本に移出した食料品及び原材料の輸・移出全体で占める割合は一九一四年九二・九七％から一九一九年九五・三四％に増えたからである。第一次世界大戦中には輸出において食料品及び原材料の占める割合は減少した反面、移出での割合は拡大したことから、この時期の朝鮮は日本への食料品及び原材料の供給地としての位置づけがさらに強化されていったことが確認できよう。

第一次世界大戦中の朝鮮の輸・移入に関する商品種類別構成を示しているのが表15である。輸・移入においては完成品の占める割合が相当高かった。輸・移入においての完成品の占める割合は、一九一四年五一・五一％から一九一九年五一・六一％となっており微増している。ところが、これを輸入と移入に区分して分析してみると両者間には明白な違いがあることがわかる。輸入では一九一四年四〇・三二％から一九一九年二七・〇二％に急減している反面、移入では一九一四年五八・五七％から一九一九年六四・六六％に増加している。このことはこの時期の朝鮮は、日本の完成品販売市場としての性格が一層強くなったことを意味している。

上述したように、商品種類別構成で注目すべきことは輸出入の商品構造は改善されたようにみえるが、移出入では朝鮮貿易が食料品及び原材料の供給地として、また完成品の販売地としての役割が強化される、いわば植民地的性格が強化される過程にあったという点である。言い換えれば第一次世界大戦によって朝鮮貿易が量的には成長したとはいっても、朝鮮貿易においての植民地的性格はむしろ強化されたといえよう。

(2)輸・移出入上位商品の分析による商品構成の植民地性

この時期の輸・移出における上位一〇品目の推移を整理したのが表16である。この表によると、一九一四年の輸・移出における上位一〇品目は米穀、豆、牛革、綿、金鉱、干魚、紅参、牛、石炭、鉄鋼であったが、その中で一位と二位の米穀と豆の地位はこの期間中にまったく変動がなかったことがわかる。三番目に重要な商品として一九一六年までは牛革が占めていたが、一九一七年からは綿花が三位になっている。その他の商品は一部に変化はあったものの、大部分は食料品と原材料が占めていたことが確認できる。

特にこの時期の輸・移出における上位一〇品目の中には、一九一一年に朝鮮総督であった寺内正毅が各道の道長官に指示して集中的に増産するようにしていた米穀、綿花、まゆ、牛革などが第一次世界大戦中にも上位を占めており、第一次世界大戦期の輸・移出も植民農政と密接な関連性があることがわかる。[22]門戸を開放して以来、米穀は朝鮮の輸出商品の中では主力品目であった。[23]植民地になってからはその比重が一層強化された。[24]第一次世界大戦期には少し減少し一九一七年には輸・移出全体で占める割合が三二・七三%まで落ちたが、一九一八年には三九・九一%に再び増加して輸・移出においては相変らず重要な位置を占めていた。

この時期の米穀の輸・移出額と数量及び生産量との関係を示したのが表17であり、一九一四年を基準年度にして各年度米穀の輸・移出額と数量を指数で示したのが表18である。

一九一四年を基準年度にしている表18をみると、一九一八年には輸・移出米穀の金額指数は三六〇に、数量指数は一六一にまで伸びていたものの、米穀生産量指数は一〇八で停滞している。このように米穀生産量が低迷しているにもかかわらず、増加していた輸出量を通じて朝鮮貿易が持つ性格の一端を把握することができよう。また数量よりも金額面で顕著に増加していることがわかる。

輸・移出米穀の金額と比率を国家別に示したのが表19である。この表によると、一九一六年と一九一七年には

表16　第１次世界大戦時期の輸・移出10大商品推移

順位	1914年	1915年	1916年	1917年	1918年
1	米穀	米穀	米穀	米穀	米穀
比率	49.72%	49.54%	34.09%	32.73%	39.91%
2	豆	豆	豆	豆	豆
比率	11.11%	10.51%	10.58%	11.19%	6.17%
3	牛革	牛革	牛革	綿花	綿花
比率	4.65%	7.15%	6.29%	5.05%	3.98%
4	綿花	紅参	綿花	牛革	まゆ
比率	3.20%	1.43%	3.08%	2.41%	3.23%
5	金鉱	綿花	まゆ	紅参	鮮魚
比率	1.66%	2.34%	2.59%	2.25%	2.66%
6	干魚	金鉱	紅参	干魚	干魚
比率	1.51%	1.25%	2.24%	1.86%	2.20%
7	紅参	まゆ	金鉱	黒鉛	牛
比率	1.43%	1.46%	1.84%	1.82%	1.48%
8	牛	石炭	干魚	小麦	たばこ
比率	1.35%	1.27%	1.73%	1.68%	1.26%
9	石炭	干魚	黒鉛	牛	紅参
比率	1.33%	1.20%	1.02%	1.21%	1.14%
10	鉄鋼	鉄鋼	鉄鋼	金鉱	金鉱
比率	1.22%	1.01%	1.00%	0.94%	1.09%

出典：『朝鮮貿易年表』各年版

表17 第1次世界大戦期における米穀の輸・移出額及び数量と米穀生産量

	1914年	1915年	1916年	1917年	1918年
金　額(千円)	17,099	24,517	19,366	27,417	61,542
数　量(千石)	1,322	2,468	1,606	1,589	2,134
生産量(千石)	14,131	12,846	13,933	13,688	15,294

出典：『朝鮮貿易年表』各年版、『朝鮮總督府統計年報』各年版(農業編)

表18 第1次世界大戦期における輸・移出の米穀金額・数量・生産量指数

	1914年	1915年	1916年	1917年	1918年
金　額	100	143	113	160	360
数　量	100	187	121	120	161
生産量	100	91	99	97	108

注：金額・数量・生産量指数は金額・数量・生産量に基づいて作成
(以下同じ)

表19 第1次世界大戦期の国家別輸・移出米穀金額及び比率

(単位：千円)

国家		1914年	1915年	1916年	1917年	1918年	1919年
日　本	金額	14,246	21,324	14,356	17,880	56,618	253,600
	比率	83.32%	86.98%	74.13%	65.22%	92%	86.57%
中　国	金額	1,968	2,349	3,447	4,238	4,648	27,113
	比率	11.51%	9.58%	17.80%	15.46%	7.55%	9.26%
露領亜細亜	金額	873	825	1,524	3,078	167	9,185
	比率	5.11%	3.37%	7.87%	11.23%	0.27%	3.14%
その他	金額	11	18	39	2,221	09	3,029
	比率	0.06%	0.08%	0.20%	8.10%	0.18%	1.03%
合　計	金額	17,099	24,517	19,366	27,417	61,542	292,928
	比率	100%	100%	100%	100%	100%	100%

出典：『朝鮮貿易年表』各年版

比率面で少し減少しているものの、全体的には依然として日本への移出が増加する傾向にある。特に一九一八年には九二％を占めており米穀輸・移出市場は日本へ単一化していく過程が確認できる。

朝鮮総督府は、朝鮮米穀の販路が満洲及びウラジオストックにまで拡大し、輸出が大きく増加したことによって米価が騰貴していると米価騰貴の原因を分析し、輸・移出税の廃止が朝鮮の産業発展及び輸・移出の成長に良い影響をおよぼしたと評価している。[25] しかし、朝鮮総督府の楽観的な評価とは裏腹に、第一次世界大戦が勃発して以来、日本を除いた中国と露領亜細亜の場合は特定年度を除けば、輸・移出で占める比率が大きく減少する傾向にあった。

門戸開放以来、米穀は主に日本に移出されたが、その他の地域にも一定の比率で持続的に輸出されていた。ところが、第一次世界大戦期になってからは朝鮮の米穀の輸・移出市場も結局日本に単一化され、日本への隷属化が一層進むことになった。

表20はこの時期の輸・移入においての上位一〇品目を整理したものである。この表によると、一九一四年の輸・移入においての上位一〇品目は金巾及びシーチング、米穀、綿織糸、石炭、中国麻布、砂糖、石油、小麦粉、白木綿、木材等であり、以降の上位一〇品目の中に繊維製品が多いのがこの時期の輸・移入における特徴といえる。そのなかで一九一四年に輸・移入品目で二位を占めている米穀は注目すべきである。主として仏領印度、英領印度、タイ等から輸入したもので、朝鮮は日本に米穀を移出する代わりにそれより質の劣る食糧を輸入せざるをえない状況になったのである。[26] また一九一八年に輸・移入品目のうち粟が五位を占めていることからみると、粟が移出米穀にかわる主要な補助食糧だったことがわかる重要な手がかりであり、その意味は大きい。[27]

輸・移出品目のなかで不動の一位を占めていた米穀に比率面では大きな差はあるものの、輸・移入品目では綿製品の一つである金巾とシーチングが連続して一位を占めていた。

表20　第１次世界大戦中の輸・移入における上位10品目の推移

順位	1914年	1915年	1916年	1917年	1918年
1	金巾・シーチング	金巾・シーチング	金巾・シーチング	金巾・シーチング	金巾・シーチング
比率	11.99%	13.99%	13.32%	13.14%	11.81%
2	米穀	綿織糸	綿織糸	綿織糸	石炭
比率	4.31%	4.11%	4.10%	4.57%	5.29%
3	綿織糸	石炭	石油	石炭	砂糖
比率	3.27%	2.90%	3.14%	3.50%	2.10%
4	石炭	石油	砂糖	石油	綿織糸
比率	2.75%	2.87%	2.55%	2.58%	1.99%
5	中国麻布	砂糖	石炭	中国麻布	粟
比率	2.47%	2.60%	2.47%	2.15%	1.96%
6	砂糖	白木綿	中国麻布	砂糖	白木綿
比率	2.39%	1.97%	2.17%	2.14%	1.95%
7	石油	中国麻布	白木綿	白木綿	軌条
比率	2.35%	1.95%	2.16%	2.14%	1.69%
8	小麦粉	木材	塩	セメント	石油
比率	1.96%	1.59%	1.47%	1.64%	1.65%
9	白木綿	清酒	木材	鉄条及び竿	中国麻布
比率	1.96%	1.54%	1.38%	1.49%	1.56%
10	木材	塩	清酒	木材	鉄条及び竿
比率	1.85%	1.44%	1.20%	1.37%	1.34%

出典：『朝鮮貿易年表』各年版

表21　第１次世界大戦中の輸・移入金巾・シーチングの金額及び数量

	1914年	1915年	1916年	1917年	1918年
金額(千円)	7,636	8,351	10,011	13,682	18,941
数量(千平方ヤード)	54,468	68,484	68,815	62,872	64,294

出典：『朝鮮貿易年表』各年版

表22　第１次世界大戦中の輸・移入金巾・シーチングの金額及び数量指数

	1914年	1915年	1916年	1917年	1918年
金　額	100	106	122	170	266
数　量	100	126	120	112	129

表23　第１次世界大戦中の国家別輸・移入金巾・シーチングの金額及び比率

（単位：千円）

国　家		1914年	1915年	1916年	1917年	1918年
英　国	金額	1,574	1,561	1,452	1,681	1,591
	比率	20.61%	18.70%	14.51%	12.28%	8.40%
日　本	金額	6,056	6,784	8,543	11,975	17,271
	比率	79.31%	81.24%	85.34%	87.53%	91.19%
その他	金額	6	5	16	26	78
	比率	0.08%	0.06%	0.16%	0.19%	0.41%
合　計	金額	7,636	8,351	10,011	13,682	18,941
	比率	100%	100%	100%	100%	100%

出典：『朝鮮貿易年表』各年版

表21はこの時期の金巾・シーチングの輸・移入金額及び数量をあらわしたものであり、表22は一九一四年を基準年度とし、金巾・シーチングの輸・移入金額及び数量指数をあらわしたものである。金巾・シーチングは全体輸・移入商品のなかで一〇％前後の比率を維持しながら、この期間中は連続して一位を占めていた。ところが、金巾・シーチングの輸・移出金額が増加した原因は数量の増加よりは価格の暴騰によるところが大きかった。これは輸・移入金額指数が一九一四年を基準年度にして一九一八年には二六六であったが、数量指数では一二九であったことから確認できる。

輸・移入の金額増加率は一九一五年までは小さいものの一九一六年以降は急増しており、これも輸・移出と同様に第一次世界大戦の影響による価格高騰がその原因であるといえよう。これと比べて数量面では、増加した一九一五年を除いてはほとんど大きな変化はみられない。

表23は金巾・シーチングの国家別輸・移入の金額とその比率を整理したものである。この表から一位の輸・移入対象国である日本と二位のイギリスが比率において年々その格差が大きくなっていくのがわかる。一九一〇年代は「特別関税制度」が実施されたことにより大韓帝国の関税が維持できたものの、依然日本製品は他国との競争でより有利な位置に立っていた。これは次のような朝鮮南部地方の有力な綿業者の記述からも確認することができる。(28)

従来はイギリスの金巾、特にBXの勢力が［朝鮮で：筆者］相当強大であった。そのため初めて日本の金巾が移入された時、少量の取引はあったものの、到底イギリスの金巾に対抗できるものではなかった。ところが、当時から一年余りの時が経過した現在、イギリス製品は日本製品に圧倒されており、今後一年が経過したらイギリス製品の輸入はほとんど無くなるであろう。

これは日本の商人が商権を掌握した状態であったため、イギリス製品の販路は限定されるしかなかった。この点について朝鮮總督府は、当時の市場状況で日本製品を移入する場合はいろいろと便利な側面があったが、イギリス製品を輸入する場合はそのようなことがなかったという点を認めている[29]。

このようにイギリス製品の比率は減少傾向をたどり、特に第一次世界大戦以降はその比率が激減した。金巾・シーチングの輸・移入ではすでに第一次世界大戦以前から日本製品がその影響力を拡大していたが、その傾向をより明確に決定づけたのが第一次世界大戦であることは否定できない事実である。金巾・シーチングにおける日本製品の独占過程はともかく、輸・移入においてはその比率が一定に維持されたとはいえ、結局、輸・移入市場も日本に一極集中していくことを象徴している。

おわりに

本稿では、朝鮮の貿易が輸・移出入全体においては第一次世界大戦中に高い成長率を記録したものの、植民地的性格は逆に強化された点を明らかにしてきた。以下では本稿を要約することで結びにしたい。

一九一〇年代というのは植民地下の貿易史を四期に区分したさい、最も高い貿易成長率を示した時期であり、この時期を第一次世界大戦の勃発直前と第一次世界大戦中に区分してそれぞれみてみると、第一次世界大戦中の貿易成長率が戦争勃発の直前より相当高かった。一九一四年を基準年度にすると、一九一八年の輸出は二・九〇倍、移出は四・八〇倍、輸・移出総額は四・四五倍それぞれ増加している。また輸入は一・七五倍、移入は三・〇〇倍それぞれ増加しており、輸・移入総額は二・五二倍、輸・移出入合計は三・二〇倍それぞれ増加している。

輸・移出においては移出が輸出に比べて大きく増加しており、輸・移入においても移入の方が他の外国からの輸入に比べて急増している。特に輸・移入の場合、第一次世界大戦までは大韓帝国時代と変わらない様相であったが、第一次世界大戦中には日本への一極集中化の傾向が顕著となった。日本を除いた輸出入市場においてもアジアの比重が拡大された。アジアは輸出額が増加した反面、アジア以外の地域における輸出では一九一六年と一九一七年を除いて減少の傾向にあり、輸入においても第一次世界大戦中には一九一三年の水準を回復することはできなかった。重要国家別にみると、中国が対外貿易においては輸出入ともに最も重要な国家として不動の位置を占めるようになった。輸入において重要な位置にあった連合国のイギリスは第一次世界大戦中に比重が下がり、第一次世界大戦が勃発する直前までは比重を高めつつあった枢軸国のドイツはほとんど断絶状態になっていた。これは第一次世界大戦により朝鮮とヨーロッパの交易が大きく減少していたことを意味している。このように第一次世界大戦は朝鮮の輸・移出入市場構造を脆弱化させる一因になったのである。

第一次世界大戦中の朝鮮の商品別輸・移出入構造を調べてみると、輸出では食料品と原材料の占める割合が減少し、輸入では完成品の占める割合が減少しており、貿易構造が改善されたかのようにみえる。ところが移出入に注目すると、日本の食料品と原材料の供給地としてのみではなく、完成品販売地としての性格もさらに強化されたことがわかる。

門戸開放以来、朝鮮の最も重要な輸・移出品であった米穀の場合、「韓国併合」以降にも輸・移出品目のなかでは一位を占めている。特にその相手国をみると、比重の最も大きかった日本と二位の中国との格差が年々大きくなっており、このことは米穀輸・移出の大部分が日本に移出されたことを意味している。朝鮮の米穀輸・移出市場は狭小化され、結局日本へ集中化されていった。

輸・移入において不動の一位であった商品は綿製品の一つである金巾・シーチングであったが、輸・移入の相手国では一位日本と二位イギリス間の比率格差が年々広がっている。一九一八年には日本製品の占める割合が九一・一九%となり、ほとんど日本製品が朝鮮市場を独占するようになった。これにより輸・移出と同様に輸・移入においても日本に市場が独占されていったことがわかる。

このように第一次世界大戦中に朝鮮貿易は量的には拡大しているが、市場構造の側面と商品構造の側面ではそれ以前と比べて逆に脆弱となり、植民地的性格はさらに強くなったのである。このことは結局、内的な要因よりはむしろ外的な要因による量的成長という限界を示しているものである。第一次世界大戦が終わってから、朝鮮の貿易は質的側面での脆弱性や植民地性はいうまでもなく量的な側面でも停滞現象をみせていた。

(1) 東洋経済新報社『日本貿易精覧』(一九三五年)二頁の「貨物輸出入総額対照表」参照。

(2) 荒井賢太郎「欧州戦乱の朝鮮貿易に及ぼせる影響」(『朝鮮彙報』一九一七年四月号)。

(3) 矢内原忠雄『植民及植民政策』(有斐閣、一九二六年)第一六章参照。矢内原氏は、植民地は領有国への食糧(食料品)と原材料(原材料品)の供給地であり領有国の商品販売地という表現を使っている。ところが商品販売地という表現は完成品販売地に替えるのが適切であろう。何故ならば、食料品も原材料もともに商品という概念に含まれるからである。したがって、以下では商品販売地という表現は完成品販売地という表現に替えて使うことにする。

(4) 安秉直・中村哲編『近代朝鮮工業化の研究』(一潮閣、一九九三年)一〇頁の表2-1によると、植民地時代の朝鮮の貿易は日本、中国、台湾と比較して飛躍的に成長したことがわかる。ところが、このことは植民地時代になってから急にあらわれたことではない。植民地時代の貿易成長に関してはその前後の時期を研究した上で評価すべきであろう。門戸開放期にも朝鮮の貿易は量的に急増し続けた。また独立以降にも韓国の貿易額は驚くほどの成長を続けたのである。

(5) 宋圭振『日帝下の朝鮮貿易研究』(高麗大學校民族文化研究院、二〇〇一年)参照。二〇〇七年一二月、大阪経済大学日本経済史研究所が開催した「東アジア経済史研究会」で、堀和生教授は、植民地時代のなかで貿易が最も急成長したのは一九一〇年代であるという筆者の主張に対して異議を提起している。元統計の漏れた部分や重複されている部分などを修正し、物価を反映して補完した推計統計を利用すべきであるとのことである。堀和生教授が推計した統計を利用して植民地時代の朝鮮の貿易全般を分析したら既存の結果とは異なる分析結果が出ることもありうる。が、本稿で筆者が主張したいのは、堀和生教授が推計した統計を利用したとしても根本的には結果は変わらないという点である。むしろ第一次世界大戦が勃発してから、移入は増加した反面、輸入は減少したことは筆者の主張を裏づける結果ではないか。堀和生・木越義則「近代朝鮮貿易の基礎的研究(特集　東アジア経済発展の歴史的研究)」(経済論叢別冊『調査と研究』

三〇、京都大学、二〇〇五年）参照。

(6) 開港期の貿易額推移を概括したものには崔柳吉「韓国の貿易動向一八七七〜一九一一年──輸出入物価指数の推計を中心に」（『アジア経済』第一五巻一号、一九七四年一月）参照。

(7) 「特別関税制度」に関しては宋圭振、前掲注(5)、第一章第一節参照。

(8) 朝鮮貿易協會『朝鮮貿易史』（一九四三年）七〇頁。

(9) 車轍權「日帝下における韓國の貿易政策──關税政策を中心に──」（『日帝の經濟侵奪史』、玄音社、一九八二年）六〇八頁。

(10) 宋圭振、前掲注(5)、三一頁。

(11) 朝鮮總督府『朝鮮總督府施政年報』一九一三年版、一四七〜八頁。

(12) 朝鮮總督府『朝鮮貿易要覽』各年版。

(13) 荒井賢太郎、前掲注(2)、二〜四頁。

(14) 大韓帝国時代の輸出入には日本も含まれるが、その後の時期と一貫性を維持するために日本への輸出入は区別して移出入で説明することにする。

(15) 大韓帝国時代の輸出と移出の平均比率は二二・四％：七七・六％であった（宋圭振、前掲注5、四五頁）。

(16) 大韓帝国時代の輸入と移入の平均比率は三三・〇％：六七・〇％であった（同右）。

(17) 荒井賢太郎、前掲注(2)、八〜九頁。

(18) これに鼓舞された朝鮮總督府ではシベリアをはじめロシア貿易についての調査を実施した。朝鮮總督府「西伯利に関する調査」（『朝鮮彙報』一九一八年四月号号外）参照。ロシアとの場合は一九一七年を除いては微々たる水準であった。

(19) 宋圭振、前掲注(5)、一〇〇頁。

(20) 原材料のなかで重要な商品としては木材、石炭、綿、原油、鉱物などがあり、消費財のなかで重要な商品としては生糸、金属類（鉄板等）、硬化油、魚油、コークスなどがあった。食料粗製品のなかで重要な商品としては米穀、水産物、葉煙草、雑穀などがあり、食料精製品のなかで重要な商品としては缶詰め、瓶詰め、寒天、みそ、醬油、酒、穀物粉、澱粉などがあった。完成品のなかで重要な商品としては機械類、綿製品、金属製品、車両、船舶などがあった（『朝鮮貿易史』九八頁）。

(21) 第一次世界大戦中の輸・移出商品種類別構成の変化様相を正確に把握するためには一九一四年と一九一八年とを比較

分析すべきであるが、一九一四年と一九一九年とを比較分析しても全体的にはさほど問題はないと考えられる。以下の輸・移入商品種類別構成の変化様相も一九一四年と一九一九年とを比較分析することにしたい。

(22) 小早川九郎編著『補訂朝鮮農業発達史』政策篇（友邦協会、一九五九年）一八七〜九〇頁。植民農政とは、韓国の農業を日本の収奪に適した従属的商品生産体制に再編する政策であった。それは日本が一九〇〇年代初めから韓国の農業環境を綿密に調査し、収奪対象として定めた四大商品、即ち日本資本主義の「低米価＝低賃金」体制を維持するために必要な米及び独占資本の製品原料となる綿花、まゆ、牛革を最大限生産させて収奪する政策であった。李潤甲「韓国近代の商業的農業研究――慶尚北道地域の農業変動を中心に」（延世大學校博士学位論文、一九九三年）一二五頁。特に綿花の生産を奨励するために憲兵を動員したり、また綿花生産指導員らは目標達成のために戸籍調査までもしたりした（權泰檍『韓國近代綿業史研究』、一潮閣、一九八九年、一〇六頁）。

(23) 日本が朝鮮開港によって目論んでいた最大の目的の一つは米穀を含めた穀物を日本に輸入するためであった。不平等条約体系の樹立は特に米穀を含めた穀物の輸出問題で顕著にあらわれていた。日本は「通商章程」第六則の内容を変えることによって米穀を含めた穀物輸出を合法化した（河元鎬『韓國近代經濟史研究』、新書苑、一九九七年、一六〜七頁）。

(24) 宋圭振、前掲注(5)、五九頁。

(25) 朝鮮總督府「滿洲に於ける輸入朝鮮米」（『朝鮮總督府月報』第二巻三号、一九一二年）四一頁。

(26) 『朝鮮貿易年表』一九一四年版、参照。

(27) 一九二〇年代は植民地期の典型期であるといえるが、朝鮮の植民地貿易構造の特徴の一つは日本に米穀を移出する代わりに満洲粟を輸入する構造であった。これについては宋圭振、前掲注(5)、第二章を参照されたい。

(28) 税田谷五郎「輸移入金巾に就て」（『朝鮮總督府月報』第四巻四号、一九一四年）一七頁。

(29) 同右、一六頁。

天津と仁川を通じてみた開港場貿易の発展と近代都市の成長

――姜　京洛（梁　炫玉　訳）――

はじめに

一九世紀末、東アジアは欧米資本主義の世界市場体系に編入された。世界貿易を通じた新しい近代世界への編入は東アジアを急激に変貌させた。特に、貿易は東アジアを変化させる主導的な要因となった。朝貢体制という伝統的な国際関係を共有していた東アジアの場合、近代の国際貿易体制への編入過程ではそれぞれ異なった様相を呈していた。従って、国際貿易を通じて資本主義の世界市場体制へ編入されてからの様相もまた共通点と相違点があった。東アジアは近代国際貿易の体系の中で伝統的な朝貢体制とは異なる緊密な関係を形成した。このような相違と共通点を生み出した内的な原因と外的な原因の究明は、近代東アジアの性格を理解するうえで重要な糸口を提供することと思われる。

本稿はこのような視点から国際貿易という要因が特に影響をおよぼした新しい都市―開港場の発展に注目した。開港場という近代都市の発展過程にどのような内的要素と外的要素とが作用して、新しい都市の特徴と問題点を発生させたのかについて明らかにしたい。特に貿易は国際的関係の中で行われるために、類似した条件の都市がどのようにして伝統的な朝貢体制から脱却し、新しい近代的国際貿易体制に編入され、また変貌していったのか

表3　天津の歴代輸出入の全国比重の変化

年度	全国で占める輸出の割合(%)	全国で占める輸入の割合(%)
1864	3.20	14.91
1874	1.72	16.19
1884	0.002	1.81
1894	0.27	2.81
1904	0.35	4.72
1914	2.37	9.27
1924	6.20	7.48
1934	15.14	9.39

資料：『天津海関史要覧』222～225頁（中国海関出版社、2004年）

徐々に回復し、一九二〇年代になると六～九％台、一九三〇年代には一二～一六％に達しており、その比重は拡大された。輸入においては一九〇五年以降七～九％を維持しながら、重要な輸入港としての役割を担っていた(2)。

天津貿易の国家別比重をみると、英国・日本・米国・香港が重要な比重を占めている。香港が英国の植民地であることを勘案すると、二〇世紀以前の天津貿易は事実上英国が独占していた。一九世紀末から二〇世紀初めになると日本と米国が地理的な利点や急速な工業化を背景にして英国に追いつき始めた。第一次世界大戦を前後とする時期になると、日本が一位で約六〇％、米国が二位で約一五％を占めており天津貿易を両国がほぼ独占するようになった。

商品構成をみると、初期の上海を通じた間接貿易から脱却することによって、輸出入商品の多様化がなされた。一八七三年の輸入洋品（洋貨）は一一五種、輸出品目（土貨）は五七種に過ぎなかったものの、一九一三年になると輸入洋品は八〇〇種余り、輸出品目は四〇〇種余りに達しており多様化していることがわかる。天津の主要輸出品は農水産物と特産物であった。ところが、一九一七～一九年には五金礦産一三種を輸出し、さらに少ないものの機械類の輸出も行われた。第一次世界大戦中には近代の機械製商品の輸出も始まった。特に民族工業が興起し、これらの企業が生産した機械製の麻布や木綿類が輸出され始めたのである。一九二三年にはこのような麻布や木綿などの縫製品類を一万九一四トン輸出し、機械製小麦粉の場合は一九二一年に四〇〇〇トン、一九三一年には一二万トンを輸出している。綿布と綿製品は一九二一年の三〇万海関両から一九三一年には一二六万海関両に達している。その他にもセメント、塩、紙などの機械製品の種類が三〇種余りに達している。

天津の初期の主要輸入品目はアヘンであった。一八六三年の天津の輸入品目中、アヘンの占める割合は三六・四二%で最も高い。続いて紡織製品で西洋からの輸入総額中一六・二四%を占めている。(3) その他には、砂糖、金属類、マッチなどが輸入された。

一八八〇年代以降アヘンの輸入は減少し、紡織製品が主要輸入品目となる。一八九〇年代初期、紡織製品は全体輸入額の三分の二を占めるまでにいたった。続いて砂糖類が一八九三年には全体輸入額の二〇%の割合を占め、主要輸入品目となった。反面、工業に必要な原料や機械類の輸入は少なかった。資本財の輸入は一八九〇年代初め約二~三%に過ぎなかったが、一九世紀末の鉄道建設ブームにより、鉄道関連資本財の大量輸入が始まり、鉄道関連商品の輸入は一八九八年には二五・七四%となり飛躍的に増加した。その他、鉱山の採掘関連商品や軍関連の軍需品の輸入が一八九〇年末に天津を通じて活発に行われた。全体的に二〇世紀以前の輸入品は一八六〇年代の一〇種余りから、一八七〇年代二〇種余り、一八八〇年代三〇種余り、一八九〇年代四〇種余りに増加した。特に紡織品や雑貨の増加が顕著であった。

一九〇〇年から一九一三年までの輸入品の種類には大きな変化はみられなかった。紡織品の割合は少し低くなったものの、絶対輸入額は相変わらず増加した。この時期で注目すべき点は、石油の輸入増加である。二〇世紀初め一%に過ぎなかった石油の輸入が一九〇八年になると一三・七七%にまで増加している。

鉄道関連製品の輸入も二〇世紀初めには増加しており、二番目に多い輸入製品であったが、一九〇八年頃になると、全体輸入の五・八%を占めて六番目の輸入品目となっている。また機械製品の輸入は以前と変わらず、二~三%の割合にとどまった。全体的にこの時期の輸入は大きく発展しており、種類も五〇種余りにまで拡大し多様化したものの、相変わらず消費財が中心であった。

第一次世界大戦中は主要品目に変化はみられなかったが、ヨーロッパからの輸入先が戦争のために日本と米国へと変化した。特に日本の商品は速やかに輸入代替品として登場してきた。

第一次世界大戦以降にも主要輸入品目の変化はほとんどみられなかったが、食料の輸入が新たな項目として登場した。全般的にこの時期の主要輸入品目の変動は激しかったものの、綿織物と食料が最も重要な品目となった。この時期の主要品目として綿花がある。綿花は中国の綿紡織業の多様化によって、一方では綿花を輸出し、他方では綿花の輸入が行われたのである。

その他に機械及び鉄道関連製品の輸入も増加傾向をみせているが、この品目は時期により輸入額が大きく変動している。これは当時の天津の工業と鉄道状況に合わせて行われたのである。全体的にこの時期も米、小麦粉、タバコ、砂糖、石油といった消費財が五〇~九〇%を占めており、綿紡織品にとってかわっている。

このような対外貿易の発達は、天津を華北地域において商業中心都市として発展させる要因となった。天津が華北地域の商業中心都市として果たした役割を理解するための表が表4・5である(4)。

この表が示しているように天津は華北地域における代表的な港であり、一九一三年までは平均五九・二%、一九一四年から一九三一年までは平均六二・七%を占めており、次第に支配的な位置を占めていった。約六〇%台の輸出入量を処理し、華北の最大物流港としての位置を確固たるものとした。また華北内陸との交易を通じても天津が華北地域において物流の中心都市であることがわかる。内陸との物資交易量は関連資料をもとに整理してみると以下の通りである(表6参照)(5)。

全般的な趨勢として物資交易の規模が持続的に拡大されている。このような規模の拡大の中で注目すべき点は商品の運送手段の変化と交易範囲の拡大に関することである。次の表7は天津を中心に行われた物資交易におけ

表4　華北地域の港別輸出入合計の推移（1）　比率（%）

	煙台	青島	膠洲	天津	合計
1900	57.5	0.0	1.6	40.8	100.0
1901	48.4	0.0	10.2	41.4	100.0
1902	31.0	1.2	9.0	58.7	100.0
1903	31.2	4.0	12.9	52.0	100.0
1904	32.2	2.5	11.3	54.0	100.0
1905	21.8	3.8	10.4	64.0	100.0
1906	18.3	1.3	15.2	65.2	100.0
1907	15.9	3.3	13.1	67.6	100.0
1908	20.4	4.9	23.0	51.8	100.0
1909	17.5	5.0	26.2	51.2	100.0
1910	13.5	4.6	28.0	53.8	100.0
1911	13.2	3.4	30.5	52.8	100.0
1912	12.5	4.2	31.1	52.2	100.0
1913	9.6	5.0	27.6	57.8	100.0
平均	24.5	2.4	13.9	59.2	100.0

表5　華北地域の港別輸出入合計の推移（2）　比率（%）

	煙台	青島	膠洲	竜口	天津	威海	合計
1914	9.1	6.3	22.8	0.0	61.7	0.0	100.0
1915	13.8	5.1	9.4	0.0	71.7	0.0	100.0
1916	11.4	2.9	27.3	0.0	58.5	0.0	100.0
1917	10.4	3.5	28.3	0.0	57.8	0.0	100.0
1918	8.0	5.3	23.7	0.1	63.0	0.0	100.0
1919	6.4	4.5	27.8	0.2	61.1	0.0	100.0
1920	9.2	4.8	26.8	0.2	59.1	0.0	100.0
1921	10.4	5.3	21.3	0.5	62.5	0.0	100.0
平均	9.8	4.7	23.4	0.1	61.9	0.0	100.0
1922	8.1	3.5	25.0	0.5	62.9	0.0	100.0
1923	7.0	3.8	27.7	0.7	60.7	0.0	100.0
1924	6.0	3.1	32.9	0.9	57.1	0.0	100.0
1925	4.5	2.8	29.0	0.7	63.0	0.0	100.0
1926	4.7	1.7	31.0	1.0	61.6	0.0	100.0
1927	3.6	3.5	26.8	1.2	64.9	0.0	100.0
1928	3.3	4.6	22.4	1.0	68.7	0.0	100.0
1929	3.0	3.2	27.6	0.9	65.3	0.0	100.0
1930	3.0	3.4	30.3	0.9	62.2	0.2	100.0
1931	4.9	4.4	28.6	0.6	60.2	1.3	100.0
平均	4.8	3.4	28.1	0.8	62.7	0.1	100.0

る運送手段別比重を整理したものである。[6]

特に注目したいのは近代的な運送手段である鉄道の利用である。鉄道は一九一〇年代になると最も重要な運送手段となっている。鉄道を利用した物流は費用が高くかかるものの、迅速かつ広大な地域への物資運送を可能にした。結局、このような新しい運送手段によって天津は影響をおよぼすことのできる空間—背後市場を拡大できた。

(2)近代天津の成長と発展

貿易と国内交易によって天津の商業は発展を遂げた。元来、天津は伝統都市の時から商業が比較的発展していた。[7] このような商業は二〇世紀に入ってその規模が拡大された。一九二五年の統計資料によると、天津の店舗数

表6　天津と内陸間の交易状況

年度	金額(万関平両)
1912	6,209
1913	8,624
1914	9,473
1915	9,972
1916	1,072
1917	10,095
1918	10,615
1919	13,342
1920	13,783
1921	18,100
1922	17,139
1923	16,008
1924	14,520
1926	15,169
1927	21,212
1928	20,370

資料：歴年海関、鈔関貿易報告

表7　天津と内陸間の物資交易時の運送手段別統計

年度	鉄道	河川	陸路
1912	53	44	3
1913	55	42	3
1914	55	41	4
1915	56	39	5
1916	60	36	4
1917	68	28	4
1918	65	33	2
1919	64	33	3
1920	71	25	4
1921	70.5	25.5	4

資料：津海関十年報告(1912～1921)(『天津海関史要覧』、中国海関出版社、2004年)123頁

表8　天津の分類別店舗数

分類	店舗数	資本額
食　品	6,905	1,720,275
服　装	3,251	2,994,510
家　具	2,851	1,367,017
玩　具	24	2,860
消耗品	301	134,112
建　築	121	284,775
日用品類	3,231	11,075,714
装飾品類	695	62,637
衛生品類	1,314	822,486
化学電気	299	393,677
5金属類	719	260,880
紙張印刷類	389	332,768
金　融	143	373,030
その他	800	2,405,727

資料：呉甌『天津社会局統計彙刊』(天津社会局、民国18(1929)年)

は一万五四五六であった。天津の商業が最高潮に達した一九二八年になると、店舗数は二万一〇〇〇になり、従業員数は四万二二〇〇人であった。就業者の約七・二%が商業に従事していた(8)。商店の種類を分類してみると、主として消費的な業種に集中しており、日用品類と食品分野の商店が全体の半分近くを占めている(表8参照)。

貿易と商業の成長は近代都市の重要な部分である工業の発展をもたらす。一九一四年から二八年まで天津に建てられた工場数は約一二八六社であると推計されている。一九二四年に二九七社の工場が建てられ一年間に建設された工場数としては、それまでの最高を記録した。一九一四～一五年と一九二〇～二四年の両時期には合計八六二社の工場が建設された。これは、一四年間に設立された全体工場数の実に七〇・八%を占めており、この時期に集中していたことがわかる(9)。

一九二八年の調査によると、二千余りの工場で働く労働者数は、男女成人労働者と少年少女労働者含めて九万五〇〇〇人に達している。この数値は一九二八年の調査記録の中で、就業者五八万七七〇〇人のうち一六%に達するものである(10)。これは工業が天津において重要な位置を占めていることを示すものである。一方、一九三三年の調査資料によれば、景気不振が反映されて工場数が急減していることがわかる。一九三三年、天津の工場数は一二一三社に減少した(11)。

このうち五八・七%の七一二社の工場は四年以内に新設された工場である。世界経済恐慌の影響により経済的状況が急変する中で競争的に新しい工場が建てられていたことがわかる。

従って、多くの新設工場はその規模が小さかった。一九三三年の全工場の資本総額は二三一九万二九〇五元であった。このうち、大型の綿紡織工場などの資本が約二〇〇〇万元で全体の八六%を占めている。ほとんどの新設工場は資本の貧弱な小規模の工場か作業所のようなレベルの手工業工場であった。このような工場は不景気の中で浮き沈みが激しかった。一九三三年の天津主要工業の類型別統計によれば、無動力で雇用人数三〇人未満の手工業作業所が全体工場一二一三社のうち七七五社で六四%を占めている(12)。

このような様相にはさまざまな原因がある。第一は、資本が特定工業分野である綿糸や麺粉などにのみ集中していたことがあげられる。資本の集中は外形上これらの規模を大きくしたが、市場での海外商品及び上海工場との競争で優位に立つことができず、むしろ天津経済の均衡的な発展の障害になった(13)。

第二は、急増した人口のため、安価な労働力が都市に集中し、これを背景とした前近代的な手工業作業所が広範に存在した。作業所は特に公安二区に集中しているが、全体の七七五か所のうち、六〇%の四六九か所がこの中に位置していた(14)。

第三は、このような傾向は一九三〇年代の景気萎縮とこれにともなう対外競争の激化に対応するための方法としてあらわれた。特に紡織分野では競争が激しかったため、安価な労働力を利用した作業所が三三六か所も作られた。しかし、これらの多くは二年以内に新設されたものである。結局、これは無動力であるうえ少ない資本で安価な労働力を少数だけ利用して生産する、という作業所方式で市場の変化に対応するものであった(15)。

表9　仁川の輸出入推移

年度	輸出	輸入	合計	輸出指数	輸入指数	総計指数
1884	184,917	377,548	562,465	100	100	100
1885	156,620	969,610	1,126,230	85	257	200
1890	1,440,132	2,571,161	4,011,293	779	681	713
1895	1,455,737	5,017,086	6,472,823	787	1,329	1,152
1900	4,343,962	6,888,421	11,232,383	2,349	1,825	1,997
1905	2,928,827	16,803,768	19,732,595	1,584	4,451	3,508
1910	4,055,204	12,666,523	16,721,727	2,193	3,355	2,973
1915	8,131,132	12,833,422	20,964,554	4,397	3,399	3,727
1920	24,614,588	51,294,481	75,909,069	13,311	13,576	13,489
1925	63,562,566	66,469,271	130,031,837	34,373	17,603	23,116
1930	42,258,676	70,039,531	112,298,207	22,852	18,551	19,965
1935	66,326,962	137,775,896	204,102,858	35,869	36,492	36,287

資料：仁川府編『仁川府史』(仁川府、1933年)917〜9頁。仁川商工会議所編『仁川商工会議所統計年報　昭和12年』(仁川商工会議所、1938年)4〜5頁。

＊指数の基準年度は1884年

二　近代貿易の発展と仁川の発展

(1)仁川の近代貿易の成長

仁川は首都に隣接した港として最高の立地条件を持っている。開港と同時に仁川の貿易は急速に発展した。表9は仁川港で行われた輸出入の推移をあらわしているものである。

朝鮮は永年鎖国政策をとったために、基準となる一八八四年の輸出入量が極めて少ないものの、五〇年間に輸出入量は三万六二八七％という驚異的な増加をみせている。このような仁川の貿易額は一八八五年から一九一一年までの総額においては全国で一位を占めていた。ところが、一九一二年からは釜山に一位の座を明け渡し二位となった。輸出と輸入をそれぞれみると、仁川は全般的に輸出よりは輸入の方が多い。従って、輸出の量においては三〜四年間を除けば全て釜山が一位を占めていた。一方、輸入量をみると、一九一二年までは仁川が最も多かったものの、同年以降は釜山を下回るようになり、一九二六年までに釜山を上回って一位になったのは三〜四年間のみであった[16]。これは仁川がソウルへの関門であり、巨大消費市場を持つソウルという都市に隣接している地理的な要因に起因するものであるといえよう。一方、天津の中国対外貿易における比重をみると仁川にはおよばない。これは巨大市場でもあり近代工業都市でもある上海が中国経済の核心的な役割を担って、経済力が上海に集中したからである。また、天津が近代都市として本格的な成長を成し遂げていた時期に中国の首都が北京から南京になり、背後市場の規模が縮小されたのも一要因である。

初期の仁川港で輸出した主要商品は大豆、牛皮、金地金であった。一八九〇年からは米穀の輸出が本格的に始

表10　仁川の対外貿易商品の比重（輸出）

年度	1位	%	2位	%	3位
1883	銀	30.4	金	29.2	大豆
1884	銀	43.2	金	34.8	牛皮
1885	牛皮	88.3	生糸	3.8	豆
1886	牛皮	90.2	朝鮮人参	3.6	生糸
1887	大豆	48.1	豆	37.1	米
1888	大豆	55.6	牛皮	27.7	紙
1889	米	54.5	牛皮	35.2	米
1890	米	60.2	大豆	27.1	牛皮
1891	米	51.1	大豆	30.3	牛皮
1892	米	44.5	大豆	30.0	牛皮
1893	米	40.5	大豆	27.6	牛皮
1895	米	46.7	大豆	31.7	牛皮
1896	米	47.5	大豆	24.1	紅参
1897	米	63.1	紅参	17.0	大豆
1898	米	44.1	紅参	40.6	牛皮
1899	米	30.9	紅参	22.6	大豆
1900	紅参	35.5	米	33.8	大豆
1901	米	50.2	紅参	17.2	大豆
1902	紅参	45.5	米	23.5	大豆
1903	米	32.7	紅参	26.9	大豆
1904	紅参	39.2	大豆	28.4	牛皮
1905	紅参	46.8	大豆	25.2	牛皮
1906	大豆	42.7	米	29.1	牛皮
1907	米	39.4	紅参・白参	26.0	豆類
1908	豆類	47.8	米	33.1	牛皮
1909	朝鮮人参	25.7	大豆	22.3	米
1910	大豆	37.5	米	15.4	金属製品

まっており、一八九三年から精米業と私設の米穀検査が行われて米穀が輸出の中心となる。(17) 一八九五年からは紅参の輸出が始まっており、牛の輸出も行われた。米、紅参、牛が仁川港の主要輸出品目となる。(18)

反面、輸入商品は時代の変化とともに多様化した。仁川が開港した当時の主要輸入品は綿布、銅材、石油で

表11　仁川の対外貿易商品の比重(輸入)

年度	1位	%	2位	%	3位
1883	銅	49.3	綿　布	12.5	鉛
1884	金　巾	30.7	寒冷紗	23.7	小銃電管
1885	金　巾	54.8	絹　布	5.0	寒冷紗
1886	金　巾	40.4	米	19.0	寒冷紗
1887	金　巾	45.5	絹　布	9.6	寒冷紗
1888	金　巾	41.2	絹　布	8.8	寒冷紗
1889	金　巾	24.9	銅	14.9	米
1890	金　巾	32.6	銅	9.9	絹　布
1891	金　巾	37.1	絹　布	10.6	リ　ノ
1892	金　巾	28.8	絹　布	10.5	銅
1893	生金巾	30.0	中絹布	13.8	白綿紹
1895	英生金巾	29.5	中絹布	11.1	日紡績糸
1896	英生金巾	25.3	中絹布	7.7	日紡績糸
1897	英生金巾	19.6	日紡績糸	9.2	中絹布
1898	日紡績糸	11.1	英生金巾	10.0	中絹布
1899	日紡績糸	18.0	英生金巾	10.3	英シーチング
1900	日紡績糸	18.8	日シーチング	8.9	中絹布
1901	日紡績糸	10.1	中絹布	10.1	日シーチング
1902	日紡績糸	9.8	日シーチング	8.9	中絹布
1903	日シーチング	9.8	鉄道材料	7.0	日紡績糸
1904	鉄道材料	17.0	日シーチング	6.3	英生金巾
1905	鉄道材料	8.2	日シーチング	7.0	英シーチング
1906	鉄道材料	9.9	日シーチング	8.7	夏　布
1907	シーチング	11.0	絹　布	5.2	木材板
1908	シーチング	8.4	麻　布	8.0	絹　布
1909	麻　布	9.2	シーチング	8.2	晒金巾
1910	シーチング・生金巾	12.5	晒金巾	8.2	麻　布

表12　仁川の貿易額に占める日本の輸出入額の比重　（%）

年度	対日本輸出額	対日本輸入額	貿易総額に占める日本の比重
1885	93.7	75.0	77.5
1890	96.2	48.9	65.8
1895	96.5	64.3	72.0
1900	57.3	70.3	65.3
1905	35.5	55.5	52.5
1910	65.6	36.2	45.8
1915	64.7	45.3	52.9
1920	71.8	42.0	51.7
1925	93.2	76.4	84.6
1930	87.1	80.2	82.8
1935	91.0	88.0	89.0

資料：仁川府編『仁川府史』（前掲）992～4頁。仁川商工会議所編『仁川商工会議所統計年報　昭和12年』（前掲）4～5頁。

あった。一八九七年の石油輸入権の変更、一九〇〇年の義和団事件以降の和金巾輸入の代替と日本商品の独占化、日韓併合以降の欧米製品の輸入急増と再度日本商品への代替、一九二五年以降には絹が中国産から日本産に代替されたことなどが主要変化といえよう[19]（表10・11参照）。

このような傾向は仁川における貿易の相手国をみるとより明確になる。仁川の全体貿易額に占める日本の割合は一八八五年七七・五%をはじめ、一九三五年には八九%に達するなど毎年五〇%以上を占めている[20]。日本からの輸入においては、品目の多様性のために輸出部門のような独占的な様相はないものの、全体的な趨勢としては日本の絶対的な優位であった（表12参照）。

即ち仁川で行われていた輸入の状況から朝鮮が日本の重要な商品市場となっていたことがわかる。このための日本による植民地朝鮮市場の再編過程も同時にうかがえる。従って、仁川経済の核心はこのような流通と関連した貿易業などの商業が中心であった[21]。一方、天津はより多様化している。もちろん一九三〇年代になると日本の優位が顕著になってくる。ところが、一九一〇年代後半から二〇年代初めにかけて形成された中国民族資本がある程度競争力を有したことによって、天津市場をめぐった対外貿易において多様性が担保されたのである。

(2)近代仁川の成長と発展

対外貿易は仁川経済の中心となった。従って、仁川経済は流通業が中心となり、工業部門においては一九二〇年代まで脆弱であった。初期の仁川の工業は、最も重要な輸出商品である米穀と関連した加工業分野である精米業であった。表13・14は仁川の主要工場の変化像を示す内容である。

一九〇五年、仁川の主要工場のうち全体の半分を米穀と関連した精米業、醸造工場、醤油工場が占めている。これらの工場が資本金総額で占める割合は九四・八%であり、全労働者のうち五四・九%がこれらの分野で働いていた。このような傾向は一九一五年の調査でも変わっていなかった。相変わらず単純であり半加工業といえる精米、醸造、醤油、塩などの工場が中心であった。仁川の主要工場数は二五社となり一九〇五年に比べて数的には二・五倍増加したものの、精米工場が八社で全体の三分の一を占めており、製材所、清酒醸造工場、醤油工場がそれに続いている(22)。このような傾向は一九三〇年初めまでも続いた。一九三〇年には工場の種類が相当増えた。精米、醤油、焼酎、製塩のような半加工業以外にも燐寸、皮革、製粉、製氷、蠟燭、ゴム、中国式のそうめん工場など多様な分野に拡大していた。ところが、全体の工業生産額のうち精米工業の占める割合は相変わらず高く、八〇%を占めていた。このような傾向に変化があらわれたのは中国との戦争により仁川を経由した物資供給の必要性が台頭し、本格的に工場が設立され始めた一九三五年以降である。一九三六年の工場数は一二五社にまで増加した。数値だけならば、約三〇年間で一二・五倍増加したこととなる。精米業を中心とした半加工業が全体の四九・六%を占めているが、全体生産額で占める割合は若干ではあるものの減少し七一・六%であった。

この時期にあらわれた変化のなかで注目すべき点は近代的工業の出現である。近代工業を代表する軽工業分野

表13　1905年仁川の主要工場の状況

工場名	設立年度	資本金（千ウォン）	技術者	労働者			
				朝鮮人	日本人	外国人	合計
宅合名会社韓国醸造所	1905	500	1	—	22	—	22
日本醤油工場	1905	100	2	3	14	—	17
在木鉄工場	1891	3	—	—	7	—	7
山口鉄工場	1898	3	1	3	7	—	10
力武精米所	1903	100	2	50	20	—	70
タウンゼント精米所	1901	50	1	15	4	5	24
高野精米所	1905	2	1	5	1	1	7
長曾我部鉄工所	1903	12	—	8	12	0	20
仁川鉄工所	1903	23	2	4	37	9	50
秋田商会窯業所	1905	—	2	1	20	7	28
総計	10社	793	12	89	144	22	255

資料：統監官房書課編『統監府統計年報　第１～３次』（統監官房書課、1907年）149頁

表14　1936年仁川の主要工場の状況

項目＼工場	工場数	労働者数			生産額
		男	女	合計	
精米工場	16	855	962	1,817	24,003,111
籾摺工場	17	212	0	212	6,687,660
酒造工場	21	321	10	331	2,720,724
醤油工場	8	94	0	94	788,100
燐寸工場	1	137	255	392	384,430
石鹸工場	1	22	0	22	17,205
製材工場	3	108	0	108	727,786
蠟燭工場	1	11	0	11	70,583
染料工場	1	10	0	10	47,347
機械工場	9	153	0	153	147,758
紡績工場	1	328	1,529	1,857	7,406,494
製粉工場	1	31	0	31	4,046,400
ゴム工場	1	22	69	91	63,551
清涼飲料	2	10	13	23	54,190
石粉工場	1	9	0	9	12,353
硝子工場	1	30	0	30	12,500
製氷工場	1	10	0	10	22,500
その他	39	325	8	333	541,578
合計	125	2,688	2,846	5,534	47,754,270

資料：仁川府編『仁川府勢一斑』（仁川府、1936年）68～９頁

の中で紡績工場と製粉工場が設立されたのである。天津の場合、紡績工場と製粉工場は第一次世界大戦を前後した民族工業の黄金期に出現して、天津近代工業の中心となった。ところが、仁川の場合は日本の植民地支配の結果、一九三五年になってようやくこれらの工場が出現したのである。製粉工場の場合は一九三五年五月に花房町に日本製粉株式会社仁川工場が資本金一二〇〇万円で建設され、豊国製粉株式会社仁川工場が同年九月に万石洞に資本金二〇〇万円で建設された[23]。紡績工場は一九三四年六月に東洋紡績株式会社仁川工場が同じく万石洞に資本金七〇九七万五〇〇〇円で設立された。これらの工場は資本金規模も大きく、全工業生産額に占める割合も一社の紡績工場だけで一五・五五％に達しており、全労働者の三三・六％も占めていた。製粉工場は全工業生産額で占める割合は八・五％であった[24]。これら二つの分野が全工業生産額のうち約四分の一を占め、近代工業の一部を担っていることがはっきりとわかる。

仁川の商工業の発展は伝統的な社会構成の変化をもたらした。一九三一年、仁川の全人口六万三八八一人のうち朝鮮人は七九・八％の五万一〇〇五人、日本人は一七・八％の一万一三七三人、その他外国人は二・四％の一五〇三人であった。そのうち商業及び交通に従事している人口が全体の三一・三％で最も多かった。一九三五年にもこの分野に従事している人口は三〇％も増加しており、全体比重においても一・二％増加した。

商業に続いて多くの人口が従事している分野は工業である。全人口の二一・三％が工業分野に従事しており、その人口は一万三九八六人に達した。同時期の天津の全就業者のうち一六％にあたる九万五〇〇〇人が二一〇〇社の工場で働いたのと比較してみると、人口比重面では仁川が高い方であった。しかし、本格的な工場の設立が行われた一九三五年の資料によれば、労働者数は八七八四人であり逆に三七％も減少した。実際に工場で働いている労働者数は五五三四人で工業部門従事者の六三％を占めている。一九三四年に紡績工場が設立されて、一八五七人の労働者が雇用されたという点を考慮すると、多くの労働者数が減少したといえる[25]。天津の場合、二千余

かった。一九三〇年代半ば植民地拡大の戦争の必要性から移植された近代的工場は戦時体制下で都市の成長に肯定的な影響はおよぼさなかった。結局、急速な都市の空間的成長と人口の膨張は全人口の四〇%に近い流動的なその他職業群を量産したのである。天津も自生的工業化の過程が、国内的状況と日本の植民地拡大戦争によって形成された悪条件のもとで三四~八%にのぼる失業者を量産したのである。

結果的に開港による貿易の発展は朝貢貿易体制という独占的構造を打破し、近代都市の成長過程をもたらした。しかし、不均衡な貿易構造の発展は都市を外的には巨大化させたものの、歪みが生まれその結果、朝貢体制とは異なる不均衡な貿易構造と独占的貿易構造を生んだ(26)。

(1) この統計資料は天津税関の各年統計を整理したものである。既存の研究に用いられている統計値はいくつかあるものの、本統計値は天津港にて直接輸出入される金額のみを整理したものである。この数値を基準としているのは、天津の近代貿易が上海の影響を強く受けているからである。特に二〇世紀初めまでは上海を経由した間接貿易の比重が絶対的な割合を占めている。従って、全般的な発展の推移を考察するためにこの数値を基準にしている。また、本研究を報告したさいには、物価水準を考慮した実質成長率がより現実を反映するという指摘もあった。天津の物価指数は南開大学国際経済研究所で研究を続けており、中国では最もよく整理されている物価指数として評価されている。ところが、指数基準の商品や統計自体の正確性という点から見るとひとつの傾向性を反映しているとはいえるものの、特に二〇世紀以前の統計値は現存している他の統計値と比較すると正確であるとはいえない。本格的に物価統計が始まる一九二八年以降も統計値そのものに相変わらず多くの問題点がある。従って、本稿ではこの物価指数による実質成長率は制限的に有効である――一九二〇年以降に意味を持つものであるとみて反映していない。

(2) 『天津海関史要覧』(中国海関出版社、二〇〇四年)二二二~五頁。

(3) 王懐遠「旧中国時期天津的対外貿易」(『北国春秋』一九六〇年第一期)七〇頁参照。

(4) 各年度、旧海関史料から整理。

(5) 羅澍偉『近代天津城市史』(中国社会科学出版社、一九九三年)三八二頁。

（6）津海関十年報告（一九一二～一九二一）（前掲注2）一二三頁。
（7）一八四六年に出版された「津門保甲図説」によると、県省と周辺地域を含めて、三万二八五七戸に一九万八七〇〇人に達していた。これらの人口の中で、商業に関連しているのは塩商、商店、行商、船頭であるが、これらは天津全体の約五八・八二%の一万八六〇〇戸であった。これは正確なデータではなく大まかではあるものの、天津の商業が清末にどれくらい発展していたのかを示している（「津門保甲図説」、『天津通志——旧志点校巻(下)』、南開大学出版社、二〇〇一年、四三五～四四一頁）。
（8）呉甌『天津社会局統計彙刊』（天津社会局、民国一八年）統計部分。
（9）前掲注(5)『近代天津城市史』四一七頁。ところが、一九二八年から一九二九年初めまでの調査資料によると、天津の工場は二一八六社に達している（前掲注8『天津社会局統計彙刊』工業統計）。
（10）前掲注(8)『天津社会局統計彙刊』統計部分。
（11）『天津市統計年鑑』社会類、四頁。
（12）同右、二一～二頁。
（13）天津社会局が工場に関する統計を作成した一九二八年から一九二九年にかけて、天津の代表的な大企業である麵粉工業三社が操業中止の状態にあった。これは安価な上海麵粉との競争に失敗したのが主要因である。
（14）公安二区は一九三八年の統計からわかるように人口の流入が最も多い区域である。またこの区域は一九三三年の統計によると、工場数においても全体の四五・六%の工場が集中している地域でもある（前掲注11、二～三頁）。
（15）このような現象が競争力を持つという意味ではない。作業所の多くは生計維持型であり、労働強度の強化、児童労働力の比重増加などの否定的な様相もあらわれていた。
（16）仁川府編『仁川府史』（仁川府、一九三三年）九二一～三頁。
（17）仁川米穀取引所は一八九六年五月五日に新設された。一八九八年九月に石井領事により解散されて一時休業を余儀なくされた。一八九九年五月から再び営業を開始した。資本金五万ウォンで始めた株式会社形態の米穀関連取引所である（秋山満夫『(株式会社) 仁川米豆取引所沿革』、株式会社仁川米豆取引所、一九二二年、一～二頁）。
（18）前掲注(16)、九二六頁。
（19）同右、九五七頁。
（20）一八九三年と一八九八年は四六%、一九〇八年と一九一七年は各々三七・五%と四五%となっている例外年度を除けば、一九三二年までは全体貿易額の五〇%以上を占めていた。部分的に清の圧力によって日本との貿易が打撃を受けた時期もあったものの、日清戦争と日露戦争以降は日本が優位となったのである。このような状況は米穀の輸出が半分以上の比重を占めたことによりさらに明確になった（前掲注16、九八七～九〇頁）。

（21）日本の対外貿易関連事業への進出のなかで西欧の商人や清国の進出もみられた。一八八三年、英国の商船会社であるガーディンマティンソンは怡和洋行仁川出張所を開設して、牛皮の貿易に従事した。一八八四年にはドイツのマイアー洋行が設立した世昌洋行仁川出張所が開設され、銀行・鉱山・海運・貸金業に従事した。一八八五年には陀雲仙洋行が設立されて、火薬工場と石油販売を始めた。さらに近代式のスチーム動力を利用した精米所も開設された。清国商人の進出も活発であった。清国も開港後増える旅客及び貨物の輸送のために一八八四年定期運航船を初めて就航した。汽船の定期航路であるこの航路に上海招商国の南陞号が就航して、上海―仁川間を月一～二回運航した。清国の商人は主として上海から輸入した西欧産の織物と清国産の絹織物を持ち込んでは、朝鮮の米穀と牛皮等を買っていった。一八八二年末七二人に過ぎなかった在留清国商人は一八九〇年になると九六七人に大きく増加した。日本の商人数にはおよばなかったものの、日本と対等の貿易実績をあげた。ただし一八九四年の日清戦争敗北後は萎縮されたが、義和団事件のあった一九〇〇年を前後して回復に向かった。一方、清に刺激を受けた日本も三汽船会社が釜山―神戸間の航路を仁川まで延長した。その後、日清戦争で日本が勝利したことで南陞号の就航が中断し、日本の二大商船会社である大阪商船株式会社と日本郵船株式会社が支店を開設して仁川港の輸出入貨物をほとんど独占した。このような金融機関と運送会社の排他的支援を受けた日本人商社が清国の商人を抑えて次第に仁川貿易界を掌握し、その基盤を強化していった。

（22）田中周次著『仁川港経済事情』（朝鮮銀行、一九一六年）一〇八～一一八頁。

（23）仁川商工会議所編『仁川商工会議所統計年報　昭和一二年』（仁川商工会議所、一九三八年）一七六～九頁。

（24）仁川府が調査した一九三六年の資料には製粉工場は一社のみであったが、翌年発表された仁川商工会議所の資料によれば二社の製粉工場が設立されたことがわかる（仁川府編『仁川府勢一班』、仁川府、一九三六年、六八～九頁／前掲注23『仁川商工会議所統計年報　昭和一二年』一七六～九頁参照）。

（25）仁川府編『仁川府史』（仁川府、一九三三年）一一頁。前掲注（24）『仁川府勢一班』九頁。

（26）「東アジア経済史研究会」での発表のさい、「近代貿易は天津と仁川という近代都市を形成するうえで肯定的な役割をしており、輸出入も正常の貿易の結果であって決して「収奪」とはいえない」という指摘があった。しかし、植民地下での関税自主権を喪失した状況のもとで行われた貿易は当然ながら公平な競争ができるものではない。従って、このような状況をどう評価するかは解釈の問題なので、不均衡で歪みのある発展であったと評価したのである。特に都市人口の三〇~四〇%が事実上失業者であるという状況は極めて異常である。このような統計が当時の政権を掌握していた政府の統計とするならば、実状はもっと深刻だった可能性もあり、同時にこのような状況は暴動直前の状況であるといわれるほど深刻であった。

購買力平価による日中韓経済比較

梁　炫玉

はじめに

本稿は、日中韓の購買力平価を推計し、日中韓の経済規模と日韓の産業別生産性を比較し、その結果をまとめたものである。

中国経済は急速に成長し規模を拡大している。そのような中、現時点において日中韓の経済規模の相対的な大きさがどの程度であるかをおおよそでも知ることは、三か国の関係を考える上で重要である。韓国は三か国のうち経済規模は一番小さいが、経済成長過程で生産性を上昇させ、日本の生産性を凌駕する産業も出始めている。そこで、現時点の日韓の産業別生産性を知ることも非常に重要である。現時点といっても関連するすべてのデータが公表されるまでには時間がかかるため、本稿は二〇〇〇年を対象とする分析である。

筆者は韓国経済を日本経済と比較しつつ分析することに興味を持ち研究を続けてきた(1)。筆者のこれまでの研究の中心は工作機械工業や自動車産業など個別産業の実態と問題点を具体的に分析することであったが、それとともに統計データにより国民経済全体を鳥瞰的に把握することも非常に重要であると考えている。両者の研究は補完的な役割をする。また、統計データによる国民経済全体に関する鳥瞰的な把握を踏まえた時、個別産業・個別企業・個別工場等に関する具体的な調査研究はより意味の深いものになるはずである。

統計データにより各国経済を比較しようとする時、各国の統計データの作成方法や基準が異なっているという問題につきあたる。また、国際比較するために必要な重要基礎データが調査・公表されていないということもしばしば存在する。産業別購買力平価に関するデータもそのようなデータの一つである。[2] ここでは購買力平価のデータに関して国際機関等の調査結果・推計結果にたよるのではなく、産業別購買力平価を計算するため基礎資料を収集し独自に推計計算をした。このデータの収集と推計計算は数人のプロジェクトによる共同作業で行った[3]が、気が遠くなるような膨大な作業であった。

最初に、購買力平価とその推計方法について簡単に述べ、そのあと日中韓の経済規模比較と日韓の産業別生産性比較について述べる。

一　購買力平価とは

(1) 購買力平価と為替レート

購買力平価（purchasing power parity: PPP）とは「異なった通貨間の購買力の比率」のことである。異なる通貨の購買力を同等にする通貨の換算レートである。即ち、日本国内で一円で買える商品量を韓国国内で何ウォン、あるいは中国国内で何元で購入できるかという比率のことである。このことは、ある一定額の通貨を、購買力平価でさまざまな通貨に換算した場合、すべての国において同じ財・サービスが購入できることを意味する。言い換えれば、購買力平価は、各国間の物価レベルの相違を排除した通貨の換算レートである。

一方、為替レート（foreign exchange rate）とは、邦貨と外貨といった異種通貨間の交換比率である。一般に各国の通貨は他の国では自由に通用しないので、国際間のさまざまな取引においての決済には必ずある国の通貨に交換しなければならない。為替レートとは、この異なった通貨間の交換比率であり、銀行間で形成される相場である。為替レートは国際情勢や資本市場の変化に反応しやすく、一九九七年に始まったアジア金融危機のさいはその傾向が特に顕著であったことは周知の事実である。

上記の内容を踏まえて、購買力平価のことをもう少しわかりやすく説明する。購買力平価とは、対内購買力の比率、即ち、日本では一円でどれだけの財・サービスが買え、韓国では一ウォンでどれだけ買えるかの比率である。例えば、米一キログラムを買うのに、日本では四〇〇円、韓国では二〇〇〇ウォンであるとすると、米に関する円対ウォン購買力平価は二〇〇〇：四〇〇となり、一ウォンで購買できる量は一円で購買できる量と比較して五分の一になる。だから購買力平価は、「二つあるいはそれ以上の国の財・サービスの価格を比較して異なった通貨で表した価格比率」の逆数であるといえる。購買力平価はまず個々の生産物に関して計算できるが、それらを集めて平均することにより、農産物、工業製品、消費財、投資財、ＧＤＰ、国内生産額等のような集計量に関しても求めることができる。なお、購買力平価を為替レートで割ったものを物価水準あるいは内外価格差と呼ぶ。例えば、日本と韓国との為替レートが一円＝八ウォンであるとすると、上記の場合は、5/8（＝0.625）となり、米に関する韓国の物価水準は日本の約〇・六三倍となり、日本よりかなり安い水準であるといえる。

(2)購買力平価推計の方法

我々は産業別の購買力平価を推計した。二〇〇〇年の日韓購買力平価の場合は四一産業部門分類、日中韓購買力平価の場合は二八産業部門分類で推計した。日中韓購買力平価の場合が日韓購買力平価の場合より部門分類が粗いのは、中国の公表データが日本や韓国に比べて少ないので、日中韓の推計は詳細な分類では行えなかったということである。

まず、できるだけ多くの価格データを収集し、品目ごとの購買力平価を計算し、それを産業部門ごとにまとめた。その例を表1・2に示した。これらの表では四一産業のうち、三つの産業だけを例にあげているが四一産業全部の結果を参照されたい方は梁炫玉他「韓日二〇〇〇年産業別購買力の推計」(二〇〇五年)を見られたい。

日韓の場合、価格データとしてまず利用したのは総務省『平成一二年(二〇〇〇年)産業連関表』に付帯している「部門別品目別国内生産額表」と韓国銀行『二〇〇〇年産業連関表』に付帯している「部門別品目別供給額表」である。これらのデータの特徴は国民経済で取引されている全品目をカバーしているということである。ただ、大きな問題があった。二か国間で品目名が同じ場合でも、数量単位の表示がなかったり、あったとしても単位の表記が異なったり(例えば、砂利・砂の場合、韓国は立方メートル、日本はトン単位で表記)、比較対象品目にその質や機能などの差が顕著な場合など(例えば、一言で冷蔵庫といってもその大きさや機能は大きく異なり、その単価も当然ながら差が大きい)があった。また、産業連関表は基本的に生産物を規格や仕様によって詳細に分類するのではなく、品目としてまとめているので、それを詳細に分類するのは不可能である。表1に例示した三つの産業のうち、農林水産業の場合は、両国ともに産業連関表を使って作成したものである。この表を見てわかるように、牛肉を例にあげてみると、かた・ヒレ等の各部位、あるいはブランド品とそうでないもの等によって単価は大きく異なるはずであるが、すべてを一つにまとめているので、そこに大きな問題が潜んでいることになる。

以上の問題を解消するために使ったのが、韓国の『総合物価情報』と日本の『積算資料』である。これには仕様や規格などの詳しいデータが載っているので、より正確な比較が可能であった。表1の一般機械のなかで規格や仕様が詳しく書いてあるのは、これらの資料によるもので、このようなデータを両国で広範囲に揃えることができれば、かなり正確な分析結果が得られるであろう。しかし、これらのデータには全産業にわたる品目の価格データが載っているわけではなく、特に日本の『積算資料』は建設資材・設備に関するものに限られているとい

表1 日韓2000年産業別購買力平価推計表A

(2000年市場為替レート／1円＝10.49Won)

産業部門 品目	単位	韓国価格 (Won)	日本価格 (円)	購買力平価 (Won/円)
①農林水産業				
もみ*	M/T	1,396,351	189,602	7.36
稲わら	M/T	71,732	25,884	2.77
大麦	M/T	738,375	115,450	6.40
裸麦	M/T	847,135	169,667	4.99
ビール麦	M/T	917,308	129,333	7.09
小麦	M/T	741,342	164,284	4.51
蕎麦	M/T	2,468,873	262,096	9.42
粟	M/T	546,584	200,000	2.73
トウモロコシ	M/T	555,424	111,111	5.00
きび	M/T	732,873	507,772	1.44
白菜	M/T	182,226	37,043	4.92
キャベツ	M/T	231,462	51,572	4.49
ほうれん草	M/T	744,480	346,337	2.15
レタス	M/T	1,302,596	182,980	7.12
大根	M/T	219,172	58,776	3.73
人参	M/T	774,541	85,830	9.02
にんにく	M/T	1,124,573	452,208	2.49
ねぎ	M/T	612,219	216,198	2.83
たまねぎ	M/T	368,885	47,396	7.78
しょうが	M/T	2,092,157	267,433	7.82
すいか	M/T	747,434	217,813	3.43
きゅうり	M/T	857,117	278,976	3.07
かぼちゃ	M/T	668,739	108,521	6.16
とまと	M/T	686,601	308,517	2.23
いちご	M/T	2,469,904	1443,415	1.71
りんご	M/T	1,018,237	190,818	5.34
なし	M/T	1,196,211	277,945	4.30
もも	M/T	1,089,794	358,000	0.00
かき	M/T	811,490	151,831	5.34
みかん	M/T	1,119,327	137,616	8.13
ぶどう	M/T	1,081,254	611,291	1.77
大豆	M/T	2,529,780	230,876	10.96
小豆	M/T	3,317,571	358,407	9.26
らっかせい	M/T	1,844,808	434,212	4.25
ばれいしょ	M/T	310,319	52,753	5.88
かんしょ	M/T	379,557	89,255	4.25
ごま	KG	8,478	1,659	5.11

葉たばこ	M/T	6,213,789	1932,700	3.22
生乳	M/T	600,548	81,539	7.37
肉牛	頭	3,365,201	482,356	6.98
豚	頭	174,008	26,813	6.49
蚕繭	M/T	79,264,706	1,600,467	49.53
苗木	千本	270,725	88,834	3.05
素材	千m³	103,348,412	17,793,406	5.81
栗(採取果実)	KG	2,444	393	6.22
まつたけ	KG	70,734	37,149	1.90
海面漁業	M/T	1,869,485	245,733	7.61
内水面漁業	M/T	5,822,739	880,291	6.61
海養殖　魚類	M/T	11,494,882	995,079	11.55
海養殖　軟体動物	M/T	964,813	175,141	5.51
海養殖　甲殻類	M/T	16,599,309	1,182,039	14.04
内養殖　魚類	M/T	5,689,903	836,800	6.80
部門平均(幾何平均)				5.07
②金属製品				
水門	M/T	680,632	1,022,082	0.67
ボルト・ナット	M/T	573,493	250,169	2.29
リベット	M/T	2,309,943	388,684	5.94
ねじ	M/T	245,210	356,195	0.69
鉄くぎ	M/T	511,238	156,961	3.26
PC 鋼より線	M/T	624,596	240,434	2.60
部門平均(幾何平均)				1.94
③一般機械				
田植機	台	3,864,781	731,861	5.28
農業用乾燥機	台	4,618,697	650,850	7.10
掘削機	台	62,676,369	8,433,858	7.43
家庭用ミシン	台	473,090	33,913	13.95
フォークリフトトラック	台	10,524,933	1,917,799	5.49
トラクタショベル　バスケット容量0.8m³	台	104,000,000	8,200,000	12.68
トラクタショベル　バスケット容量0.7m³	台	88,000,000	7,250,000	12.14
ショベル系掘削機	台	107,000,000	19,500,000	5.49
回転空気圧縮機　吐出量1.56m³/min	台	19,000,000	1,200,000	15.83
回転空気圧縮機　吐出量3.8m³/min	台	28,500,000	2,530,000	11.26
回転空気圧縮機　吐出量12.3m³/min	台	54,000,000	6,900,000	7.83
小型空気圧縮機　タンク容量120ℓ、１馬力	台	340,000	342,000	0.99
貫流式ボイラ　換算蒸発量200kg/h	台	6,940,000	1,020,000	6.80
貫流式ボイラ　換算蒸発量1500kg/h	台	25,900,000	4,030,000	6.43
貫流式ボイラ　換算蒸発量2000kg/h	台	37,500,000	5,320,000	7.05
昇降設備工事(工業リフト)　積載量300kg、２か所停止	台	15,500,000	1,750,000	8.86
昇降設備工事(乗用エレベータ)15人乗り	台	34,000,000	24,200,000	1.40

昇降設備工事(ダムウェータ)積載量50kg、2か所停止	台	5,500,000	950,000	5.79
昇降設備工事(ダムウェータ)積載量200kg	台	9,500,000	1,700,000	5.59
クレーン(トラック装着用、吊上荷重3トン)	台	10,700,000	1,770,000	6.05
クレーン(クローラ・クレーン吊上荷重50トン)	台	400,000,000	59,160,000	6.76
フォーク・リフト最大荷重1.5トン	台	195,00,000	4,350,000	4.48
フォーク・リフト最大荷重2トン	台	22,500,000	4,850,000	4.64
フォーク・リフト最大荷重2.5トン	台	23,500,000	5,700,000	4.12
フォーク・リフト最大荷重5トン	台	40,000,000	8,400,000	4.76
ブルドーザ(質量9トン)	台	68,000,000	14,700,000	4.63
ショベル系掘削機パケット容量0.5㎥	台	72,000,000	17,400,000	4.14
ショベル系掘削機パケット容量0.8㎥	台	95,000,000	24,200,000	3.93
ショベル系掘削機パケット容量1.4㎥	台	184,000,000	42,000,000	4.38
ショベル系掘削機パケット容量1.9㎥	台	265,000,000	59,500,000	4.45
振動ローラ質量650kg	台	7,500,000	1,400,000	5.36
振動ローラ質量2.7トン	台	30,000,000	4,000,000	7.50
ランマ質量80kg	台	1,500,000	283,000	5.30
ランマ質量62kg	台	1,300,000	245,000	5.31
振動コンパクタ質量80kg	台	800,000	225,000	3.56
チェンブロック揚量2トン、揚程3m	台	190,000	172,100	1.10
ポータブルベルトコンベア(350mm×L5m)	台	2,500,000	202,000	12.38
青銅バルブグローブバルブ (玉形弁5kねじ込み、呼び径15mm　1/2″)	台	2,720	885	3.07
青銅バルブグローブバルブ (玉形弁5kねじ込み、呼び径40mm　11/2″)	台	10,510	3,490	3.01
青銅バルブグローブバルブ (玉形弁5kねじ込み、呼び径80mm　3″)	台	46,600	16,400	2.84
青銅バルブグローブバルブ (玉形弁10kねじ込み、呼び径15mm　1/2″)	台	3,870	1,060	3.65
青銅バルブグローブバルブ (玉形弁10kねじ込み、呼び径40mm　11/2″)	台	16,340	4,080	4.00
青銅バルブグローブバルブ (玉形弁10kねじ込み、呼び径80mm　3″)	台	76,280	21,300	3.58
青銅バルブゲートバルブ (仕切弁5kねじ込み、呼び径15mm　1/2″)	台	2,670	840	3.18
青銅バルブゲートバルブ (仕切弁5kねじ込み、呼び径40mm　11/2″)	台	9,380	3,390	2.77
青銅バルブゲートバルブ (仕切弁5kねじ込み、呼び径80mm　3″)	台	41,520	19,400	2.14
青銅バルブゲートバルブ (仕切弁10kねじ込み、呼び径15mm　1/2″)	台	4,340	1,170	3.71
青銅バルブゲートバルブ (仕切弁10kねじ込み、呼び径40mm　11/2″)	台	18,140	4,880	3.72
青銅バルブゲートバルブ	台	78,000	24,300	3.21

(仕切弁10k ねじ込み、呼び径80mm 3″)				
水中モーターポンプ(深井戸用)口径50mm、揚程80m	台	1,950,000	344,000	5.67
水中モーターポンプ(深井戸用)口径65mm、揚程38m	台	2,050,000	330,000	6.21
水中モーターポンプ(深井戸用)口径100mm、揚程43m	台	5,100,000	509,000	10.02
水中モーターポンプ(汚・廃水用)口径50mm、出力0.75KW	台	400,000	48,000	8.33
水中モーターポンプ(汚・廃水用)口径80mm、出力3.7KW	台	750,000	146,000	5.14
部門平均(幾何平均)				5.02

注：この表を作成するために使用した資料

総務省『平成12年(2000年)産業連関表』「部門別品目別国内生産額表」

財団法人 経済調査会『積算資料』2006年6月号

韓国銀行『2000年産業連関表』「部門別品目別供給額表」

社団法人 韓国物価情報『総合物価情報』2000年6月号

表2 日韓2000年産業別購買力平価推計表B

(2000年市場為替レート／1円＝10.19Won)

産業部門	品目	単位	韓国価格 (Won)	日本価格 (円)	購買力平価 (Won/円)
農業					
	はくさい	(1kg)	556	162	3.43
	キャベツ	(1kg)	871	133	6.55
	レタス	(1kg)	3,160	318	9.94
	だいこん	(1kg)	476	198	2.40
	にんじん	(1kg)	1,300	276	4.71
	たまねぎ	(1kg)	1,013	188	5.39
	すいか	(1kg)	1,302	306	4.26
	だいず	(100g)	604	119	5.07
	あずき	(100g)	675	161	4.20
	ばれいしょ	(1kg)	1,224	302	4.05
	オレンジ	(1kg)	3,511	369	9.51
	バナナ	(1kg)	1,734	229	7.57
	切り花(きく)	(1本)	428	198	2.16
	切り花(バラ)	(1本)	441	281	1.57
	部門平均(幾何平均)				4.46
	購入者価格／生産者価格		1.30689	1.81919	
	調整後				6.20

注：この表を作成するために使用した資料

日本総務省統計局『平成12年(2000年)小売物価統計調査』

韓国統計庁 "Monthly Report on the Consumer Price Survey" 2000.6

備考：小売物価・消費者物価から計算されたPPPを生産者価格PPPに変換するさい、両国産業連関表民間消費額に関する購入者価格／生産者価格を使用した。

う問題があった。

以上のデータを補足するものとして日本の『小売物価統計調査』と韓国の“Monthly Report on the Consumer Price Survey”も使用して品目別購買力平価の推計を行った。これらは両国それぞれの時系列物価指数を計算するための基礎資料であり、それぞれの国では調査品目の仕様や規格が決められているが、同じ調査品目に関しても両国の仕様や規格が必ずしも同じというわけではない。また消費財に関する価格のみで生産財に関する価格は対象外という問題、これらの価格は購入者価格であって我々が必要としている生産者価格でないという問題等もあった。表2を例としてみておくと、これらは、日本が『小売物価統計調査』、韓国が“Monthly Report on the Consumer Price Survey”を使って作成した農業部門のデータであるが、表1と比べてみたとき、同じ品目であるにもかかわらず、購買力平価は違っているのがわかる（例えば、白菜の場合は四・九二と三・四三、キャベツの場合は四・四九と六・五五）。

以上のように、この作業にはさまざまな問題があり、それを全部クリアすることはとうていできる作業ではないので、ある程度までの問題点は無視して、概算値をもとめることを目標とした。ただし砂利・砂のように両国間の生産数量の単位が異なっている場合や、同じ品目でも品質の差が顕著であることが明瞭な場合は比較のサンプルから除外した。

次に、表1と表2の作成法を説明する。韓国と日本の価格欄は、原資料に掲載されている単価データを使用した。購買力平価欄のウォン／円は韓国の単価を日本の単価で除して求めた。部門ごとのウォン／円は、ウェートなしで幾何平均することで求めた。

表をみると、品目ごとに購買力平価にばらつきがあることがわかる。購買力平価は韓国の単価を日本の単価で除して求めたので、その値が大きくなればなるほどその品目に関する韓国の単価が相対的に高いということを意味する。農林水産業では、蚕繭が四九・五三と突出しているが、この場合は、データの比較の際に選定に問題があったか、養蚕の実情が両国間において大きく違った結果このような値になったかは定かではないが、特殊な品目に時々このような突出した値が導出された。

小麦の場合、四・五一というのは、韓国の単価七四万一三四二ウォンを日本の単価一六万四二八四円で除した値であり、これは日本の一〇〇円で買える小麦の量に比較して、韓国の一〇〇ウォンではその四・五一分の一の量が買えるという意味である。言い換えれば、日本では一〇〇円で買える量を買うためには、韓国では四五一ウォンが必要ということになる。そこで為替レートと関連して物価水準をみると、二〇〇〇年の平均為替レートは一〇・四九だったので、4.51/10.49=0.43で、小麦における韓国の物価水準はかなり安いといえよう。このように、為替レートより購買力平価が小さい値になれば韓国の物価水準は日本より低いことになる。

(3)日中韓二〇〇〇年産業別購買力平価推計のための算式

表3の二国間比較に使われている元データは表1の各産業の部門平均である。ここでは日韓の三つの産業に関する購買力平価推計表を例示しただけであるが、他に日中・中韓の購買力平価推計も行っており、それらの各産業の部門平均を使って二国間の比較を行っている。全てのデータは泉弘志他「二〇〇〇年産業別生産性水準の日韓比較」(二〇〇八年)を参考されたい。

日中韓の三か国で比較可能なデータを可能な限り多く集めて、それを二八分類した後、産品ごとの購買力平価を求め、産業ごとに幾何平均を求めて整理したのが表3の二国間比較の値である。日韓の農林水産業に関して、表1の①農林水産業の部門平均でも、表3の二国間比較・韓/日・①農林水産業でも同じ五・〇七であることが確認できよう。これで同じ単位物量について韓国内で何ウォンになり、日本国内では何円になるのか、という比

表3　産業部門別購買力平価

	2国間比較			EKS法			G-K法		
	日/中 円/元	韓/日 Won/円	韓/中 Won/元	日/中 円/元	韓/日 Won/円	韓/中 Won/元	日/中 円/国際円	韓/日 Won/国際円	韓/中 Won/国際円
①農林水産業	148.79	5.07	418.0	122.18	4.17	509.0	2.42	0.020	10.07
②エネ鉱業	28.91	5.34	223.1	32.67	6.04	197.4	0.71	0.022	4.29
③非エネ鉱業	28.98	4.42	111.7	27.69	4.22	116.9	0.69	0.025	2.90
④食料品	66.37	5.55	423.1	69.51	5.81	404.0	1.28	0.018	7.43
⑤繊維工業製品	41.97	7.32	348.8	43.78	7.64	334.3	0.93	0.021	7.13
⑥衣服・その他の繊維製品	51.42	6.17	214.3	45.10	5.42	244.3	0.98	0.022	5.30
⑦製材・木製品・家具	53.51	7.93	424.1	53.51	7.93	424.1	1.04	0.019	8.24
⑧製紙・文化教育用具	38.34	7.59	167.9	31.92	6.32	201.7	0.83	0.026	5.24
⑨石油・石炭製品	13.69	10.94	293.2	17.13	13.68	234.4	0.50	0.029	6.89
⑩化学工業	32.60	6.12	185.9	31.84	5.98	190.4	0.79	0.025	4.71
⑪非金属鉱物製品	27.06	5.83	230.9	30.73	6.62	203.3	0.75	0.024	4.94
⑫金属冶金及び圧延加工業	18.34	7.32	156.2	19.29	7.70	148.5	0.60	0.031	4.63
⑬金属製品	20.32	1.94	188.5	34.25	3.27	111.8	0.95	0.028	3.10
⑭一般機械	14.66	5.02	73.6	14.66	5.02	73.6	0.67	0.046	3.38
⑮輸送機械・機械設備修理	22.61	6.08	254.8	27.78	7.46	207.4	0.79	0.029	5.92
⑯電子・電気機器	31.85	6.02	236.2	34,14	6.45	220.4	0.83	0.024	5.35
⑰その他の製造工業製品	44.94	3.08	138.3	44.94	3.08	138.3	1.04	0.023	3.21
⑱電力・ガス・熱供給・水道	54.06	5.47	265.6	52.17	52.7	275.2	1.08	0.021	5.69
⑲建設	147.58	4.30	528.8	138.88	4.05	562.0	2.08	0.015	8.42
⑳輸送・倉庫	60.89	4.54	504.5	74.42	5.55	412.8	1.24	0.017	6.87
㉑郵便・通信	46.79	3.09	155.2	47.90	3.16	151.6	1.10	0.023	3.49
㉒商業	43.66	3.59	156.9	43.66	3.59	156.9	1.02	0.023	3.65
㉓飲食業	33.44	4.22	141.1	33.44	4.22	141.1	0.95	0.028	3.99
㉔金融・保険・不動産	23.04	3.57	82.1	23.04	3.57	82.1	0.96	0.042	3.44
㉕サービス	64.95	3.68	429.9	79.02	4.47	353.4	1.21	0.015	5.40
㉖医療・スポーツ・社会保険	153.82	3.57	549.9	153.82	3.57	549.9	1.46	0.009	5.22
㉗教育・研究・文化	175.75	4.96	872.5	175.75	4.96	872.5	1.89	0.011	9.38
㉘公務・その他	120.64	4.12	497.0	120.64	4.12	497.0	1.65	0.014	6.78
輸入	13.02	10.49	136.6	13.02	10.49	136.6	0.54	0.041	5.65
平均							1.00	0.022	5.17

注：この表を作成するために使用した資料に関しては以下を参照されたい。
泉弘志他(2007年)「日中韓2000年産業別購買力平価の推計」
備考：G-K法における国際円とは、日中韓平均価格(日中韓平均価格による日本総供給額＝日本価格による日本総供給額になるレベルで表示)である。
・43.66は、25-27部門の単純幾何平均
・120.64は、他27部門(エネ鉱業を石炭と原油天然ガスの2部門に分割した28部門)の単純幾何平均
・□の数値は、推移性をみたしているという仮定で日／中と韓／日より推計

率がわかったことになる。

ところで、この二国間比較の値は推移性をみたしていないという問題がある。

ここで推移性を含めて購買力平価とそれを使用して求めた実質値に関して、三つの重要な要件について簡単に述べよう。第一に加法整合性、第二に基準国不変性、第三に推移性がある。

加法整合性とは、合計項目の実質値が構成項目の実質値の合計と等しくなることである。例えば、韓国のウォン表示の全産業の産業連関表を全産業平均購買力平価で円表示に変換した場合の値と、個々の産業の国内生産額を個々の産業に関する購買力平価で円に変換した値の合計とが一致するということである。

基準国不変性とは、基準国を変えても相対水準が変化しないことである。例えば日韓比較の場合、日本を基準国にして日韓とも円表示の産業連関表にした時の日韓の国内生産額比率と、韓国を基準国にして日韓ともウォン表示にした時の日韓の国内生産額比率が等しくなることである。

推移性とは、第一項と第二項および第二項と第三項との間にある比率が成立するとき、第一項と第三項との間にもそれらに対応する比率が成立しなければならないという要請である。例えば、ドル／円の為替レートとドル／ウォンの為替レートが与えられればウォン／円の為替レートも決まってしまうように、多国間の購買力平価も同様の性質を持つべきであるということである。別の例でいうと、日本の生産額が韓国のa倍、中国の生産額が日本のb倍であれば、中国の生産額は韓国のa×b倍になるというようなことである。

以上、述べたように、表3の二国間比較では推移性をみたしていないといったが、農林水産業を例に確認してみよう。日／中購買力平価は一四八・七九円／元であり、韓／日購買力平価は五・〇七ウォン／円であるから、推移性をみたすための韓／中購買力平価は一四八・七九×五・〇七＝七五四・四となる。ここでは四一八・〇になっているので推移性をみたしていないことがわかる。推移性をみたすようにするために必要になるのがＥＫＳ

法である。

ＥＫＳ法（Elteto-Koves-Sculz method）とは、多国間の購買力平価を算定する方法として、よく使われている方法で、フィッシャー式の二国間購買力平価算式を多国間比較に発展させたものである。多国間比較に欠かせない推移性を確保したものであるが、加法整合性はない。ＥＫＳ法は、二国間比較の値をもとに計算できるが、それは二国間の間接指数と直接指数の幾何平均のかたちになる。

ＥＫＳ法算式[4]によって得られた結果が表3のＥＫＳ法の欄である。推移性をみたしているかどうかを確認してみる。農林水産業に関する日／中購買力平価は一二二・一八円／元で、韓／日購買力平価は四・一七ウォン／円で、推移性をみたすためには韓／中購買力平価は一二二・一八×四・一七＝五〇九・〇にならないといけない。この表の韓／中購買力平価は五〇九・〇であり、推移性を持っていることが確認できる。この結果を利用して、日中韓のうちのどれかの国を基準国とし、他の二国の産業連関表を基準国価格に変換することができる。たとえば日本を基準国とし、中国や韓国の産業連関表を円に変換することができる。この場合、国内生産額全産業合計に関する円／ウォン、あるいは円／元購買力平価は、このようにして計算された韓国・中国の円表示産業連関表国内生産額全産業合計と、ウォン／元のウォン／元表示産業連関表国内生産額全産業合計との比率である。同じく日中・日韓・中韓の産業別購買力平価を利用して、中国あるいは韓国を基準国とし、三か国全ての産業連関表を中国元価格あるいは韓国ウォン価格に変換することができる。

以上のようにして日本価格、中国価格、韓国価格に変換された各国産業連関表の国内生産額全産業合計が、表5「総需要＝総供給の国際規模比較」の日本価格・中国価格・韓国価格の欄である。

産業別国内生産額のそれぞれは、基準国不変性、推移性をみたす産業別購買力平価を使用しているので日本価格・中国価格・韓国価格のいずれに変換した場合も相対的大きさは同じである。しかし表5から明らかなように国内生産額全産業合計は日本価格にするか、中国価格にするか、韓国価格にするかによって相対比率が大きく異なる。したがって、国内生産額全産業合計等の合計項目に関しても基準国不変性もみたすようにするためＧＫ法の計算が必要になる。(5) ＧＫ法による具体的な計算方法については Eurostat/OECD（2005）等を参考されたい。

ＧＫ法とは、現実の各産品の各国価格を各産品の各国数量で加重平均した価格を使用する方法であり、ＧＫ法では、日本円、中国元、韓国ウォンなどの現実の通貨単位ではなく、計算により導出された国際円（あるいは国際元、国際ウォン）という国際通貨単位を使用して三か国全ての金額を表示する。日本を基準国とした場合は国際円になり、中国を基準国とした場合は国際元となり、韓国を基準国とした場合は国際ウォンとなるが、どれを採用しても合計項目の相対的大きさは変わらない、つまり基準国不変性をみたすので、ここでは日本を基準国とし国際円で表示することにする。表３のＥＫＳ法の欄と三か国産業連関表の国内生産額（及び輸入額）を利用して国際円という通貨単位を導出し、これで三か国の産業連関表の全項目の金額を表示する。ＧＫ法の計算によって求めた結果が、表３のＧ-Ｋ法欄である。

以上のようにして求めた部門別購買力平価を使用して日本・中国・韓国の産業連関表をそれぞれの国の通貨単位・価格表示から国際円・同一価格表示に変換できる。このようにして求められたＧＫ国際円表示産業連関表は加法整合性、基準国不変性、推移性をみたしている。

次に、表４の全産業購買力平価について簡単に説明しておこう。ラスパイレス（Laspeyres）算式は、基準国の金額比率をウェートにするもので、一元が何円になるかを算出するとき、中国の金額比率をウェートにしてそれを平均している。逆に、一元が何円になるかを算出するとき、日本の金額比率をウェートに、加重平均したのがパーシェ（Paasche）算式であり、ラスパイレス算式とパーシェ算式の幾何平均がフィッシャー（Fisher）算式である。ところが、いずれにしても表４で確認できるように、推移性をみたしておらず、推移性をみたしているのは

表4　全産業購買力平価

	Laspeyres	Paasche	Fisher	EKS	GK
(1)円／元	59.1	36.9	46.7	45.8	46.1
(2)ウォン／円	5.23	5.30	5.26	5.16	5.17
(3)ウォン／元	295.8	181.3	231.6	236.2	238.1
参考　推移性 test　(1)×(2)	308.8	195.6	245.8	236.2	238.1

ＥＫＳ法とＧＫ法であることがわかる。ただし、前述したように、ＥＫＳ法は加法整合性がとれていない反面、ＧＫ法は加法整合性がとれているという違いがある。そこで、各品目の購買力平価から産業部門別の購買力平価を計算する時にはＥＫＳ法を使用した（各品目の金額のデータが揃わないのでＧＫ法は使用できない）が、産業部門別購買力平価から全産業平均の購買力平価を計算するにはＧＫ法を使用することにする。

二　購買力平価による日中韓経済規模比較

表4で求めた円／元、ウォン／円、ウォン／元という比率さえあれば、各国でつくられた産業連関表の各部門の国内生産額を全部円単位の表に替えることができる。勿論、元単位でも揃えることができれば、ウォン単位でも可能である。

各国の産業連関表を表3のＥＫＳ法産業別購買力平価で換算して作ったのが、表5と表6の日本価格・中国価格・韓国価格の欄である。

まず表5をみてみよう。三か国の産業連関表をすべて日本価格（円）に揃えると、それらの国内生産額の合計に関して、中国は日本の一・六五三倍となる。一方、中国価格（元）に揃えると、中国の国内生産額合計は日本のそれの一・〇三二でほとんど両国間の差はなくなるが、韓国価格（ウォン）に揃えると一・五八四倍となり、日本価格に揃えた場合と同様、中国の国内生産額の合計が日本のそれよりかなり大きくなる。これらは全て共通価格に揃えての比較であるが、どの価格で共通表示して比較するかによって、その結果はまったく違ってくる。ただそこでは、どれが良いのかという結

表5　総需要＝総供給の国際規模比較

	単位	各国価格＊為替 rate 100万円	日本価格 100万円	中国価格 万元	韓国価格 億 Won	GK 国際円価格 100万円
絶対比較	日本	991,079,808	991,079,808	2,685,855,214	51,789,021	991,079,808
	中国	360,890,019	1,638,394,732	2,772,343,253	82,014,728	1,271,473,874
	韓国	153,295,523	303,433,864	887,359,342	16,087,776	311,129,907
日本を1	日本	1.000	1.000	1.000	1.000	1.000
	中国	0.364	1.653	1.032	1.584	1.283
	韓国	0.155	0.306	0.330	0.311	0.314
中国を1	日本	2.746	0.605	0.969	0.631	0.779
	中国	1.000	1.000	1.000	1.000	1.000
	韓国	0.425	0.185	0.320	0.196	0.245

表6　GDP の国際規模比較

	単位	各国価格＊為替 rate 100万円	日本価格 100万円	中国価格 万元	韓国価格 億 Won	GK ＊国際円価格 100万円
絶対比較	日本	488,096,789	488,096,789	898,355,132	20,615,442	397,538,575
	中国	120,212,625	875,308,599	923,468,767	38,888,900	539,106,653
	韓国	57,138,360	146,438,484	244,094,476	5,996,451	115,159,337
相対比較	日本	1.000	1.000	1.000	1.000	1.000
	中国	0.246	1.793	1.028	1.886	1.356
	韓国	0.117	0.300	0.272	0.291	0.290

注：＊は GDP の国際比較に使用した GK 国際円も総需要＝総供給の項目で計算したものである。

論はでてこないので、別の方法が必要になる。そこで登場するのが、日本価格でもなく、中国価格でもなく、韓国価格でもない、それら三つの加重平均価格（ウェートは三か国の産業別国内生産額）を使う方法である。それがＧＫ国際円価格で表示する方法である。そのさい、ＧＫ国際円による日本の国内生産額合計は日本円価格によるそれと同じになるような表示法にした。それは表5において為替レートの欄も日本価格の欄もＧＫ国際円価格の欄も日本に関しては991,079,808と同じであることが確認できよう（もちろん日本の各産業国内生産額は日本価格で表示するか、ＧＫ国際円価格で表示するかによって異なる)。GK国際円価格で表示された場合、中国の国内生産額合計は日本のそれの一・二八三倍となり、日本価格あるいは韓国価格で表示した場合と中国価格で表示した場合の中間に近い額となっている。

次に、表6をみてみよう。これは実質産業連関表から抽出した各国のGDPの大きさである。表5でみた国内生産額に関する傾向とほぼ同じ結果であることが確認できる。この表では、日本価格や韓国価格に統一して比較した場合、中国のGDPは日本の一・七九三倍あるいは一・八八六倍で中国の方がかなり大きいが、中国価格に統一して比較した場合、中国のGDPは日本の一・〇二八倍で大きな差はないという結果である。GK法による日中韓加重平均価格でGDPの大きさを比較すると、中国のGDPは日本の一・三五六倍で、日本価格や韓国価格に統一した場合と中国価格に統一した場合の中間、中国価格にした場合にやや近い数値である。

このような相違が出てくる理由は各国の産業構成の相違にある。即ち、中国の産業構成をみると、日本や韓国に比して農業や軽工業の占める比率が高い反面、重化学工業の比率は低い。そのうえ、価格面では農産物や軽工業品が非常に安い反面、重化学工業製品では相対的に価格格差が小さい。その結果、日本価格や韓国価格にすると農業や軽工業のウェートが大きくて重化学工業のそれが小さくなるために中国の総産出量の相対値が大きくなる。一方、中国価格にすると農業や軽工業のウェートが小さくて重化学工業のそれが大きくなるために中国の総産出量の相対値が小さくなるということである。日韓のGDP比はどの国の価格を使用するかによって日中のような大きな相違は出てこないが、傾向としては日本や韓国の価格を使用すれば韓国を大きく、中国の価格を使用すれば韓国を小さくしており、その理由は日韓の産業構成・産業間相対価格が日中ほど大きな相違はないが、相違の方向はおおよそ同じであるということにもとづく。

GK法による場合、日中の規模比較が中国価格による場合と日本価格や韓国価格による場合の中間になるのは、平均価格体系を使用しているのであるから当然であり、加重平均であるから規模のより大きい中国に近づいた数値になるのも納得できる。ＧＫ法による日韓規模比較も日本価格や韓国価格に統一した場合と中国価格に統一した場合の中間になる。

三　購買力平価による日韓産業別生産性比較

本節では日韓の生産性水準を比較するが、直接労働と産出量の比率で生産性を計測する通常の労働生産性とは異なる全労働生産性という方法で両国の生産性水準比較を試みた。全労働生産性とは、当該産業で必要とする直接労働だけではなく、当該産業で使われる原材料を生産するのに必要な労働、当該産業で産品を生産するための固定設備を生産するのに必要な労働も含んだ全労働と産出量の比率で生産性を計測する方法である。(6) 従って、全労働生産性は直接労働生産性、原材料生産性、固定設備生産性をも含んだより総合的生産性といえよう。(7)

表7の「産品別全労働生産性の比較」と表8の「当該産業全労働生産性の二〇〇〇年日韓比較」は、購買力平価で共通通貨単位（ここでは一〇〇万円）当りの量に揃えられた結果である。産品単位量当り労働量が少なければ少ないほど、逆にいえば、単位労働量当り産品の量が多ければ多いほど生産性が高いことを示している。

この二つの表は、労働量において韓国が日本の何倍なのか、逆にいえば日本の生産性は韓国の何倍なのかをあらわしており、数値が小さければ小さいほど韓国の生産性が高いことを意味している。つまり、1未満なら韓国の生産性が高いことを意味し、1以上なら日本の生産性が高いということを示していて、日本に比べて韓国の生産性の高い産業順に並べてある。表7の産品別全労働生産性の比較とは、直接労働生産性は勿論、原材料や固定設備をどれだけ使用しているかということだけでなく、原材料を生産する部門の生産性や固定設備を生産する部門の生産性も含めた総合的な生産性の格差である。他方、表8の当該産業の全労働生産性の比較とは、原材料や固定設備などを生産する他の産業の生産性は日韓を同じに（ここでは韓国のそれらを日本のそれらと同じに）揃えた

表7　産品別全労働生産性の2000年日韓比較

		単位物量当りの労働に関して韓国は日本の何倍か、即ち生産性に関して日本は韓国の何倍かを示す			
No	産業名	全労働	直接労働	中間投入投下労働	固定設備(減耗分)投下労働
1	金属製品	0.607	0.525	0.693	0.500
2	通信・放送	0.735	0.526	0.779	0.913
3	対事業所サービス	0.771	0.758	0.843	0.611
4	分類不明	0.857	—	1.156	—
5	金融・保険・不動産	0.862	1.504	0.982	0.359
6	耕種農業	0.986	1.014	0.923	0.443
7	医療・保健	1.007	1.005	1.007	1.033
8	飲料	1.040	0.863	1.059	1.392
9	建設	1.078	0.940	1.251	0.840
10	繊維工業製品	1.093	0.615	1.744	1.831
11	社会保障	1.212	1.325	0.900	1.042
12	その他の対個人サービス	1.232	1.297	1.155	0.519
13	たばこ	1.306	1.035	1.681	0.266
14	電力・ガス・熱供給・水道	1.346	0.712	1.607	1.318
15	なめし革・毛皮・同製品	1.371	0.882	1.884	3.391
16	飼料・有機質肥料	1.453	1.215	1.440	2.929
17	商業	1.476	1.630	1.072	0.600
18	飲食店・宿泊	1.551	1.672	1.500	0.400
19	畜産	1.553	1.779	1.328	0.693
20	運輸	1.594	1.651	1.500	1.866
21	衣服・他の繊維既製品	1.630	2.270	1.369	1.546
22	電子・電気機器	1.652	1.096	1.915	1.168
23	漁業	1.745	1.475	2.479	1.493
24	教育・研究	1.787	2.079	0.987	1.823
25	食料品	1.835	1.088	2.012	1.736
26	窯業・土石製品	1.835	1.452	2.030	2.105
27	その他の鉱物	1.844	2.346	1.354	3.420
28	一般機械	1.882	1.739	2.008	1.281
29	パルプ・紙	1.946	1.554	2.172	1.260
30	ゴム製品	1.999	1.824	2.038	2.486
31	非鉄金属	2.022	1.162	2.366	1.267
32	輸送機械	2.047	2.747	1.915	1.728
33	公務	2.149	2.056	1.254	—
34	鉄鋼	2.174	1.105	2.410	2.033
35	製材・木製品	2.232	1.916	2.450	2.631
36	化学製品	2.327	1.791	2.486	1.772
37	娯楽サービス	2.329	2.965	1.855	0.973
38	その他の製造工業製品	2.764	2.948	2.735	1.890
39	エネルギー鉱物	2.961	6.445	2.101	1.106
40	石油・石炭製品	3.242	1.713	3.253	4.201
41	林業	4.049	5.745	1.301	2.672
	全産業平均	1.414	1.287	1.632	0.983
	製造業平均	1.772	1.371	1.937	1.488

表8　当該産業全労働生産性の2000年日韓比較

		単位物量当りの労働に関して韓国は日本の何倍か、即ち生産性に関して日本は韓国の何倍かを示す			
No	産業名	全労働	直接労働	中間投入投下労働	固定設備(減耗分)投下労働
1	金属製品	0.441	0.525	0.385	0.300
2	分類不明	0.554	—	0.747	—
3	通信・放送	0.562	0.526	0.593	0.546
4	対事業所サービス	0.648	0.758	0.587	0.332
5	繊維工業製品	0.747	0.615	0.923	1.030
6	電力・ガス・熱供給・水道	0.765	0.712	0.771	0.796
7	金融・保険・不動産	0.776	1.504	0.846	0.253
8	飼料・有機質肥料	0.790	1.215	0.724	2.008
9	飲料	0.823	0.863	0.811	0.853
10	医療・保健	0.826	1.005	0.607	0.643
11	建設	0.932	0.940	0.968	0.496
12	耕種農業	0.954	1.014	0.653	0.242
13	電子・電気機器	0.982	1.096	0.976	0.652
14	なめし革・毛皮・同製品	0.987	0.882	1.083	1.903
15	非鉄金属	1.046	1.162	1.047	0.738
16	たばこ	1.135	1.035	1.458	0.169
17	社会保障	1.155	1.325	0.722	0.649
18	運輸	1.170	1.651	0.733	0.968
19	その他の対個人サービス	1.188	1.297	0.954	0.341
20	石油・石炭製品	1.267	1.713	1.155	3.351
21	パルプ・紙	1.287	1.554	1.253	0.733
22	鉄鋼	1.291	1.105	1.349	1.113
23	窯業・土石製品	1.336	1.452	1.296	1.127
24	飲食店・宿泊	1.341	1.672	0.991	0.290
25	衣服・他の繊維既製品	1.373	2.270	1.024	0.878
26	漁業	1.406	1.475	1.394	0.789
27	畜産	1.408	1.779	0.998	0.410
28	化学製品	1.416	1.791	1.392	1.040
29	ゴム製品	1.444	1.824	1.252	1.362
30	商業	1.458	1.630	1.006	0.473
31	一般機械	1.468	1.739	1.396	0.905
32	その他の鉱物	1.513	2.346	1.035	2.055
33	輸送機械	1.527	2.747	1.293	1.040
34	食料品	1.546	1.088	1.663	1.069
35	教育・研究	1.682	2.079	0.712	1.244
36	製材・木製品	1.700	1.916	1.543	1.567
37	公務	1.867	2.056	0.819	—
38	娯楽サービス	2.176	2.965	1.564	0.564
39	その他の製造工業製品	2.239	2.948	1.922	1.220
40	エネルギー鉱物	2.636	6.445	1.676	0.640
41	林業	3.944	5.745	11.207	2.672
	全産業平均	1.124	1.287	1.058	0.620
	製造業平均	1.209	1.371	1.177	0.892

うえで、当該産業の生産性の相違（労働、原材料、固定設備をどれだけ使用しているかという相違）のみを分析比較したものである。

韓国の産業別生産性を日本のそれとの比較で見て、四一産業のうち「産品別全労働生産性」においても「当該産業の全労働生産性」においても最も生産性の高い産業は金属製品となっている。ところが、表7での全労働は〇・六〇七で、表8では〇・四四一であり、そこには若干の差がある。その違いは前述したようにその産業と関連する他産業の生産性を反映するか否かで生じるものである。その結果として韓国の金属製品産業においては、当該産業の全労働生産性を計算した時の方が産品別全労働生産性を計算したときより全労働量が少ない、即ち当該産業全労働生産性の韓日相対値の方が産品別全労働生産性の韓日相対値より高いといえるのである。これは金属製品に原材料を提供している他産業（例えば鉄鋼産業）や固定設備を生産している他産業（例えば機械産業）の生産性が韓国に比べて日本の方が高いがためにこのような結果となるのである。

表7をみると、金属製品から耕種農業までの六産品に関して韓国の生産性が日本より高く、医療保健以下三五産品で日本が韓国より高いという計算結果になっている。表8をみると、金属製品からなめし革・毛皮・同製品までの一四産業で韓国が日本より高く、非鉄金属以下二七産業で日本が韓国より高いという計算結果になっている。

また、表7の全産業平均をみると一・四一四、製造業のみの平均をみると一・七七二となっており、日本の方が韓国よりかなり高いことが示されている。一方、表8の計算結果をみると、全産業平均が一・一二四、製造業平均が一・二〇九で、産品別全労働生産性と比べて日韓の間の格差はそれほど大きくはないといえよう。この理由は前述したように、原材料の生産性や固定設備に関係のある他産業の生産性が韓国より日本の方が高いからである。

我々の計算結果には以上のようなことが示されているが、このような計算結果の正確性にはまだ多くの問題点があるのも事実であり、改善していかなければならない課題である。この計算結果の正確性には、この計算に使用した、産業連関表や就業者データ等全てのデータの正確性が関係してくるが、中でも産業別の購買力平価の正確性がやはり最大の問題である。購買力平価を計算するさいに使用するデータやサンプルの選定の方法によって異なる結果が生じる。さらにより多くの資料を集めてより正確な購買力平価に改善していきたいと考えている。

結　論

以上の分析からいえる主要な事柄は以下の通りである。

(1) 二〇〇〇年時点において、為替レートで共通単位に揃えた場合、中国のGDPは日本の二四・六%、韓国のGDPは日本の一一・七%であり、それらは日本に比較して相当小さい。購買力平価で共通単位に揃えるとそれらはかなり大きくなるが、日本価格（円）に揃えるのか、中国価格（元）に揃えるのか、韓国価格（ウォン）に揃えるのかによって、大きさの程度は随分異なる。GK法という方法によって日本価格・中国価格・韓国価格の平均価格に揃えると、中国のGDPは日本の一三五・六三%、韓国のGDPは日本の二九・〇四%となる。

この時点ですでに中国の実質GDPが日本のそれよりもかなり大きいことが注目される。

(2) 二〇〇〇年時点において、韓国の当該産業全労働生産性（当該産業に原材料・固定設備を供給する部門の生産性を日韓等しく揃えることによって、当該産業の単位産出量当り直接労働・原材料・固定設備をどれだけ使用しているかという相違のみを反映するようにした指標）は四一産業のうち一四産業において日本のそれよりも高い。韓国の当該産業全労働生産性の全産業平均は日本の一・一分の一、製造業平均は日本の一・二分の一である。

同時点において韓国の産品別全労働生産性（直接労働、原材料、固定設備をどれだけ使用しているかという相違だけでなく原材料生産部門・固定設備生産部門の生産性の相違も反映する指標）は四一産品のうち六産品において日本のそれよりも高い。韓国の産品別全労働生産性の全産業平均は日本の一・四分の一、製造業平均は日本の一・八分の一である。韓国と日本との比較値が、当該産業全労働生産性より産品別全労働生産性が低いのは、原材料や固定設備を生産する部門において韓国の生産性が日本より低い場合が多いからである。

この時点では韓国の全産業平均の生産性は日本より低いが、産業別にみると日本より生産性の高い産業がかなりある等、キャッチアップが相当進んでいることが注目される。

(3)　以上の分析は独自に推計した日中韓購買力平価と公的機関が推計した産業連関表と雇用表を使用して行った。分析結果の精度がこれらのデータの精度に依存することはいうまでもない。精度の高いデータの開発にむけてさらに努力していくことが必要である。

（1）　梁炫玉「韓国・日本の工作機械工業の発展過程比較分析」（修士論文〈大阪経済大学経済学研究科〉、一九九六年）、同「韓国における下請に関する研究――一九六〇―八〇年代の自動車産業を中心に――」（博士論文〈大阪経済大学経済学研究科〉、二〇〇一年）、同「日本のサプライヤシステムの構築と形成――自動車産業を例に――」（釜山外国語大学『ベジュンホ教授華甲記念論叢』、二〇〇二年）。

（2）　GDP合計に関する購買力平価や支出項目別購買力平価は国際連合・世界銀行・IMF・OECD等の共同による推計結果が公表されているが、産業別の購買力平価は推計・公表されていない。

（3）　この共同作業の詳細に関しては、参考文献で紹介している梁炫玉他（一九九八）、梁炫玉他（二〇〇五）、泉弘志他（二〇〇八）等を参照されたい。

（4）　EKSの算式は以下の通りである。

EKS型購買力平価日本／中国＝［（２国間比較購買力平価日本／中国）^{2}×（２国間比較購買力平価日本／韓国）×（２国間比較購買力平価韓国／中国）］$^{(1/3)}$

EKS型購買力平価韓国／日本＝［（２国間比較購買力平価韓国／日本）^{2}×（２国間比較購買力平価韓国／中国）×（２国間比較購買力平価中国／日本）］$^{(1/3)}$

EKS型購買力平価韓国／中国＝［（２国間比較購買力平価韓国／中国）^{2}×（２国間比較購買力平価韓国／日本）×（２国間比較購買力平価日本／中国）］$^{(1/3)}$

（５）　j国のi産品の価格と数量をそれぞれp_{ij}, q_{ij}, i産品の国際平均価格をπ_i, j国の全産品に関する購買力平価をppp_jとすると次の数式となる。

$$\pi_i = \sum_{j=1}^{n} \frac{p_{ij}}{ppp_j} \left[\frac{q_{ij}}{\sum_{j=1}^{n} q_{ij}} \right] \qquad (i=1,\ \cdots,\ m) \qquad (1)$$

$$ppp_j = \frac{\sum_{i=1}^{m} p_{ij} q_{ij}}{\sum_{i=1}^{m} \pi_i q_{ij}} \qquad (j=1,\ \cdots,\ n) \qquad (2)$$

$$\sum_{i=1}^{m} \pi_i q_{ib} = \sum_{i=1}^{m} p_{jb} q_{jb} \qquad (b=\text{base country}) \qquad (3)$$

（６）　各産品単位量（一〇〇万円、一兆ウォンの各産品）を生産するのに必要な全労働量（直接間接労働量）は、以下の算式でもとめることができる。

t=t(A+D)+t･e･m+r

ｔ：産品別単位量あたり全労働量を示す行ベクトル

Ａ：国産中間投入係数行列

Ｄ：国産固定設備減耗係数行列

e：輸出品の産品構成比率を示す列ベクトル
m：産品別の「輸入中間投入＋輸入固定設備減耗」係数を示す行ベクトル
r：産品別単位量あたり直接労働量を示す行ベクトル

（7）全労働生産性の概念および全労働の計算法の詳細に関しては泉弘志・李潔（二〇〇五）を参照。

〔参考文献〕

ESCAP, *ESCAP Comparison of Real Gross Domestic Product and Purchasing Power Parities, 1993.*（総務省統計局統計基準部訳、アジア太平洋経済社会委員会編『一九九三年ＥＳＣＡＰ実質国内総生産及び購買力平価の比較（仮訳）』二〇〇二年一〇月）
Eurostat/OECD (2002), *Purchasing Power Parities and Real Expenditures, 1999 BENCHMARK YEAR.*（総務省統計局統計基準部訳、ＯＥＣＤ統計局編『購買力平価と実質支出（仮訳）一九九九基準年』二〇〇三年六月）
Eurostat/OECD (2004), *Purchasing Power Parities and Real Expenditures, 2002 BENCHMARK YEAR.*（総務省政策統括官（統計基準担当）付国際統計管理官訳、ＯＥＣＤ統計局編『購買力平価と実質支出（仮訳）二〇〇二基準年』二〇〇五年九月）
World Bank, "World Development Indicators 2005"
泉弘志・李潔「ＰＰＰによる韓日I-O表実質値データの構築」（『産業連関』第八巻四号、一九九九年）
泉弘志・李潔・李鎮勉・梁炫玉・尹清洙「生産アプローチによる韓日購買力平価推計と価格格差の要因分析」（『大阪経大論集』第五四巻二号、二〇〇三年）
泉弘志・任文「ＴＬＰ（全労働生産性）による中国の部門別生産性上昇率の計測」（『産業連関』第一三巻三号、二〇〇五年）
泉弘志・李潔「全要素生産性と全労働生産性」（『統計学』第八九号、二〇〇五年）
泉弘志・梁炫玉・李潔「二〇〇〇年産業別生産性水準の日韓比較」（『大阪経大論集』第五八巻六号、二〇〇八年）
尹清洙・李潔・泉弘志「韓日一九九五年産業別購買力平価の推計」（『統計研究参考資料』七七号、二〇〇二年）
梁炫玉・李潔・泉弘志「韓日産業別購買力平価の推計」（『統計研究参考資料』五六号、一九九八年）
梁炫玉・泉弘志・李鎮勉・李潔「韓日二〇〇〇年産業別購買力平価の推計」（『統計研究参考資料』九〇号、二〇〇五年）
泉弘志・李潔・梁炫玉・金満浩・任文・小川雅弘「日中韓二〇〇〇年産業別購買力平価の推計」（『統計研究参考資料』九六号、二〇〇七年）

李潔・泉弘志「統一価格中国日本産業連関表　一九八五・一九八七・一九九〇」（『統計研究参考資料』四八号、一九九六年）
李潔・任文・泉弘志「中国購買力平価推計に関するサーベイと一九九五年中日産業別購買力平価の推計」（『統計研究参考資料』六九号、二〇〇〇年）
李潔「ＰＰＰによる日韓95年Ｉ-Ｏ表実質値データの構築」（『産業連関』第一二巻一号、二〇〇四年）
李潔『産業連関構造の日中・日韓比較と購買力平価』（大学教育出版、二〇〇五年）

あとがき

序にも書きましたが、本書は日本経済史研究所が二〇〇七年一二月八・九日の両日に大阪経済大学で開催しました、「東アジア経済史研究会」（全体テーマ「近世・近代東アジア経済史～中国・韓国・日本・琉球の交流～」）が基になっています。

同研究会の報告者と報告テーマ、座長の方々は以下の通りです（敬称略。肩書きは研究会開催当時のもの）。

▽第一日（一二月八日）

第一セッション　座長：蕭　文嫻（大阪経済大学非常勤講師、日本経済史研究所研究員）

朱　徳貴（哈爾浜商業大学副教授、同大学経済史研究所所長）

「漢代財政監督研究」

王　詢（東北財経大学経済学院長・教授）

「中国南北方漢族居住区宗族聚居的地域差異」

第二セッション　座長：徳永光俊（大阪経済大学経済学部長、日本経済史研究所員）

岩橋　勝（松山大学教授）・李　紅梅（松山大学大学院）

「近世日本中国朝鮮における貨幣経済化比較史試論――銭貨を中心として」

熟　美保子（関西大学非常勤講師、日本経済史研究所研究員）

「近世琉球の食文化――砂糖菓子の交流」

第三セッション　座長：山本　正（大阪経済大学教授、日本経済史研究所員）

閻　立（大阪経済大学講師、日本経済史研究所員）

「清朝の多言語並存と外国語の位置づけ」

岩本真一（大阪市立大学大学院、日本経済史研究所研究員）

「東アジアにおけるミシンの普及――一九世紀後半～二〇世紀前半の日本・中国を事例に」

二宮美鈴（茨木市史編さん室史料調査員、日本経済史研究所研究員）

「日本と『満洲国』の阿片政策問題についての一考察――吉林省档案館での史料調査報告を兼ねて」

▽第二日（一二月九日）

第四セッション　座長：堀　和生（京都大学大学院教授）

李　宇衍（落星臺經濟研究所研究委員）

「植民地期共同體的規範の移植：朝鮮の山林管理と日本の入會制度」

宋　圭振（高麗大学校亜細亜問題研究所教授）

「第一次世界大戦と朝鮮貿易」

姜　京洛（江南大学校教授）

「天津と仁川を通してみた開港場貿易の発展と近代都市の成長」

第五セッション　座長：細川大輔（大阪経済大学教授）

吉田秀明（大阪経済大学准教授、日本経済史研究所員）

「日本半導体産業の推移と東アジア半導体生産集積圏の形成」
橋谷　弘（東京経済大学教授）
「歴史的概念としてのアジアＮＩＥＳ」
梁　炫玉（大阪経済大学非常勤講師）
「購買力平価による日中韓経済比較」
第六セッション　座長：本多三郎（大阪経済大学教授、日本経済史研究所長）
河﨑信樹（日本経済史研究所ＰＤ）
「経済史文献解題データベースとその国際版の概要について」

本書は、右記報告に手を加えていただいた原稿を編集したものです。残念ながら、事情あって全員の方から原稿は頂戴できませんでした。研究会報告をお願いするときに、本にして出版することを合わせてお願いしていなかったことを悔やんでいます。なお、河﨑信樹さんの報告は、他のものと趣きを異にしており、別途すでに『経済史研究』（第一二号、二〇〇九年）に投稿発表していただいています。

研究会は日本語、中国語、韓国語を使用言語としました。全ての報告を日本語、中国語、韓国語に訳し、三言語の報告書を参加者全員に配布し、報告はそれぞれ母語でおこない、討論は通訳の力を借りて三言語で交わしました。報告原稿の翻訳と通訳は、次の方々にお願いしました。梁京姫さん（京都大学非常勤講師）、林美華さん（大阪市立大学大学院）、呉青姫さん（神戸大学大学院）、大阪経済大学学部生の薛斐さん、耿成韜さん、美世翔一郎さん、同大学大学院の劉慧さん、王崢さん、李在暎さん、劉策銘さん、黄声遠さん、朱光延さん、周磊さんです。皆さんにこの場を借りてお礼申し上げます。

本書に収めた朱徳貴さんと王詢さんお二人の中国語原稿、李宇衍さんと宋圭振さん・姜京洛さんの三人の韓国語原稿は、研究会用の大学院生による訳稿とは別に、改めて邦訳しました。労多いこの仕事を引き受けてくださったのは、蕭文嫻さんと梁炫玉さんのお二人です。お二人にこの場を借りてお礼申し上げます。

同じ漢字圏の日本、韓国、中国、台湾の研究交流、情報交換にあたり、母語を使用する意味の大きさと、現在のところそれに伴う苦労の大きさを少し体験することができました。

二〇〇九年七月、山本正日本経済史研究所長、二宮美鈴同研究所研究員、同じく熟美保子研究員の三名が北海道を訪ね、さらに九月には、山本所長、閻立研究所員、熟研究員の三名が台湾を訪ねました。台湾の中央研究院近代史研究所、国立成功大学歴史学系、国立台湾大学歴史学系、国立台湾師範大学台湾史研究所と、研究誌の交換をはじめとする研究交流を今後続けていく約束を交わしました。

東アジア世界における経済史・歴史研究交流のネットワーク作りの初期の目標を成し遂げたといえます。大正時代に本庄栄治郎が始めた経済史文献解題は、今や沖縄、北海道を含む日本、韓国、中国、台湾を結ぶ事業となりました。この事業をベースに更なる研究交流を進め、近い将来、第二回東アジア経済史研究会を開くことができますことを祈っています。

本研究叢書も研究所所員・事務職員による原稿整理、校正等によって日の目を見ることができました。出版に当たっては思文閣出版の皆様に格段の尽力を賜りました。ここに謝意を記して、「あとがき」の締めくくりとします。

二〇〇九年一二月

日本経済史研究所前所長　本多三郎

主要著書・論文：「19世紀後半～20世紀前半の日本におけるミシン普及の趨勢と経路――マルクスのミシン論に触れて――」（『経済史研究』第11号，2008年）「日本におけるミシン輸入動向と衣服産業の趨勢――20世紀転換期の大蔵省主税局編『外国貿易概覧』を中心に――」（『大阪経大論集』第59巻2号，2008年）「ミシン普及と衣服産業化の関連――20世紀前半の日本をもとに――」（『大阪経大論集』第59巻6号，2009年）

李　宇衍　LEE Wooyoun

1966年，韓国・ソウルに生れる．成均館大学校経済学博士．現在：落星臺経済研究所研究委員．
主要著書・論文：「植民地期 林業의 近代化：採取林業에서 育成林業으로」（『經濟史學』38，韓國經濟史學會，2005年）「植民地期 林野所有權의 整理：山林緑化와 所有權」（『經濟史學』40，韓國經濟史學會，2006年）「未公開資料 朝鮮総督府関係者録音記録（10），朝鮮の山林政策，解説：朝鮮総督府の林野所有権整理と林政」（『東洋文化研究』11号，学習院大学東洋文化研究所，2009年）

宋　圭振　SONG Kue Jin

1962年，韓国・大田市に生れる．高麗大学校文学博士．
現在：高麗大学校亜細亜問題研究所 HK 研究教授．
主要著書・論文：『日帝下의 朝鮮貿易研究』（高麗大學校民族文化研究院，2001年）「日帝下‘日本關稅法’의 朝鮮適用과 變容」（『韓國史學報』32，高麗史學會，2008年）「日帝下‘鮮滿關係’와‘鮮滿一如論’」（『韓國史研究』146，韓國史研究會，2009年）

姜　京洛　KANG Kyeng Lak

1959年，韓国・ソウルに生れる．高麗大学校文学博士．現在：江南大学校副教授．
主要著書・論文：「20世紀 前半期 天津과 華北農村，農村手工業」（『中國學報』50，韓國中國學會，2004年）「貿易 商品 構成 變化를 통해서 본 近代 텐진(天津)貿易」（『亞細亞研究』50巻4号，2007年）『20世紀 前半期 華北農村經濟研究』（韓外評，2006年）

梁　炫玉　YANG Hyun Ok

1963年，韓国・全羅南道谷城郡に生れる．大阪経済大学経済学博士．現在：大阪経済大学非常勤講師・大阪経済大学日本経済史研究所研究員．
主要著書・論文：「韓国・日本の工作機械工業の発展過程比較分析」（大阪経済大学修士論文，1996年）「韓国における下請けに関する研究――1970～80年代の自動車産業を中心に――」（大阪経済大学博士論文，2001年）「購買力平価と産業連関表の多国間比較――日中韓2000年を対象に――」（『産業連関』第15巻2号，環太平洋産業連関分析学会，2007年）

蕭　文嫻　SIU Man Han

1965年，香港に生れる．京都大学大学院経済学研究科博士課程修了．経済学博士（京都大学）．
現在：大阪経済大学非常勤講師・大阪経済大学日本経済史研究所研究員．
主要著書・論文：「清末上海における事業投資とその資金調達――ゴム株式恐慌（1910年）に至る過程を中心に――」（『社会経済史学』第63巻5号，1997年）「清末上海金融市場の形成における伝統金融機関山西票号の役割」（『経済史研究』第9号，2005年）「中国幣制改革と香港上海銀行」（『経済史研究』第12号，2009年）

本多三郎　HONDA Saburo

1944年，大阪府に生れる．京都大学大学院経済学研究科博士課程単位取得．
現在：大阪経済大学経済学部教授．
主要著書・論文：「アイルランド土地戦争」（『経済史研究』第9号，2005年）「アイルランド土地問題の歴史的性格」（『エール』27号，日本アイルランド協会，2007年）「アイルランド西部海岸地方は辺境であったか」（法政大学比較経済研究所・後藤浩子編『アイルランドの経験』法政大学出版局，2009年）

執筆者紹介

朱　　德 貴　ZHU De Gui
1964年，中国・江西省に生れる．北京大学歴史博士．
現在：哈爾浜商業大学経済史研究所所長・副教授．
主要著書・論文：『汉代商业和财政经济论稿』（中国财政经济出版社，2004年）『汉简与财政管理新证』（中国财政经济出版社，2006年）『中国经济伦理思想研究――以诸子原典为中心――』（中国商业出版社，2009年）

王　　　詢　WANG Xun
1956年，中国・遼寧省に生れる．東北財経大学．博士（経済学）．現在：東北財経大学経済学院院長．
主要著書・論文：「中国与欧洲传统农业社会经济组织之比较」（『北方论丛』，2004年 1 期）「中国传统农业社会后期南北方的政府与民间组织」（『财经问题研究』，2008年 1 期）『文化传统与经济组织』（东北财经大学出版社，2007年）

岩 橋　　勝　IWAHASHI Masaru
1941年，愛知県名古屋市に生れる．大阪大学大学院経済学研究科博士課程中退．経済学博士（大阪大学）．現在：松山大学経済学部経済学科教授．
主要著書・論文：『近世日本物価史の研究』（大原新生社，1981年）『経済社会の成立』（共著，岩波書店，1988年）『流通経済史』（共著，山川出版社，2002年）

李　　紅 梅　LI Hong Mei
1970年，中国・天津市に生れる．松山大学大学院経済学研究科博士後期課程修了．松山大学博士（経済学）．現在：松山大学大学院研究員（PD）．
主要著書・論文：「清代における福建省の貨幣使用実態――土地売券類を中心として――」（『松山大学論集』第18巻 3 号，2006年）「清代福建省における経済発展と貨幣流通」（『松山大学論集』第19巻 1 号，2007年）

熟　美保子　MINORI Mihoko
1972年，兵庫県神戸市に生れる．関西大学大学院文学研究科博士課程後期課程修了．博士（文学）．
現在：関西大学他非常勤講師・大阪経済大学日本経済史研究所研究員．
主要著書・論文：「近世後期における薩摩藩の薬種国産化計画」（『史泉』第92号，2000年）「弘化期における薩摩藩『製薬方』の成立」（藪田貫編『近世の畿内と西国』清文堂出版，2002年）「幕末琉球の外圧に対する祈祷政策」（『南島史学』62号，2003年）

閻　　　立　YAN Li
1968年，中国・北京市に生れる．東京大学大学院総合文化研究科博士課程修了．博士（学術）．
現在：大阪経済大学経済学部（経済学科）准教授．
主要著書・論文：「清国初代駐日公使団の日本語通訳をめぐる諸問題」（『大阪経大論集』第57巻 6 号，2007年）「『朝貢体制』と『条約体制』のあいだ――清末中国人の日本語学習の開始――」（『大阪経大論集』第58巻 6 号，2008年）『清末中国の対日政策と日本語認識――朝貢と条約のはざまで――』（東方書店，2009年）

岩 本 真 一　IWAMOTO Shin'ichi
1970年，奈良県橿原市に生れる．大阪市立大学大学院経済学研究科修士課程修了．現在：大阪市立大学大学院経済学研究科後期博士課程，大阪経済大学日本経済史研究所研究員・同大学非常勤講師．

大阪経済大学
日本経済史研究所研究叢書
第17冊

東アジア経済史研究　第1集
〜中国・韓国・日本・琉球の交流〜

平成22年(2010) 2月10日発行

定価：本体4,000円(税別)

編　者　大阪経済大学日本経済史研究所
発行者　田中周二
発行所　株式会社思文閣出版
606-8203　京都市左京区田中関田町2-7
電話　075-751-1781(代表)

印　刷
製　本　株式会社 図書印刷 同朋舎

ISBN978-4-7842-1498-3　C3022